디지털 시대의
기업가와 기업가정신

문원택 · 김원석 지음

한 · 언

HanEon Community

디지털 시대의
기업가와 기업가정신

프롤로그

　미국 신경제의 위력은 지구촌에 자본주의(global capitalism)의 새로운 무대를 만들고 있다. 그리고 이 무대에 실리콘밸리(Silicon Valley)의 벤처기업가들이 주인공으로 등장하고 있다. 이들 실리콘밸리의 벤처기업가들은 '21세기형 새 기업가정신' 의 본질 개념에 새로운 요소를 추가하고 있는 것이다.

　우리 나라의 경우, 재벌기업들에게도 혁명적 구조조정과 리엔지니어링은 피할 수 없는 현실이 되었다. 이제 리엔지니어링을 꾸준히 실천해 온 기업은 살아남게 되었고, 그렇지 못한 재벌기업들은 은행관리 대상이 되거나 합병되게 되었다. 이것이 한국의 현실이다. 따라서 대마불사(大馬不死)의 재벌기업들은 구조조정과 더불어서 황제 경영이나 빚 경영을 그만두어야 한다. 그리고 정경밀착의 부정부패를 뿌리째 뽑아버리는 결단을 해야 한다. 그래야 새 시대를 그들의 시대로 맞이할 수 있을 것이다.

　한편 이러한 우리의 경제적 현실에서, 벤처기업가들은 우리가 희망을 걸어 볼 만한 대상이다.

　벤처기업가들을 서양에서는 '꿀벌(apis mellifera)' 이라고 부른다.

그들이 꿀벌처럼 부지런히 움직이며 꿀을 모으는 꿀벌처럼 가치창조와 고용창출을 이루기 때문이다. 우리 나라에서도 마찬가지로 성공한 벤처기업가들에게 '영웅'의 칭호를 부여하기를 마다하지 않는다. 우리네 역사나 전설에서 보면, 나라가 위험에 처했을 때 영웅이 백마를 타고 나타나 백성들을 구해 주었다. 지금 우리 나라의 경제에는 이런 전설적인 영웅이 필요하다. 경제의 위기 속에 우리가 희망을 걸어야 할 영웅이 바로 벤처기업들이다. 가치창조와 고용창출과 같은 애국적인 행위를 통해 '부자 나라 만들기'를 하고 있는 벤처기업가야말로 지금 한국에서의 영웅이 아니겠는가? 때문에 우리는 그들에게 경제발전에 대한 기대는 물론이고, 더 나아가 국가의 장래를 건다.

한때 침체해 가던 미국을 세계 최고의 경제 강대국으로 재탄생시킨 것은 '신경제(new economy)'이다. 그리고 이것을 이끌어낸 것이 바로 미국의 벤처기업가들이다. 특히, 실리콘밸리의 벤처기업가들은 정보통신의 시대를 열고, 새로운 패러다임으로 세계를 움직여 세계 경제의 지배권을 미국의 것으로 돌려놓았다. 그래서 우리 나라를 비롯해 전 세계의 많은 나라들이 빌 게이츠(Bill Gates) 같은 꿀벌의 등장과 활약, 그리고 그들에 의한 경제의 부흥을 기대하고 있는 것이다.

기업발달사 연구에서 학자들은 새로운 새 시대를 일컬어 '탈 전문경영자 시대(the postmanagerial era)'라고 한다. 이는 기업가가 주도하는 기업가정신의 르네상스 시대(the rennaisance of entrepreneurship)를 의미하는 것이다. 이는 또 대기업들이 현재와 같은 거대기업 제국의 구축과 이익 추구에서 탈피하여 장기적 안목을 가지고 국제적 일류 기업 만들기에 전념해야 한다는 것을 의미한다.

기업가정신의 르네상스를 맞이하기 위해서는 다음과 같은 기본적인 개념에 대한 검토와 올바른 이해가 선행되어야 할 것이다.

(1) 기업가와 기업가정신은 무엇인가?
(2) 전문경영자(professional manager)란 누구인가?
(3) 전문경영자와 기업가는 다른 것인가? 다르다면 어떻게 다르다는 것인가?
(4) 경영혁신이론과 새 시대의 우수기업의 창조는 무엇이며, 어떻게 해야 하는 것인가?

이러한 질문들은 학자들은 물론이고, 실무자들에게 중요한 관심의 대상이자 연구의 대상이 되어야 한다. 한국의 기업가가 '비즈니스 리더(business leader)' 로서 신망과 존경을 받는 훌륭한 리더가 되기 위해서는, 기업가에 대한 올바른 인식과 함께 그 동안 등한시해 왔던 기업가의 본질에 대한 학문적 연구를 다시 해나가야 할 것이다. 그리고, 세계 공통적인 기업가의 특징과 역할에 대한 분석과 이해가 뒤따라야 할 것이다.

기업가란 자유경쟁시장에서 경제발전과 부를 창출해 주는 '리더'이다. 그리고 한 나라의 경제적 번영은 유능하고 훌륭한 기업가를 얼마나 많이 갖고 있느냐에 달려 있다고 해도 과언이 아니다. 따라서 기업가는 귀중하게 여겨져야 하며, 훌륭한 정치지도자만큼 '지도자'로, '애국자' 로 존경받아야 한다.

일본의 저명한 교육자이자 명문 게이오 대학의 설립자인 후지사와 유기치(勝澤諭吉)는 기업가를 양성하는 것을 매우 중요하게 생각했다. 그는 일본을 현대화시키기 위해서는 기업가가 필요하며, 기업가를 양성하는 것이 바로 애국자를 양성하는 것이라고 했다. 그는 야망을 가진 유능한 젊은이들에게 세계를 상대로 경쟁하는 기업가가 되는 것은 정부관리나 정치인이 되는 것 못지 않다고 했으며, 그것을 위한 교육을 했다. 우리는 가난한 후진국 일본을 오늘날 경제대국으로 만든 리더들이 누구였는가를 알아야 한다. 정치적, 사회적 지도자들뿐만이 아니라 산업혁명과 기업발전을 위하여 헌신하고, 국제 경쟁에서 싸워 이겨낸 일본의 기업가들이 바로 일본을 경제대국으로 만들었다. 이런 점을 염두에 두면 기업가 본질 연구의 좋은 사례로서 삼을 수 있을 것이다.

지금과 같이 새 시대를 맞는 변혁기에서 기업가들의 시대적 사명 중 가장 먼저 해야 할 것은, '기업가란 무엇이고, 기업가정신은 무엇인가?'에 대한 답을 올바르게 이해하는 것이다. 그리고 그에 합당한 자신들의 역할을 성실하게 실행하는 것이다. 아울러, 기업가정신이 전문경영자 시대를 대체해 21세기를 주도하는 새 시대의 경영이란 무엇인가를 검토하는 것도 기업가들에게 중요한 과제가 될 것이다.

이러한 질문에 답하기 위해 저자들은 1996년에 《기업가와 기업가정신》을 발간한 적이 있다. 그리고 새로운 밀레니엄 시대를 맞이하여, 그 동안의 학계와 실무계의 연구성과를 반영하여 추가적으로 새로운 시대에 맞는 기업가상과 기업가정신에 대한 본격적인 연구서로, 본서를 새롭게 저술하게 되었다. 우리의 기업가가 훌륭한 리더가 되는 길이 무엇인가를 알아내는 데 도움을 주고, 학교에서나 직장에서 이 문제에 관심을 가진 이들에게 행동규범적 지침을 제공하는 것이 본서의 출간 목적이다.

과거에 경영학은 과학적인 전문경영인을 양성하는 데 중점을 두어 왔다. 그러나 변혁이 필요한 시대적 요구에 부응하여, 현대에서는 '기업가적 리더십 이론'이 중요한 위치를 차지하고 있다. 그리고, 우리 나라의 현 경제적 상황에서 해결해야 할 중대한 과제 중 하나가 올바른 기업가상(象)의 정립과 이를 위한 전문지식의 확충이다. 따라서 본서에서는 이런 추세에 맞추어 기업가정신을 기본으로 하는 경영혁신은 물론이고, '우수기업 이론'을 다루었다. 또한, 본서에서는 과거 10년간 지켜본 세상의 급진적 변화, 특히 미국 신경제의 성장과 한국의 리엔지니어링 및 구조조정에 초점을 두고 21세기형 새 기업가정신(post modern venture entrepreneurship)의 새로운 본질적 요소를 설명하고, 한국의 벤처 기업가정신을 조명해 보았다. 그리고 21세기형 기업가의 리더십 모델이론도 제시하였다.

현대 경영학의 새로운 흐름에서는 기업가적 리더십이 기업체 전체에 충만해야 한다는 것을 주장하고 있다. 따라서 저자들은 새로운 시대를 맞이하여 기업가적 리더십에 대한 연구가 많이 시도되어야 하고, 본서가 이에 도움이 되길 바란다. 다시 말해서 본서가 경영학도들에게 자극제가 되어 보다 더 활발한 연구가 이루어지는 데에 도움이 되었으면 한다. 새로운 경영학의 흐름을 한국의 기업가나 전문경영자, 혹은 미래의 기업가나 전문경영자들이 충분히 이해하고 발전시켜서 한국 기업의 경쟁력을 한 단계 끌어올리는 일에 동참하여야 한다.

그리고 우리의 벤처기업가들이 한국의 희망과 영웅이 되기를 바라는 간절한 마음에서, 그들이 위대한 도전을 올바르게 이해하는 데 본서가 도움이 되었으면 한다.

문원택 · 김원석

CONTENTS

CONTENTS

기업가의 정체성

기업가는 누구인가? 그리고 무엇을 하는 사람인가?

Chapter One

경제학자들에 의해 오래 전부터 '기업가'라는 개념은 꾸준히 연구되어 왔다. 그런데 이 '기업가'라는 개념은 국가에 따라, 시대의 변천에 따라 다양하게 정의되고 이해되어 온 오랜 역사를 가진 복잡한 개념이다.

따라서 기업가의 본질적 개념에 대한 이해와 변천적인 개념을 분석·검토하는 일을 게을리 해서는 안 될 것이다. 또한 이제는 '기업가'에 대한 연구와 더불어 '기업가정신'에 대한 것도 경제학자들뿐만 아니라 경영학자들의 연구 대상이 되어야 한다. 즉, 지금까지의 연구에 '기업가정신'이라는 측면에서의 접근이 필요하다는 것이다.

이런 연구가 이루어져야 하는 이유는, 이를 통해서 다가오는 새로운 시대에 기업가의 위상과 공헌을 부각시킬 수 있음은 물론이고, 사업가, 자본가, 기업경영자들이 자신들의 역할과 행위를 보다 명확히 규명할 수 있기 때문이다. 또한 그런 규명을 통해서 자신들이 수행해야 할 올바른 행위와 역할을 실천하는 데 도움이 될 것이다. 따라서 이렇게 기업가의 본질을 파악하고, 재조명하는 연구는 학자는 물론이고 기업가들 스스로에게도 매우 중요한 주제가 되어야 한다.

기업가의 개념,
복잡성과 변천성

기업가의 개념은 시각에 따라 다양한 정의의 차이를 보이고 있는데, 이는 기업가 개념의 이해와 인식의 복잡성을 반영하는 것이다.

고인이 된 삼성그룹의 이병철 회장이 미국을 방문하였을 때 〈워싱턴 포스트(Washington Post)〉지는 그를 가르켜 "한국의 록펠러(J. D. Rockefeller)"라고 부른 바 있다. 현대그룹의 정주영 회장은 조지워싱턴 대학교에서의 명예박사 학위 수여식 때 자신을 "부유한 노동자"라고 칭했다. 이 밖에도 한진그룹의 조중훈 회장은 "기업은 예술이다."라고 주장하고 있는데, 이 말에는 기업가는 '예술가' 라는 의미를 담고 있는 것이다. 또, 20세기 초 미국의 석유상 티글(Teagle)은 중동 석유계의 거물인 걸바키안(Gulbakian)을 만났을 때 자신을 "석유상(oil merchant) 대신에 사업건축가(business architect)라고 불러달라."고 요구한 적이 있다.[1]

한편, 기업가의 업적과 위상을 평가절하 하면서 그들을 돈 밖에 모르는 '장사꾼' 이라는 개념으로 정의하는 이들도 있다.

존 F. 케네디(Jhon F. Kennedy)는 사업가(business man)를 가르켜 '개 같은 작자들(S.O.B.)' 이라고 한 적이 있다. 이는 1960년에 있었던 미국철강(U.S. Steel)의 회장이었던 로저 블로우(Roger Blough)를 비롯한 미국철강업계 지도자들이 신사협정을 어기면서 가격인상을 단행했던 사건을 케네디가 중재하였을 때 한 발언이다. 이때 케네디는 노발대발하면서 "부친께서 비즈니스맨은 모두가 S.O.B.라고 하셨는데, 무슨 뜻이었는지를 이제 알게 되었다."라고 하였다.

하지만 케네디 대통령의 선친 역시 석유사업과 증권 등을 통해 일약 거부가 되었던 사업가였다. 케네디의 선친은 자신을 포함한 모든 사업가들은 믿기 어려울 정도로 질이 낮은 '장사꾼' 이라고 자식들을 교육시켜 왔다. 따라서 그는 자손들이 사업가가 되기보다는 뛰어난 정치가가 되길 바랐고, 또 그의 자손들은 그렇게 했다. 사업가로서의 케네디 가는 존 F. 케네디의 선친 대에서 끊어지게 된 것이다.

학자들 사이에서도 역시 자신의 전문 분야에 따라 '기업가'의 개념을 서로 다르게 파악하고 있다.

심리학자들의 경우에는 심성과 품성, 그리고 자질면에서 기업가들을 파악한다. 그들은 기업가란 적극적인 행동가적 기질과 감성의 높은 성숙성, 그리고 강한 인내심을 지닌 인물로서 '높은 성취의욕을 지닌 강한 성취자(achiever)'라고 중론을 모으고 있다.

경제학자들은 경쟁자의 위상과 약육강식의 개념으로 기업가를 파악한다. 따라서 경제학자들은 기업가들을 약탈자(predator)로 설명하고 있다. 한편 칼 마르크스(K. Marx)는 '자본가는 착취자'라며 부정적으로 정의를 했지만, 기업가는 이와 분리하여 '경제발전의 주역'이라고 높이 평가하고 있다.

이와 같은 기업가의 개념은 바라보는 사람의 시각에서뿐만 아니라, 시대와 국가에 따라 복잡하고 다양하게 변천되었다. 즉, 산업혁명과 기계문명으로 대표되는 산업사회 시대의 고전적 기업가 개념은 차차 신고전적 개념으로 변천 확대되고, 다시 현대적인 개념들을 포괄하게 되었다.

미국은 전문경영인이 주도하는 합리주의 경영에 치중해 왔다. 그런 미국이 지금, '전문경영인'과 '기업가'는 다르며, '리더'와도 또 다르다는 분리론과 반(反)전문경영인 이론을 수용해 가고 있다.[2]

요즈음 돌풍을 일으키고 있는 리엔지니어링(reengineering) 운동은 '기업가정신'을 되살리자는 것을 그 기본으로 삼고 있다. 즉, 우수기업의 창조를 위해서는 합리주의 경영과 기업가정신이 접목되어야 한다는 것인데, 이를 위해서는 먼저 기업가와 기업가정신에 대한 올바른 이해가 선행되어야 할 것이다.

복제인간 1순위 빌 게이츠

현대의 과학은 이제 인간을 복제할 수 있는 기술에 이르렀다. 사람들은 과연 어떤 인간을 가장 복제하고 싶어할까? 일본에서 이루어진 한 여론 조사에 의하면 가장 복제하고 싶은 인간으로 마이크로소프트 (Microsoft)의 사장인 빌 게이츠(Bill Gates)가 꼽혔다고 한다. 그는 자신이 가지고 있는 비전을 실현해 젊은 나이에 세계에서 가장 부유한 사람 중 한 명이 되었다. 빌 게이츠는 두뇌가 명석하고, 남다른 비전을 가지고 있으며, 대학 중퇴의 창업기업가라는 특질을 가지고 있는 기업가이다. 그의 유능함과 명석함이 그를 복제하고 싶은 인간 1위로 꼽히게 한 것이다.

'기업가정신' 이
경제대국을 만든다

경제대국 미국의 상황을 보면 마치 '기업가' 와 '기업가정신' 의 역사를 보는 듯하다. 산업혁명의 봉화가 처음 영국을 비롯한 유럽에서 피어오르기 시작했으나, 미국만큼 산업화와 근대화의 돌풍을 통해 경제발전을 이룩한 나라는 없다. 미국은 영국의 경제학자 아담 스미스(Adam Smith)의 정리를 과감하게 실천하고 실효를 거두는 데 주도적 역할을 하였다. 뿐만 아니라 세계를 산업화와 근대화를 통해 농업국가 시대에서 산업국가 시대로 변화시키는 데 견인차 역할을 해 왔다. 그래서 20세기를 미국의 세기라고도 한다. 이렇게 미국을 사회적·경제적 변혁의 주도자로 만든 요인의 하나가 '기업가'이고 '기업가정신'이다.

미국이 세계적 강대국으로 부상할 수 있었던 것은 그들의 경제력 때문이라 해도 과언이 아니다. '비즈니스 국가' 또는 '기업 국가'라 고 불리는 미국은 스스로도 '기업가의 나라'로 기업가정신의 종주 국임을 자처해 왔다. 그럼에도 불구하고 21세기를 앞두고 미국은 일 대 변혁을 통해 새로운 것을 찾아내려는 거국적 변신을 시도하고 있 으며, 이에 대한 성공은 미국을 새로운 경제대국으로 만들고 있다.

그 거국적 변신 중에서 가장 주요한 혁신운동은 '경제력의 재건' 이었다. 이에 대한 진단 및 처방의 연구와 더불어 변신의 노력이 1980년도 이후 활발하게 전개되어 오고 있는데, 연구결과의 대표적 인 예가 1989년 발표된 MIT 위원회의 보고서이다.[3] 여기서는 미국의 주요 산업의 국제적 경쟁력 진단과 아울러 처방적 개혁안을 제시하 고 있다. 또한 이러한 움직임의 핵심 요소는 '기업가정신'이라고 강 조하고 있으며, 경제계, 재계, 비즈니스계 모두가 '기업가정신'을 되 찾기 위한 혁명이 필요하다고 주장하고 있다.

한편, MIT 연구에 앞서 미국의 경제·경영전문가들은 1970년부터 일본을 비롯한 신진 경제대국들의 도전을 각성하고, 활발한 연구활 동을 진행해 왔다. 그 중 두 개의 경영혁신이론이 가장 눈에 띄는데, 이들 이론의 주장을 정리하면 '모조리 바꾸자!'는 경영혁신이라 할 수 있다.

이 경영혁신이론 중 하나가 바로 1982년에 발표된 피터스(T. Peters)와 워터만(R. H. Waterman)의《우수기업을 찾아서(In Search of Excellence)》이다. 그들은 우수기업 창조를 위해서는 새로운 경영이론이 출몰할 필요성이 있다고 주장하며, 혁신적 경영이론을 제시하고 있다.[4] 톰 피터스는 이에 후속적으로 기업가정신이 주도하는 가치경영, 책임경영 등 활력경영이론의 중요성을《우수기업에의 열정(Passion for Excellence)》[5]과 《해방경영이론(Liberation Management)》을 통해 수정 보강하고 있다. 그리고 이 두 책에서 주장한 내용은 혁신이론의 한 주류를 차지하고 있다.[6]

경영혁신이론 중 또 하나는 1992년의 마이클 해머(Michael Hammer)와 제임스 챔피(James Champy)의 《리엔지니어링 기업혁명(Reengineering the Corporation)》이다. 여기에서 그들은 미국을 경제대국으로 만든 지금까지의 경영학 이론을 모조리 바꿔야만 미국 기업들이 국제 경쟁력을 다시 회복할 수 있다고 주장하고 있다.[7]

이들 주요 혁신이론들이 공통적으로 지적하고 있는 것은, 첫째 모든 것은 모두 바뀌어야 하며, 둘째 기업가정신이 주도하는 새로운 기업경영이론이 핵심이 되어야 하며, 셋째 그동안의 전문경영인 주도의 경영에서 탈피하는 탈 전문경영인 시대(postmanagerial era)를 맞이해야 한다는 것이다.

약 20년이 걸린 미국의 기업혁신운동, 즉 '리엔지니어링 개혁'은 실리콘밸리 기업가들이 정보통신시대를 지배할 수 있게 한 원동력이 되었다.

우리 나라가 IMF 이후 경제 선진국으로 도약하기 위해서는 관리경제성장 단계에서 자유시장경제 발전형으로 전환되어야 한다. 이는 정경유착을 탈피하고 정경동반자의 관계로 변신해, 기업가를 우대하고 존중할 때 가능하다. 미국과 마찬가지로 우리 나라도 기업가정신을 되살리는 경영혁신이 적극적으로 추진되어야 할 것이다. 따라서 기업가의 개념은 무엇이며, 본질적 특질은 어떤 것인지, 어떻게 변천되어 왔는가를 연구하고, 어떻게 실천하느냐 하는 것이 학자나 비즈니스맨 모두에게 중요한 과제이다. 그리고 기업가정신이 핵심이 되는 기업 육성과 발전을 어떻게 해야 하는가 또한 모두에게 중요한 화두가 될 것이다.

새 시대에는 새 경영이론이 요구되며 철저한 기업 경영의 혁신을 요구하고 있다.[8]

'기업가정신'이 지배하는 21세기

'기업가정신'은 전문경영인을 부정하는 개념은 아니다. 오히려 전문경영인 스스로가 기업가정신이 투철해지도록 스스로 변신을 해야 한다는 의미이다. '기업가정신 시대'라는 것은 기업가정신이 주도하는 기업문화를 육성하고 조직의 경영이나 운영도 잘 해나갈 수 있는 협동적 기업문화를 말하는 것이다. 이를 위해서는, 흔히 볼 수 있는 '기업가 대 전문경영인'의 양분이론이라든가 '경영자 대 리더'의 분리론 등 보다는 궁극적으로 전문경영자와 창업기업가의 협동이론을 수용해야 한다는 주장이다.

예로부터 "기업가는 경영을 잘 못한다."라는 말이 있다. 그래서 어쩌면 기업가의 나라 미국에서 대기업 만들기를 위한 경영학 이론이 발전해 왔는지도 모른다. 한편 새로운 엘리트인 전문경영가의 등장과 경영학의 발전(능률경영의 기능과 기법을 가르치는)은 미국의 전문경영자 시대를 열게 하였다. 전문경영자 시대에는 기업의 성장과 발전에 기업가정신보다는 전문적인 경영이 더욱 중요하다고 생각했고, 따라서 전문경영자들이란, 자유시장경제의 '보이는 손(visible hands)'으로 핵심적 요소라고 생각하였다. 특히, 산업사회에는 새로운 지도자로 등장한 전문경영인(professional manager)에 의한 리더십의 변화가 필요했다.[9] 산업화 및 대기업의 성장과정을 통해 등장했던 경제계 지도자가 전문경영가들이었고, 그들은 산업화의 초기단계의 기업가들을 대신해서 주도적 리더의 역할을 이어받아 왔다.

그러나 이제는 전문경영인들을 중심으로 한 경영학 이론들이 다시 수정·혁신되어야 한다. 왜냐하면 현대 경영학에서는 기업가와 경영자가 본질적으로 다르다고 보며, 기업가에 대한 새로운 조명이 필요한 시기가 도래하였기 때문이다.

지금까지 미국의 경영학은 기업가가 창업하는 기업을 대기업으로 성장시키는 데 이론적 뒷받침이 되었던 실질적 응용과학이었다.

미국 기업과 경제의 발전에 도움이 되었던 앙리 파욜(Henri Fayol)의 관리기능이론이나 테일러(F. W. Tayler)의 과학적 관리론 혹은 호손 연구(Hawthorne Studies)의 인본주의적인 경영이론 등은 모두가 창업기업에서 중소기업으로 그리고 대기업으로 성장·발전시키는 데 기본이 되는 학문으로 시작하였다. 따라서 기업가에 대한 연구보다는 주로 전문경영인 또는 최고경영자들의 리더십 이론이 중요한 연구대상이 되었던 것이 사실이다.

물론 과거에 기업가에 대한 조직적 연구가 전혀 없었던 것은 아니다.

1948년 하버드 대학교 경영대학원에 기업가 역사연구소가 설치되었으며, 콜(G. Cole) 교수 같은 학자들이 미국의 경제발전사를 기업가의 발전사로 보고자 했던 것도 주목할 만한 일이다. 그러나 20세기에 이루어진 그동안의 기업가에 대한 연구는 거의 명맥만을 유지할 정도였고, 그동안 기업가에 대한 연구는 전문경영인에 대한 연구에 가려져 빛을 보지 못했던 것이 사실이다.

그러나 20세기 말부터 다시 기업가나 기업가정신에 대한 괄목할만한 연구들이 이루어지게 되었다. 특히, 1980년대와 90년대에 걸친 경영혁신 운동을 주도한 새로운 이론들의 대체적인 핵심 내용은 '기업가적 경영(entrepreneurial management)' 과 '기업가적 리더십 '에 관한 것이었다.

예를 들면, 톰 피터스의《우수기업을 찾아서》에서 볼 수 있는 새로운 '7S 모델 이론' 과 '우수기업의 10가지 특징' 은 기업가정신으로 되돌아가 리더십이 중심이 되어야 한다고 지적하고 있다.[10] 간단히 말해, 현대의 우수기업이 되기 위해서는 사원들이 경영혁신과 고객우대, 그리고 민감한 시장 반응을 위해 전사적 일체감을 가져야 하는데, 이것을 성취시키는 것은 리더십에 달려 있다는 것이다. 우수기업이 되기 위해서는 꾸준히 혁신을 추구하는 기업가적 경영이 필요하다는 이론이다.

그리고, MIT 생산성 연구위원회가 중심이 되어 미국의 주요기간산업을 예리하게 분석하고 진단한 〈메이드 인 아메리카(Made in America)〉도 톰 피터스의 이론과 일맥상통하고 있다. 이 연구서 역시 미국 기업이 세계시장에서 경쟁력을 회복할 수 있는 처방은 산업전선 인력(경영관리자부터 말단 직원, 직공에 이르기까지)의 교육과 훈련을 새롭게 하는 것이라고 밝히고 있다.[11] 기업들의 경쟁력 강화를 위해선 기업들이 인적자원의 활성화와 창조적 변화가 주도하는 경영을 해야 한다는 것이다. 이로써 현대 경영학의 접근방향을 제시하며, 새로운 이론을 모색하고 있는 것이다.

또한, 1993년에 발간되어 대단한 호평을 받은 해머와 챔피의《리엔지니어링 기업혁명》에서도 역시, 지금까지 적용해 오던 전통적 경영원칙이론들의 수정을 역설했으며, 새로운 국제경쟁시대에서는 창의와 혁신이 주도하는 경영이론이 핵심이 되어야 한다는 것을 주된 내용으로 다루고 있다.

새로운 경쟁에서 경쟁력을 확보하기 위해서는 그동안 미국 기업들이 발전을 위해 수용했던 경영학 이론을 모두 재검토하고 바꿔야 하며, 경영학의 핵심은 새롭게 거듭나고 탈바꿈하는 '기업가정신'에 바탕을 둔 것이어야 한다. 그렇기 때문에 더욱 기업가와 기업가정신 그리고 그 실천방향을 올바르게 이해해야 한다.

이제, 새로운 시대의 경영학은, 시대적 요구를 수용하면서 이러한 변화를 능동적으로 이끌어가야 할 경영혁신의 촉진제의 역할을 담당해야 한다. 이로써 '기업가정신의 르네상스 시대'를 맞이하게 된다는 것이다.

산업사회의 리더, 기업가

비즈니스맨(business men)은 일반적으로 '사업가'라는 통칭으로 불린다. 사업가들에 대한 명칭은 여러 종류의 전문 용어와 동의어가 서로 상용되고 있다. 그러나 몇 가지 부분에서는 사업가를 세분하는 특수용어로 이해되어야 하는데, 사업가의 연구 부분도 그 중의 하나이다. 자본주의 산업사회에서 흔히 거론되는 비즈니스맨 중에는 '자본가(capitalist)', '경영관리자(manager)', '전문경영인(executive 또는 superintendent)', '최고경영자(CEO:Chief Executive Officer)', '실업가(industrialist)', '기업가(entrepreneur)' 등으로 세분되는 특별한 비즈니스맨들이 있다. 그리고 이 명칭은 영문에서 한국어로 번역되는 경우 동일어로 이해되고 그렇게 사용되는 경우가 많다.

경제발전의 견인차 역할을 하는 비즈니스맨들 중의 '스타'는 기업가라고 할 수 있다. '기업가'는 경제계 지도자라는 의미에서 '리더'의 개념을 포함하고 있고, 다른 사람들과 함께 협력해서 새 사업을 일으키고 성장시키는 기업가의 개념에서 보아도 리더의 개념은 중요한 본질적 요소가 된다.

본서에서는 '기업가' 개념을 대략 3가지 시대적 개념으로 '고전적', '신고전적', 그리고 '현대적' 개념으로 구분하였고, 개념의 변천적 특성을 강조하였다. 또한 이의 연장선에서 실리콘밸리 기업의 혁명으로 대표되는 새 시대에 맞는 '신현대적(post modern)' 개념을 제시하려고 시도하였다. 더불어 기업가정신 시대에서 요구하는 '기업가의 본질적 특징'과 기업가들이 인식해야 할 '기업가정신'에 대해서 다루었다.

우리 나라의 한 그룹의 총수는 "장사하는 사람 전부를 도둑놈 취급한다."[12]라고 말한 적이 있다. 사업가에 대한 부정적 시각을 불평한 이 말은 기업인 모두가 잘 아는 한국적 시각이기도 하다. 하지만 동서를 막론하고 '돈 잘 버는 사람'들에 대한 부정적 시각은 오래된 역사적 유물이다. 이는 바라보는 이의 잘못된 견해나, 몰이해에서도 그 원인을 찾을 수 있지만, 기업가들의 반사회적 부정행위가 그런 의식을 형성시키는 주요한 원인이 되어 온 것도 부정할 수 없는 사실이다.

국경 없는 지구촌 경제 즉, 국제화 시대에 맞추어 우리의 기업들이 경영혁신운동에 박차를 가하고 있는 이 시점에서, 기업가의 역할에 대한 올바른 이해가 선행되어야 할 것이다. 단, 이때 기업가에 대한 고전적 개념과 더불어 신 현대적 확대개념을 이해하여야 한다.

그리고 기업경영의 국제화란 해머와 챔피가 말한 바대로 기업환경의 대변화(3가지 변화, 3C)에 따라 기업가의 의식구조 개혁에서 시작하여 기업 전체의 혁명을 이루는 것이다. 여기서 3가지 주요변화란 다음과 같이 요약할 수 있다.

첫째, 고객제일주의가 지배하는 질경영 시대로 향하는 변화(대량생산과 대치되는).

둘째, 국경 없는 국제화 경제시대가 가져오는 기업간의 치열한 경쟁의 가중.

셋째, 새로운 기업전략의 신속한 변화를 요구하는 변화자체의 급변.

따라서 기업경영의 국제화는 새 시대의 우수기업의 기본적 전략으로 볼 수 있으며, 경영혁신운동을 도입하고, 참된 기업가를 양성하는 등의 방법으로 이에 대처해 나가야 할 것이다.

일본 벤처기업의 성공법

카타야마 오사무는 《죽는 벤처·사는 벤처》에서 성공한 벤처기업들의 사례를 통해 그들의 남다른 성공비결을 알려 주고 있다. 우리 나라에서는 벤처기업을 주로 정보통신관련 기업을 말하는 특징적 용어로 인식하고 있다. 하지만 오사무의 책에서도 신생 '모험(벤처)' 기업에 대해 직종 한계를 두지 않고 창업기업 전부를 지칭하고 있으며, 새 기업창업이 바로 벤처기업이라는 점을 이해했으면 한다.

카타야마 오사무가 기업들의 사례를 통하여 얻어낸 성공의 비결은 다음과 같다. (1) 새로운 차별화의 전략, (2) 똑똑한 창업기업가 즉, 창조적이고 창의적인 아이디어를 기업화하는 리더, (3) 독자상품개발(업계 최강의 상품), (4) 해외진출의 추진력, (5) 새로운 비즈니스모델 창조, (6) 높은 안목 즉, 비전이다. 그리고 특히 기업가는 바로 리더로서의 역할을 담당해야 하고, 개혁을 재산으로 삼아야 하며, 인종차별이 없이 인재를 활용해야 한다고 하고 있다.

이런 일본 벤처기업의 성공 비결은 경영적 측면에 있어서 미국의 실리콘밸리의 새 기업가정신의 본질적 요소와 공통적인 것이다.

21세기
기업가의 역할

1992년에 발표된 유엔의 한 연구보고서에 따르면, 이데올로기의 냉전시대 이후에는 자본주의 국가간의 경제적 냉전시대가 도래한다는 것이 세계 석학들의 공통된 의견이라고 한다. 예컨대, 유럽공동체(EU)의 형성이라든가 북미자유무역협정(NAFTA) 등은 새로운 세계에서의 경제지배권을 쟁탈하기 위한 전초적 포석이라는 것이다.

레스터 써로우(Lester Thurow) 교수는 《세계경제전쟁(Head to Head)》에서 지역주의 경제권 연합을 통한 대결은 불가피하다고 주장했다. 그는 20세기를 지배한 미국의 시대가 끝나게 되면서 21세기는 새로운 지역주의 경제연합체인 유럽공동체가 지배하는 신세계가 되리라고 예견하고 있다.[13] 이에 발맞추어 세계는 국경 없는 시장을 두고 치열한 경쟁을 할 것이다. 이제 경영혁신이 없는 기업들의 장래에는 희망이 없는 것이다.

새로운 시대에 적응하는 경영혁신

새로운 시대의 변화는 '3C'로 표현될 수 있다.[14] 첫째 고객 만족도(customer)에 따라 기업의 생사가 결정되는 변화, 둘째 경쟁이 극대화되는 냉전시대 같은 격렬한 국제경쟁(competition), 셋째 급속한 변화의 속도로 인해 대응시간이 짧아지고 이로 인해 탄력적이고 신속한 대응책이 요구(change)되는 것이다.

기업들은 이와 같은 3가지 주요변화를 수용하고, 더불어 신세계를 만들어 간다는 생각으로 기업환경 변화에 적절히 대응하고, 경영혁신을 신속하고 지속적으로 하지 않으면 안 될 것이다. 이것이 기업가의 몫이며 기업가들이 치러야 할 전쟁이다.

앞으로의 새로운 세계에서 '변화'는 필수적이 요소가 되었다. 경쟁력을 유지하거나, 차지하기 위해서는 신속하고 철저한 경영혁신이 필요하다는 것이다. 한국의 대부분의 대기업들은 지금 창업기업가 1

세대에서 2세대로 세대교체를 이루어가고 있다. 그동안 우리 기업들은 경제발전과 기업발전을 최우선 목표로 하고 창업독재를 직·간접으로 수용해 왔다. 하지만 이제는 새로운 세상에서 경쟁력을 확보하기 위해서 과업지향적이면서 동시에 민주적 참여지향을 추구하는 새로운 기업문화를 형성할 수 있는 경영혁신운동이 추진되어야 한다. 새로운 시대는 '기업도 살고 사람도 사는' 세상이 되어야 한다. 이 세상을 이끄는 것이 바로 기업가들의 또 다른 책임이다.

기업가의 본질적 특성과 기업가정신

경제대국인 미국이나 일본의 경우만 보아도 기업가가 산업화, 현대화 및 경제발전을 가져 왔다는 것은 극명하게 알 수 있다. 그리고 한국의 경제발전도 위대한 기업가들의 공헌으로 이루어진 것이 사실이다. 그럼에도 불구하고 일반인들의 기업가들을 바라보는 시각이나 인식은 좋지만은 않다. 아니, 부정적인 시각으로 평가되어 온 것이 사실이다. 심지어 짧은 시기에 '한강의 기적'을 이룩해 온 우리 기업가들에게 '일벌'이나 '영웅'이라는 칭찬보다는 '장사꾼', '돈 벌기 위해서는 수단과 방법을 가리지 않는 사람' 등으로 평가하기도 한다. 기업가들이란 이해타산만 빠르고, 이익을 위해서라면 법이 허용하는 범위 내에서 어떤 행위도 불사할 사람들이라고 매도하기도 한다. 물론, 이런 평가를 받게 된 데에는 기업가들의 태도에서도 원인을 찾을 수 있다. 하지만 그들은 한강의 기적을 창조했으며, 그 행위는 존경받아 마땅한 것임을 간과해서는 안 된다. 또한 기업가가 이윤을 추구하고 그 이윤추구를 통해 기업과 경제를 발전·성장시키는 것은 당연한 행위인 것이다.

그렇다면 한국 기업가들이 존경받는 경제계의 리더가 되기 위해서 무엇을 해야 하는가? 또 새 시대에 그들의 책임은 무엇인가? 이런 질문들의 해답을 찾기 위해 기업가들은 스스로 심사숙고해야 한다. 그리고 이런 심사숙고와 더불어 존경받는 위대한 기업가가 되도록 노력해야 할 것이다.

기업가들은 비즈니스 리더 중의 리더라고 불리운다. 비즈니스 리더들은 최고경영자, 전문경영인, 위탁경영인, 사업가, 자본가 등의 여러 명칭으로 불리지만, 기업가만큼 특별한 본질적 개념이 부여되고 경제·경영학적 용어로서 분석되고 연구된 리더는 없다.

일반적으로 전통적인 기업가들의 본질을 자수성가형 창업가로 이해되어 왔다. 그리고 다음과 같은 본질적 특질들을 가지는 것으로 인식되고 있다.

첫째, 새로운 기업을 시작하고 새로운 상품과 일자리를 만들어 내는 창업가.

둘째, 꿈을 가진 사람으로서 새로운 아이디어와 세상에 대한 비전이 남달리 뚜렷한 장래지향성을 지닌 혁신자.

셋째, 모험을 감수하며, 끈기 있게 도전하고 일을 추진해 나가는 용감하고 자신만만한 성취지향성의 행동가.

그리고 '자수성가형' 기업가의 본질에는 변화와 변신을 추구하는 돈키호테식의 개념도 포함되어 있다. 이것이 독립적 사업추진가들의 본질과 사업과 생사를 함께 하는 용기와 과업지향이 포함되는 일종의 '자수성가형' 기업가 본질이 전통적 개념이다.

경제학자들의 기업가론은 고전적 전통 개념과 신고전적 개념에서 다루어지고 있으며, 현대적인 개념과 실리콘밸리의 기업가 개념은 주로 경영학자들이 주장하는 개념이다.

현대적 개념에서 보는 기업가의 본질은 이와 같은 자수성가형 기업가 본질에 다음과 같은 두 가지 주요 개념이 포함된다.

첫째, 기업가 및 창업가는 기업경영을 할 줄 모른다는 선입견을 깨뜨리고 창업은 물론이고 전문경영인처럼 경영도 잘하는 '수성의 리더'가 되어야 한다는 것이다. '기업가정신'이 없이는 혁신과 변화도 있을 수 없고 성장도 없다는 것이 최근의 경영혁신이론들의 핵심이다. 물론 이런 혁신성장을 이끄는 역할은 전문경영인의 것이다. 하지만 이런 혁신을 가능하게 하는 기업문화를 창출하고 육성하는 역할과 의무는 기업가의 것이다.

둘째, '기업은 사람에 달렸다'는 인본주의 경영과 더불어 '인재양성의 책임' 또한 기업가의 역할이다. 또한 활력경영과 능률경영을 다 잘 해내는 새로운 경영혁신론을 받아들이고 실천해 나갈 의무가 있다. 이에 필요한 것이 협동적 기업으로 이끄는 기업가의 리더십이다. 이러한 새로운 리더와 리더십 개념을 변혁적 리더십(transformational leadership)이라고 하며, 이는 기업가의 본질적 요소가 된다. 그리고 새로운 개념에서는 민주적 리더십이 과업지향적 리더십만큼 중요하다고 본다.

기업가와 기업가정신의 연구는 탈 가치적 학문연구가 아니다. 이는 동서 경영철학의 결합과 새로운 가치경영 및 활력경영의 핵심적 요소와 능률경영의 지속적 공헌과의 접목에서 얻어내는 새로운 지식을 위해 연구되어져야 이다.

'기업가' 란 개념은 그 복잡성이 인정되어 왔고 근래에 와서는 경제학자의 연구의 범주를 넘어 모든 학문의 연구과제로 확대되었다.

그 중에서도 심리학적 접근의 비즈니스 리더십 이론과 경영학의 우수기업 창조이론과 기업문화이론 등은 기업가와 기업가정신의 새로운 개념을 부가 검토하는 학문적 토대 등을 제시하고 있다. 경영학의 공헌이 주로 합리적 능률경영의 발전에 있다고 한다면, 기업가와 기업가정신의 새로운 연구이론은 카플란(R. Kaplan)의 말과 같이 사업경영을 어떻게 할 것인가에 대한 연구보다 더 중요한 과제들, 즉 어떠한 사람이 기업인이 되는가와 어떻게 기업을 이끌어가야 하는가에 대한 연구이다. 드러커(P. H. Drucker)의 주장처럼 어떻게 일을 능률 있게 잘하는 가도 중요하지만, 무슨 일을 해야 되는가를 알고 사명감을 갖고 열정적으로 과업달성을 추구하는 등의 부가적인 연구과제가 경영학도들의 주요과제로 정착하게 되도록 하는 역할도 하게 되었다.

유능하고 위대한 기업인이 많은 나라가 경제적 선진국이 되고, 유능하고 열정적인 기업인이 많은 기업이 세계 초일류 기업이 되는 것이다. 이러한 가치가 기업가들에게 충분히 수용되고 기업가정신과 '혼' 으로서 기업문화의 핵심이 되어지기를 진정으로 바란다.

기업가정신의 잠재적 공헌의 실현을 돕는 존경받는 기업가가 많아지는 날이 오리라는 긍정적인 의식을 수용하고, 그들이 우리 인류에 희망을 줄 수 있기 때문에 기업가정신에 기대를 걸 만하다고 생각한다.

벤처기업은 한국의 희망

EIU의 한 보고에 따르면, 정치의 안전성, 노동시장의 유연성, 금융 시스템의 효율성 등을 지표로 분석해 2000년부터 2004년까지의 세계 각국의 기업가정신에 대한 우호성을 순위로 나타냈다. 그 순위를 보면 1위에는 네델란드, 2위 영국, 3위 미국, 그리고 순차적으로 캐나다, 싱가포르, 홍콩, 스위스, 아일랜드, 덴마크, 독일로 나타났으며 그리고 일본이 11위, 한국은 26위로 나타났다.

한국의 순위가 낮게 나온 것은 매우 안타까운 일이다. 이를 극복하기 위해서 국가적인 대책이 필요하다. 여기서 우리가 염두해 두어야 할 것은 벤처기업은 한국의 희망이라는 것이다. 벤처기업을 육성하고, 기업가를 영웅으로 만들어줌으로써 기업가의 나라를 만들기 위해서는 기업가정신이 활성화되어야 한다. 자유롭게 창업하고, 자기 소신껏 부를 쌓아 갈 수 있는 여건을 마련하기 위한 국가정책이 뒤따라야 할 것이다.

▶ 자료 : "EIU 보고", 〈중앙일보〉 2000년 5월 24일자, p. B-14.

각 주

1) Daniel Yergin, 《The Prize : The Epic Quest for Oil, Money and Power》, (New York, N.Y. : Simon & Schuster, 1991).

2) Roger Kaplan, "Entrepreneurship Reconsidered : The Antimanagement Bias", 〈Harvard Business Review〉, 1987년 5-6월호.

3) MIT Communication on Industrial Productivity, 〈Made in America : Regaining the Productive Edge〉, (Cambridge, M.A. : The MIT Press, 1989).

4) Thomas Peters & Robert H. Waterman, 《In Search of Excellence》, (New York, N.Y. : Warners Books, 1982).

5) Thomas Peters & Nancy Austin, 《A Passion for Excellence : The Leadership Difference》, (New York, N.Y. : Random House, 1985).

6) Thomas Peters, 《Liberation Management : Necessary Disorganization for Nanosecond Nineties》, (New York, N.Y. : Alfred A. Knopf, 1992).

7) Michael Hammer & James Champy, 《Reengineering the Corporation : A Manifesto for Business Revolution》, (New York, N.Y. : Harper Business, 1993).

8) 우리 나라에서도 이러한 운동에 협조하는 "국제경쟁력 향상 연구위원회"가 전경련 주관 하에 설치되어 있고, 한국 나름대로의 새 시대를 맞이하기 위한 준비를 하고 있다.

9) John K. Galbraith, 《The New Industrial State》,(New York , N.Y. : Houghton Mifflin, 1967).

10) Thomas Peters & Robert H. Waterman, op.cit., 1982.

11) MIT Communication on Industrial Productivity, op. cit., 1989.

12) 김우중, "기업인 인정해 줘야 제조업 산다", 〈한국경제신문〉 1992년 11월 6일자.

13) Lester C. Thurow, 《Head to Head : The Coming Economic Battle Among Japan, Europe, and America, Vol. 1》, (Warner Books, 1993).

14) Michael Hammer & James Champy, op. cit., 1993.

기업가의 변천적 개념

고전적, 신고전적, 그리고 현대적 개념

Chapter Two

고전적 개념 - 상인 기업가

신고전적 개념 - 기술자 기업가

현대적 개념 - 우수기업 창조의 기업가

앞서도 설명했듯이, 기업가란 매우 오래된 개념으로, 시대에 따라 제각기 정의를 달리하고 있거니와 명칭도 달리 부르고 있는 복잡하게 변화해 온 개념이다.

미국의 저명한 기업가 연구학자인 베스퍼(K. Vesper)는 '기업가'라는 개념의 다양성에 대해 다음과 같이 지적하고 있다.[1]

(1) 어떤 경제학자는 "기업가란 노동(labor), 물자(materials), 그리고 기타 자산(assets)을 결합시켜, 새롭고도 더 큰 부(wealth)를 만들어 내고 또한 변화, 이노베이션(innovation), 그리고 새 질서를 창조하는 사람이다."라고 하고 있다.

(2) 어떤 심리학자는 "기업가란 본질적으로 무엇인가 해내려고 하고, 실험해 보려고 하며, 성취해 내려는 사람이다. 그들은 남에게 간섭받지 않으려는 욕구를 가지고 있으며, 충동적으로 행동하는 사람이다."라고 하고 있다.

(3) 기업가에 대해 비판적인 정치가는 "기업가는 다루기 어렵고 정도(正道)를 걷지 않는 사람이다."라고 했으며, 반면 호의적인 정치가는 "기업가는 무슨 일이든 효율적으로 해낼 수 있는 방법을 아는 사람이다."라고 하고 있다.

(4) 어떤 사업가(business men)는 "기업가는 나에게 공격적인 경쟁을 걸어오며, 위협이 되는 사람이다."라고 보았으며, 또 어떤 사업가는 "기업가는 동업자이다."라고 본다. 그리고, 자재 및 자원의 지원자는 기업가를 "고객이거나 투자할 수 있는 사람"으로 생각한다.

(5) 공산주의 신봉자는 "기업가는 자원의 낭비를 가져오고 노동을

착취하는 약탈자."라고 생각한다. 한편, 공산주의 이론의 대가 칼 마르크스는 기업가와 자본가를 분리하여, "기업가는 자본주의 시장경제의 보물 같은 존재."라고 높이 평가하고 있다.

(6) 자본주의자들은 "기업가는 남을 위해서 부를 창조하고 자원을 효용하며, 낭비를 감소시키고, 그리고 일자리를 창출하는 사람이다."라고 한다.

　베스퍼의 이런 지적을 통해 기업가 본질에 대해 얼마나 많은 시각이 존재하고 있는지 이해가 갈 것이다. 기업가 본질에 대한 다양성 및 복잡성은 인류 역사의 발전과정과 더불어 시대와 나라에 따라 개념과 용어의 차이에 변천적 유동성이 가해짐으로써 더욱 복잡해졌다. 여기에 부가해서 경제학자들의 경제학적 개념의 차이가 추가됨으로써 개념이 확장되거나 새로운 특징을 갖게 되었다.

　길더(G. Gilder) 또한 기업가 개념이 가지고 있는 다양성에 대해 이와 같은 점을 지적하고 있다. 길더의 말을 빌린다면 "기업가들은 (1) 경제발전의 주역이 아니고(경제학자의 비판), (2) 사리사욕(greed)을 먼저 챙기고 희생이나 호사(好事)정신이란 없으며(심리학자), (3) 잊은 꿈을 되찾아 보려는 향수병자에다(사회학자), (4) 지나친 치부와 불로소득으로 대변할 수 있는, 운이 좋은 사람일 뿐(정치가)."이라는 식의 불신과 부정적인 시각으로 기업가를 바라보는 이들도 있다.

　비록 기업가에 대한 정의가 변천·수정되면서 새로운 기업가 본질 개념으로 발전되어 가고 있긴 하지만, 진정한 기업가의 본질은 오래 전부터 '귀중하고 특별한 사람'이라는 정통성을 가지고 있다는 점만은 분명하다.

이제, 모든 기업가에 대한 고전적 개념(즉, 19세기말까지를 다 포함한 개념)을 정리해 보고, 산업사회에서 변천되고 확대되어 간 기업가의 개념을 다시 신고전적 개념, 현대적 개념 그리고 신현대적 개념으로 구분하고자 한다.

고전적 개념
- 상인 기업가

20세기를 맞기 전, 특히 경영학의 발전의 문을 열게 되는 시기까지의 기업가에 대한 모든 고전적 개념을 살펴 정리해 보자.

이 시기에도 역시 '기업가' 는 경제학자들의 개념으로서 시대와 나라에 따라 여러 가지 용어로 표현되고, 해석되는 특징을 가지고 있다. 17세기 산업혁명을 맞게 된 영국, 프랑스, 그리고 독일에서는 기업가를 각자 고유의 용어로 표현하고 있으며, 개념에 있어서도 제각기 강조하는 핵심적 요소가 달랐다.

프랑스에서는 기업가를 '앙트르프르뇌르(entrepreneur)' 라고 불렀는데, 이는 현대에서도 그대로 사용하고 있다. 이 '앙트르프르뇌르' 라는 말은 18세기 프랑스 경제학자들이 사용하기 시작했을 때보다 훨씬 전 중세기로 거슬러 올라가서 호스리츠(Hoselitz)의 《기업가 이론의 고대역사》에서도 찾아 볼 수 있다. 이런 점에서 '기업가' 라는 개념은 인류역사만큼이나 오래된 것이라고 짐작되는데, 농경사회에서 소작을 쓰던 농부도 일종의 기업가 개념으로 볼 수 있다.

40

현대 경제학자인 슈페터(J. Schumpeter)는, 정식으로 '기업가'를 경제학적 용어로 사용한 것은 밀(Mill)이 처음이라고 하고 있다.[2] 경제학적 용어로 기업가의 개념을 살펴본다면, 아담 스미스(Adam Smith)의 《국부론(The Wealth of Nations)》[3]에서는 '자본가 (capitalist)'와 '생산자'를 동일한 개념으로 보고 생산자를 기업가와 구별 없이 혼용하고 있다. 그는 여기에서 기업가에게 자유롭게 경제활동을 하게 하면 나라의 수입이 증진되고 국가의 이익이 향상된다고 하고 있다. 이를 바탕으로 하고 있는 것이 바로 자유시장경제 이론이다. 즉, 생산자 및 기업가의 이익의 극대화를 목표로 노동자본의 결합을 능률적(생산적)으로 관리운영해서 이윤을 얻는 생산활동을 아담 스미스는 강조하고 있는 것이다.

기업가에 대한 고전적 개념을 한 마디로 요약한다면 '상인 기업가 (merchant entrepreneur)'라고 할 수 있다.

고전적 경제학자들이 보는 생산자, 기업가 또는 자본가란 '생산자', '이익을 찾아다니는 사람', '가격변동의 징후에 따라 움직이는 사람', '소비자라는 제왕들의 노예'로 보고 있다. 여기서 주목할 것은 기업가라는 것이 소극적 개념으로 다루어지고 있다는 것이다.

그러나 실질적이고, 적극적인 개념으로 기업가의 역할을 본다면, '토지에 가치를 부여하고, 일자리를 제공하고, 자본을 만들어 내고 경제발전을 가져오는 경제 활동의 중심인물'이라는 것이다. 자유시장경제를 비판한 마르크스(K. Marx)가 기업가를 긍정적으로 평가한 것 역시 사업사회 발전의 공로자(생산적 역할과 창조성 기능을 수행하는)로서의 적극적인 개념이다.

돈키호테식 기인(奇人)—모험 기업가

　미국의 문호 마크 트웨인(Mark Twain)은 기업가의 본질을 기인 (奇人)으로 보아, 기업가들을 '괴상한 사람(crazy man)' 이라 불렀다 고 한다.[4] 이는 기업가가 가지고 있는 모험가적 요소를 지적한 것이 다. 레드릭(Redlich)의 《상업사전》을 보면 기업가에 대한 고전적 정 의가 뚜렷하게 나타나 있다. 여기서는 "기업가란 장래에 얻어질 결 실 즉, 이익을 위해서 현재의 가격으로 물품이나 용역을 사는 모험적 인 사람"라고 하고 있는데 이는 기업가의 본질적 특징이다. 기업가 들은 새로운 아이디어와 시대를 앞서가는 비전(vision)을 가지고 있 으며, 이것이 바로 기업가의 본질적인 특질이다. 기업가란 현존 질서 와 상태에 만족하지 않고 끊임없이 변혁하고자 노력하는 사람들이 다. 이러한 기업가의 본질은 창의와 이노베이션을 통하여 좀 더 좋은 상품을 더 값싼 가격으로 생산하는 생산자의 기능으로 연결되는데, 이를 기업가의 전통적 본질이라고 이해해야 할 것이다. '꿈 많은 사 람', '남달리 새로운 생각을 하는 사람', '상상력이 강한 사람' 등은 기업가를 정의하는 중요한 항목이라 할 수 있다.

　이러한 모험기업가 본질은 17세기에 더욱 부각되었다. 기업가와 자본가를 동일어로 취급하던 당대의 경제학자들 대부분은 '이익' 을 '모험성 감수의 대가' 라고 인정하고, 이를 기업가의 본질이라고 생 각했다.

　세이(J.B. Say)는 국부론을 비판하면서, 자본가와 기업가의 이익에 대한 구별을 주장했다.[5] 그에 의하여 자본가와 기업가의 차이가 논 의되기 시작했는데, 그는 기업가란 "모든 생산수단을 결합시키는 생산자이자, 상품의 가치를 발견하는 사람이다. 즉, 자본·임금·이자·임대료·자기 몫의 이익 등을 재조정, 편성하는 사람이다."라고 정의하고 있다. 이는 세이가 기업가를 자본가와 분리시켜 '기업관리자(manager)'와 비슷한 개념으로 보았다는 점을 시사해 주고 있다.

이로써 그 차이가 모호했던 자본가, 기업가, 경영자가 점차 전문화, 분리화로 발전하게 되었다.

19세기까지의 기업가의 개념은 소유경영자, 자수성가형 사업가 등의 개념이 기업가와 동일시되던 시대라고 할 수 있다. 또, 자영사업 즉, 남의 간섭을 받지 않고 '스스로 다 해내는' 사업추진가의 개념이 지배적이었다.

당대에 가장 뚜렷하게 '기업가'란 용어에 각별한 개념을 준 학자는 1893년 엘리(R. T. Ely)와 헤스(R. H. Hess)이다. 그들은 경제활동의 생산요소는 실질적으로 4가지 요소로 구성된다는 것이 경제학자들의 공통적 의견이라고 했다. 그 4가지 생산요소란, '노동·자본·토지' 그리고, '기업가 또는 기업(enterprise)'이다.[6] 여기에서도 이들이 기업가가 자본가와 다르다는 것을 분명히 하고 있음을 알 수 있다. 하지만 이들은 기업가와 경영관리자를 구별은 하지 않고 있을 뿐더러, 이 둘을 동일한 개념으로 보고 있다. 기업가는 창업뿐만 아니라 기업 경영관리도 잘해야 한다는 개념적 특질을 지적하고 있기 때문에 많은 학자들의 합의(consensus)가 있었다고 본다.

그리고 이러한 기업가 개념의 발전이 기업가와 경영관리자에게 각별한 주의를 갖는 바로 다음 시기인 신고전적 개념에 영향을 주었다고 본다.

청부업자-큰 일을 맡아 일 잘하는 사람

불어 '앙트르프르뇌르(entrepreneur)'를 직역한다면 중간사업자 (between taker 또는 go between)라고 번역할 수 있다. 이것은 정부 공사나 성당, 교회 건축공사 등의 큰 일을 맡아 하는 청부업자의 의 미가 있다. 옛날부터 새 사업 또는 큰 사업의 개념을 기업가의 본질 에서 찾아볼 수 있다. 영국의 예를 들어보면 그들은 기업가를 '시공 업자(projector)' 또는 '담당업자' 개념으로 해석하여 사용해 왔다. 그 후에는 '사업추진가(undertaker)' 개념으로 다루어지기 시작하 였으나 명칭의 변화뿐이었으며 'projector'와 'undertaker'는 유사 한 개념으로 해석되었다.

그런데 '청부업자'의 개념에는 '열심히 일하는 사람'의 의미가 포함되어 있다는 것이 주목할 만하다. 이는 고전용어로서의 행동가 (actor)의 개념, 전쟁에 임하는 전사와 같은(warlike) 실천가라는 뜻 도 포함하고 있는 것이다.

서양에서는 흔히 사업가를 '꿀벌(apis mellifera)'라고 부른다. 이 는 남을 위해서 꿀을 모아다 주는 일을 한다는 뜻도 내포되어 있기 때문에, 기업가가 비교적 긍정적으로 받아들이고 있다고 보아도 될 것이다.

소유경영자-소유와 경영을 모두 하는 사람

독일에서는 기업가를 '운터네머(unternehmer)'라고 한다. 이는 소유와 경영을 모두 한다는 의미를 포함하고 있다.

고전적 개념에서의 특징은 기업가와 경영자를 동의어로 취급하고 있다는 것이다. 이는 경제학자나 실무에 있는 사업가에게는 적절한 용어였다고 생각된다. 독일에서는 이러한 점으로 보아 기업가의 개념은 고전적 차원에서 강조했던 자영적 사업(즉, 중소기업의 특징과 소유와 경영자는 구별하는 개념이 아니고 다 잘하는 사람이 기업가라는 뜻)과 자본가는 소유경영자와는 다르기에 기업가 이윤과 자본가 이윤의 명확한 차이가 있다고 생각하는 것이다.

소유경영자의 개념은 현대에 와서 중소기업가와 구별하기 힘들게 되었지만 본질적으로 보아 서로 다르다는 것이 차후에 주장된다.

고전적 기업가 개념은 창업적 기업가 개념이 핵심이 된다. 그리고 과업지향적 기업제일주의 기업가정신이 투철하고 기업의 성공을 위해서는 생사를 걸고 매진하는 열정적 실천가로 본다. '개척자 정신이 기업가정신이다' 라고 믿고 일을 가능하게 만드는 실천가(actor)의 개념을 중심적 요소로 하고 있는 것인데, 이것이 바로 기업가의 전통적 개념이다.

신고전적 개념
- 기술자 기업가

시대와 나라에 따라 다양했던 기업가의 고전적 개념은 시대적 산물이었다고 볼 수 있다. 이에 비해, 기업가의 신고전적 개념(Neo-classical concept)은 처음으로 기업가의 창업가적 개념을 확장시켜 창업도 하고 우수기업으로 성장시킨다는 기업가의 본질적 개념으로 변천해 간 발전적 개념이다.

'우수기업 만들기'를 위한 체계적인 학문이 경영학이라고 한다면 신고전적 개념은 바로 경영학의 발전과 더불어 생겨난 새로운 개념이라고 할 수 있다. 즉, 기업가는 전문경영인 없이는 우수기업 만들기에 성공할 수 없다는 시대의 변천에 순응하는 특질로 변한 것이다. 이것이 바로 기업가와 전문경영인 협동시대의 개막을 의미하는 것이며, 20세기를 주도한 전문경영인 전성시대로 이어져 발전하게 되는 과정적 변천기의 새로운 개념이기도 하다.

자수성가형 자영기업의 소유 및 경영을 포괄적으로 관할하는 고전적 전통 개념에서 발달하여 기업가는 창업도 잘 해내야 한다는 것이다. 전문경영인과 협동하는 새로운 시대의 기업가 본질개념을 신고전적 개념으로 구별하고자, 이 개념은 전통적 개념에서 현대적 개념의 과도기적 변천적 개념이라고 이해해야 한다.

신고전적 개념에서는 기업가란 창업도 잘하지만 기업이 지속적 성장과 우수기업으로 발전시키는 것도 잘 해내야 한다는 새로운 역할의 특징을 강조하고 있다. 아울러 이것은 투자가와 기업가의 구별을 명확히 하기 시작하는 시대의 변천적 개념 특질이기도 하다.

산업혁명은 영국을 시작으로 유럽 대륙과 영국의 식민지였던 미국에까지 혁명적인 변화를 가져 왔다. 산업혁명을 통해 그들은 새로운 자원인 철과 석탄을 사용한 기계 및 기술을 개발 발달시켰고, 그에 따라서 생산성의 급성장을 도모하였다. 이는 새로운 상품과 제작에 공헌하는 '발명가 기업가' 및 '기술자 기업가'들의 등장을 의미하는 것이다. 산업사회의 혁신적 변화는 생산요소 주도(production factor driven)의 경제발전이 일어나게 되는 계기가 되었다.

고전적 경제학 이론의 수정까지도 요구되었던 이 시대에는 다음과 같이 발전된 이론이 선보였다.

첫째 '생산자 기업가'는 투자가 및 자본가와 구별되었다. 예를 들면, 세이의 수정이론은 투자가의 이윤과 기업가의 이윤을 구별하였고, 워커(Walker)는 투자가와 기업가의 구별을 구체화하였다.[7]

둘째, 기업가와 전문경영인과의 구별이 이루어지면서 기업가와 전문경영인의 협동이론으로 경영학이 발달하게 되었다. 이는 프랑스의 파욜(H. Fayol)의 경영관리자의 기능론과 산업관리론 등에서 설명한 경영자의 공헌과 기업가의 공헌을 분리함으로써 협동이론으로서 경영학 발전의 문을 열게 해주었다.

이처럼 그동안 연구가 등한시되었던 기업가의 본질 개념이 뚜렷이 부각되면서 경영관리의 전문성이 강조되고 이들이 기업가의 본질에서 분리되었다. 그러면서 신고전적 개념에서 기업가는 모험성 기업가이면서 기술자 기업가의 본질과 전문경영인과의 협동 없이는 기업의 성장발전이 불가능하다는 것을 새로운 기업가의 본질로 주장하는 시대가 되었다.

이러한 신고전적 개념의 대표적인 예로써 미국의 헨리 포드(Henry Ford, Sr)와 일본의 혼다 소이치로(本田宗一郎)를 들 수 있다.[8] 다시 말해서, 이 시대의 경제발전을 주도한 기업가는 신고전적 개념의 '기술자 기업가(craftman entrepreneur)'들이었는데 위에 두 인물이 바로 그 모범적 인물로 대표될 수 있다. 이들의 본질적 특징은 전통적 고전형 기업가 개념을 확대·수정하고 소위 신고전형 기업가의 위상을 정립한 것이다.

특히, 미국의 자동차 왕으로 알려졌던 헨리 포드는 "마차 대신에 자동차를"이라는 꿈의 실현을 위해 자동차 생산에 주력했다. 헨리 포드는 당대 최우수 상품을 만드는 데 성공한 기업가로서 전통적 기술자 기업가의 표본이라고 할 수 있다.

따라서 신고전적 기업가 개념의 특징을 정리하면, '기술자 기업가'의 특징을 갖고 있다.

독창적 창업기업가

기업가의 고전적 개념이 자영 소유경영자의 개념이라 한다면 신고전적 기업가 개념은 사업자금을 제공하는 투자가 및 자본가라고 볼 수 있다. 이는 기회기업가(opportunity entrepreneur) 또는 모험기업자본가(venture capitalist)와 구별되는 개념이다. 새로운 상품을 제작해서 시장에 내놓는 생산자로서의 기능과 발명가로서의 기능을 수행하면서 창업과 기업경영을 수행하는 독창적 창업기업가(founder or startup entrepreneur)의 출현이 신고전적 시대의 특징이다.

즉, 독창적인 기술이나 장인정신을 바탕으로 새로운 상품을 제조하고 상품화하여 저렴한 가격으로 소비자에게 제공하는 생산요소 지배단계의 경제발전과정 시기에 기업가의 질적 생산요소가 지배적인 시대로 이행하였다. 따라서 기업가의 본질을 이러한 측면에서 검토하게 되었던 것이다.

이와 같이 독립적이고 독창적인 새로운 상품을 생산해 내는 기업가들은 창업단계에서 볼 수 있는 규모의 경제의 빈약으로 과도기를 맞게 되는데, 지속적 성장기업으로 발전시키기 위해서는 전문경영인과의 협동이 필연적 · 필수적으로 요구된다.

따라서 신고전적 기업가 본질은 이러한 시대의 변화에 적응을 요구하게 되었다. 그 중에서도 뚜렷한 변화는, 첫째 이노베이션의 지속성과 다양성, 둘째 전문경영인의 등장과 기업가와 전문경영인의 협동 그리고 창업만큼 어려운 기업의 경영관리라는 새로운 도전을 기업가가 맞는다는 점이었다.

따라서 신고전적 기업가의 본질은 기업가가 창업하고 기업을 관리 · 운용하는 생산요소가 지배적인 시대적 개념에서, 기업가의 전문경영을 요구하는 시대로 변해 왔다.

전문기술자이자 전문경영인이었던 앙리 파욜은 그의 저서 《경영기능론(General and Industrial Management)》에서 기업을 창업하는 것도 중요하지만[9] 창업기업을 성장지향 기업으로 키워 나가는 것 역시 중요한 과제라고 했다. 그리고, 이런 창업기업이 대기업으로 성장할 수 있다는 경영학적 이론의 틀을 제공하면서 경영학 발전의 대부가 되었다.

다시 말해서, 독창적 창업기업가는 전문경영관리와 더불어 기존의 기업가 이상의 개념인 기업가와 전문경영인의 양면적 본질을 요구하는 새로운 기업가 개념이다. 이것은 고전적 개념에서 본 기업가와 경영자(manager)와의 동일시 개념이라든가 자본가 및 투자가와 기업가를 동의어로 구별 없이 사용하던 것과는 달리 경영관리의 전문성과 전문경영인의 협동으로 대기업으로 성장할 수 있다는 새로운 개념이라는 점에서 이전 개념들과 차이가 있다.

독창적 창업 즉, 자수성가형 자영사업의 창업이 새 상품 및 생산기술의 차이와 발명을 통한 기술자 기업가가 주도하는 창업의 본질이다.

과업에 대한 열정과 성취동기

성취욕이 높고, 일에 대한 열정이 강하다는 점이 기술자 기업가의 본질이라고 할 수 있다. 전통적 고전개념에서 전쟁을 치루는 것 같은 행동가적 본질 개념을 기업가와 결부시켰는데, 모험적 도전과 과감한 추진력은 신고전적 개념의 기술자 기업가도 마찬가지이다.

성취지향성의 본질은 내재적 동기(intrinsic motive)가 외재적 동기(extrinsic motive)보다 더 강하다는 것과 과업성취에서 물질적 보상을 2차적 요인으로 본다는 점이 특징이다.

기술자 기업가에게 스스로와의 싸움이 중요한 동기가 될 수 있다는 주장의 근거는, 생산자의 특질을 탐욕이라고 보는 데에 있으나 이에 대해서는 수정이 요구된다.

이러한 점에서 성취를 위한 협동적 팀 개념이 새롭게 수용되며 투자가와 전문경영인 간의 유대 및 협동관계가 이루어져야 하는 것이 시대적인 요구이다.

내재적 동기의 유발 없이 성취욕과 모험감수의 투지를 불러일으키기에는 한계가 있을 것이다. 일에 대한 열정적 추진력은 기술자 기업가에게는 더욱 중요한 부분이 된다. 이는 승부의식을 조장하여 기업가들의 본질인 경쟁의식을 끌어내고, 이러한 기본적 특질이 위대한 기업가를 만들어 내는 기업가정신의 핵심이다.

전문경영자의 수용

신고전적 기업가 본질은 기업가의 전통적 독자성에다 전문경영인 또는 투자가와의 협동관계를 바탕으로 발전하는 시대적 개념이라고 할 수 있다. 여기서는 전문경영인 없이는 기업의 성장·발전도 없다는 것을 강조한다. 다시 말해서, 기업가의 기업가정신과 전문경영자의 합리적 능률경영이론의 적절한 배합의 시대가 열렸다는 것이다. 그러나 불행하게도 기업가 겸 전문경영인 시대의 발전사가 아닌 새로 등장한 영웅적 전문경영인이 주도하는 전문경영인 시대로의 변화만을 야기했다.

이에 좋은 예가 제너럴모터스(General Motors Corporation)의 리더로 명성을 떨친 앨프레드 슬론(Alfred Sloan)이다. 그는 전형적 전문경영인이자 기업의 성장·발전의 주역이 되어 기업가 대신 전문경영인이 주도하는 전문경영인 시대를 만들어 낸 인물이다.

기업가가 전문경영인의 자질을 갖추어야 하는 이유는 창업기업가의 상당수가 실패한다는 사실에서도 입증되고 있다. 예를 들어, 미국 자동차 산업의 역사를 보면 1900년도 한해 동안 50개의 자동차 회사가 창업하였으나 모두 실패하여 문을 닫았다. 그후 8년간에 502개의 자동차 회사가 설립되었으나 그 중 302개 회사가 폐업하였다. 이러한 사실만으로도 기업가의 꿈과 비전을 실현하기 위해서는 창업능력뿐만 아니라 전문경영인의 도움이 절대적으로 요구된다는 것과 기업가와 전문경영인 간의 협력을 통해서 성장·발전이 이루어진다는 것을 알 수 있다.

포드 자동차(Ford Motor Company)의 경우에는 투자가, 전문경영관리자, 기술자 기업가 3사람이 공동적으로 창업에 참여하였다. 그리고 제너럴모터스는 창업가인 듀랜트(William C. Durant)에서 슬론으로 인계되면서 전문경영체제를 갖추어 치열한 경쟁에서 살아남을 수 있었다. 이러한 사례는 창업도 잘하고 경영관리도 잘하는 기업가와 전문경영자의 자질이 동시에 요구되며 이들간의 협동적 관계가 결정적인 성공요인임을 보여주고 있다. 기업가에게는 창업하고 경영하는 데 있어서, 소유경영자 시대의 기업가 본질에서 나아가 기업가와 전문경영인이 협동하는 확대된 개념을 요구하는 것이 신고전적 개념으로 정착하게 되었다.

튀르고와 파욜의 협동이론

일찍이 튀르고(Turgot)도 경영관리의 개념을 기업가의 본질의 하나로 주장한 바 있었다. 하지만 앙리 파욜의 《산업 및 경영관리론》만큼 관심을 끌면서 기업과 산업에서 동시에 수용되었던 것은 일찍이 없었다. 튀르고가 주장했던 3가지의 관리기능은 파욜에 의해서 5가지의 기본적 관리기능으로 확대되었다. 계획관리(planning), 조직관리(organizing), 통제관리(controlling), 지휘관리(commandering), 조정관리(cordinating)가 바로 그것인데 여기에서 주의해야 할 특징적 개념은 다음과 같다. 첫째 기업가는 투자가 및 자본가와 다르며, 둘째 새로 창업하는 사람은 '사내기업가'와 다르며, 셋째 소유경영자 개념에서 확대된 소유자와 전문경영인의 분리와 기업가와 전문경영인 역시 분리하되 협동적 관계가 내포되어 있다는 것이다. 이는 즉 기업가가 경영자를 겸하거나 분업관계에서 협동체가 되어야 한다는 새로운 개념이 내포되어 있는 것이다.

창업독재형 과업지향 리더십

신고전적 기업가 본질이 또 하나 있다면 그것은 바로 창업기업가들이 과업지향적 리더십과 기업가정신이 동일시되며 이러한 정신이 기업가 자신들에게도 뿌리깊게 박혀 있다는 점이다. 이러한 특질은 시대성과 문화성의 반영한 것이라고 볼 수 있다. 그러나 창업독재성 즉, 자신의 희생을 불사하면서 과업을 성취하기 위해 전념하던 당대의 기업가들과, 창업의 어려움을 겪으면서 사생결단의 기업행위가 만들어 낸 파생적 기업가의 본질 개념으로 해석되는 것에 대한 본질적인 검토가 이루어져야 할 것이다.

신고전적 기업가의 특질은 산업사회로 발전해 가는 과정에서 변천적으로 등장하였으며, 경영학의 발전 시기와 때를 같이하여 고전적 개념에서 벗어나 신고전적 개념으로 발전되었다. 이러한 변천의 특징은 전통적 기업가 본질에 부가되어질 수 있으며, '기업가 이상'의 개념으로 생각할 수도 있다.

고전적인 기업가의 본질에서는 소유와 경영의 구별은 있되, 한 사람이 두 가지의 역할을 다 하였다. 반면, 신고전적 개념에서는 창업(소유)과 경영을 구별하되 분리될 수 없음은 물론이고, 이 두 가지를 다 잘 해내며, 자신의 기업을 대기업으로 성장·발전시키기 위해서는 창업자(혹은 소유자)에게 경영혁신의 능력을 요구하였다. 이것은 기업가의 본질이 창업의 능력뿐만 아니라 기업성장상의 혁신도 중요하게 생각하는 방향으로 변천된 것이다. 따라서 결과적으로 신고전적 기업가의 개념에서는 전문경영인과의 협동이 요구된다는 것이 핵심요소가 되었다.

신고전적 개념에서 현대적 개념으로 변천하는 역사적 발전과정에서는 창업과 전문경영의 협동의 의미가 더욱 확장되어 갔다. 전문경영인의 합리성 추구의 과학적 경영은 활력적인 가치경영을 낳았고 이를 통한 기업문화의 육성과 발전을 가져오게 되었다. 그리고 이를 통해서 세계적 일류기업이자 최우수기업이 탄생하게 된다고 보았다. 즉, 이 시대에는 잘못 발전되고 있는 보수적 전문경영인 시대에서 탈피하여 새로운 기업가정신을 받아들이고 기업가 우위의 새 시대, 즉 기업가정신의 르네상스 시대로 이어지는 변천사를 보여주고 있다.

현대적 개념
- 우수기업 창조의 기업가

현대 경제학의 대가 슘페터는 기업가의 본질적 특질을 혁신(innovation)에 두고 기업가를 혁신가(innovator)로 보았다. 이노베이션은 기업가의 전통적이고도 기본적인 본질이다. 그리고 이러한 이노베이션은 현대에 와서 기업가의 대표적인 기본적 본질로서 그 중요성을 더해 가고 있다.

또 다른 현대 기업가의 본질에는 '우수기업 창조'를 들 수 있다. 이것은 신고전적 개념에서 강조되기 시작한 전문경영인의 기업성장의 명맥을 잇는 핵심적 본질로 해석되어야 할 것이다. 대기업 만들기나 제국 만들기는 기업가는 전문경영인의 공통 목표라고 볼 수 있다. 그러기에 '우수기업 창조'를 반드시 기업가의 본질에만 국한시킬 수는 없다. 하지만 현대적 기업가에게 우수기업 지향성이 요구되는 것만은 사실이다.

현대 산업사회에서는 새로운 리더를 기업가로 보지 않고, '보이는 손', 즉 전문경영인을 새로운 리더로 보았다. 이러한 특질이 기업가의 전통적 본질로 자리를 잡게 된 계기는 19세기 말과 20세기 초 미국의 대기업 만들기와 기업가를 대신해 기업발달을 이끌어 낸 전문경영인의 지배에서 찾아볼 수 있다. 그래서 20세기를 '전문경영자 시대'라고 말하기도 한다.

그러나 전문경영인이 기업가의 본질적 기능을 수행하기란 어렵다. 대부분의 전문경영인은 그들의 역할을 수행하는 데 있어 그 이상이나 그 이하로는 수행하지 못한다는 주장이 20세기 말에 접어들면서 설득력을 가지게 되었다. 따라서 기업의 합리적 경영과 경제발전의 리더로서의 역할은 당연히 분리되어야 한다는 움직임이 일어나게 되었다. 이것이 현대의 수정된 기업가 개념이다.

여기에서 현대적 기업가의 본질적 개념을 검토하면 다음과 같다. 첫째, 이노베이션은 새로운 상품의 도입뿐만 아니라 확대된 이노베이션이어야 한다. 둘째, 창업은 기존 기업 내에서도 달성될 수 있는 것이다. 셋째, 모험감수성을 최소한으로 감소시킴으로써 창업 성공률을 높일 수 있는 새로운 개념이다. 이것이 확장된 기업가 개념이다. 그리고 이에 부가해서, 인재양성과 우수기업의 창조는 21세기 새 시대의 초일류 국제기업 창조를 목표로 하는 것이며, 유사이키안 경영(Eupsychian Management)을 통한 사회적 책임과 우수기업의 지속적 발전을 가져와야 한다는 것이다. 이는 가치경영 및 활력경영이 주도하는 우위적 기업가와 전문경영인과의 협력을 통해서 기업발전이 추구되어야 한다는 것을 강조하는 것이다. 이것이 바로 현대적 기업가의 본질이다.

　현대적 기업가의 본질은 전통적이고 고전적인 3가지 기본적 본질과 현대적으로 추가할 수 있는 2가지 본질로 구성되며, 다음과 같이 요약할 수 있다.

　　- 기업가의 기본적(전통적·고전적) 본질
　　(1) 비전과 개척자 정신 : 창업(start-up)
　　(2) 창의성과 혁신(innovation)
　　(3) 위험부담과 '할 수 있다(can do spirit)' 는 성취동기

　　- 기업가의 현대적(추가되는) 본질
　　(4) 우수기업의 창조와 훌륭한 인재양성(건전한 지도자의 양성)의 책임
　　(5) 사내기업가정신과 변혁적 리더십

　이와 같은 5가지의 본질적 개념은 상호연관되며, 이 중 어느 한 개념이라도 빠져서는 안 된다. 또한 이들 개념들 모두가 결합되어 조화를 이룰 때에 효과적인 리더십과 기업가상을 보여줄 수 있다.

비전과 개척자정신 : 창업

　브루스 헨더슨(Bruce Henderson)은 고전적 전략의 개념을, "타 경쟁자들을 제치고 지속적으로 경쟁우위를 누릴 수 있는 업체가 되려면 타 경쟁자와는 다른 차별화된 방법과 독특함으로 우위를 지닐 수 있도록 해야 한다." 라고 했다.[10] 다시 말해서 전략경쟁의 요소인 지능

과 상상력, 비전 또는 깊은 통찰력이 있어야 미래를 관리하고 비교우위를 차지할 수 있다는 것이다.

빌 게이츠(Bill Gates)는 세상이 어디로 가고 있는가에 대해서 정보통신혁명 시대―디지털 시대를 예상하는 자기 비전을 그의 저서에서 소상히 밝히고 있다. 빌 게이츠는 앞을 내다보는 비전이 뚜렷했다. 그의 기업가정신은 그것을 바탕으로 기업전략을 세워 한발 앞서가면서 미래지향적 즉, 선점우위 시장전략과 신속성 우위 전략 등을 상황에 따라 민감하게 대처하는 것으로 경쟁자들을 놀라게 하였다. 그의 컴퓨터 운영 소프트웨어 시장공략전략은 IBM의 퍼스널 컴퓨터 시장진출에서 기선을 제압하면서 협력과 경쟁우위의 효과를 얻어냈다.

미래예측이 비전에 연관되면서 예측과 꿈의 세계 구상에 과학적 접근방법이 오래 전부터 사용되어 왔다. 예를 들어 기획(planning)에 있어서의 미래예측과 이에 따른 구상을 기업경영의 기본적 기능으로 중요시해 왔고, 이를 토대로 과학적 합리성을 달성하고자 하였다.

그러나 기존의 기업들은 이러한 접근보다 직감과 경험으로 일을 해내는 경우도 많았다. 즉, 직감과 합리성이 조화되는 가운데 비전과 꿈이 미래지향적 개척정신과 이어질 수 있는데, 이것들이 바로 기업가정신의 기본적 본질 요소가 될 수 있다. 현재보다는 새로운 미래사회를 꿈꾸면서 이노베이션을 동반한 창의성과 모험감수성이 행동으로 이어지는 것이 선행 요소이다. 그래서 세상을 내다보는 비전을 협동적 조직 구성원에게 잘 전달시켜 조직의 공동목표를 만들어 내도록 하는 것이 기업가정신이며, 조직 리더가 가져야 할 리더십의 첫 번째 요소이다.

한국 벤처기업의 정의

1997년 우리 나라에서는 '벤처사업 육성 특별법'이 제정되었다. 이 법에 나와 있는 벤처기업의 정의는 다음과 같다.

1. 창업투자사 등 벤처 캐피탈 회사가 해당 기업 자본금의 일정비율 이상 투자한 기업.
2. 최근 2년간 총매출액 대비 연수개발 투자비의 비율이 일정율 이상인 기업.
3. 신기술 사업화 또는 기술집약형 기업.
4. 기술성 또는 사업화 능력이 우수하다고 평가받는 기업.

▶ 자료 : 기명수, "한국벤처사-5", 〈매일경제신문〉 2000년 10월 19일자, p. 52.

창의성과 혁신

기업가는 고전적 개념에서 괴상한 사람, 새로운 아이디어가 많은 사람, 얼토당토한 생각을 하는 사람 등으로 정의되어 왔다. 이러한 정의는 창의와 미래지향적 발명 및 혁신을 하는 사람이라는 오늘날의 기업가적 개념과 부합되는 것이다. 간단하게 말해서, '혁신적 변화를 끊임없이 추구하는 사람'이 기업가라고 할 수 있다.

남과 다른 일을 고안해 내며 새로운 상품을 만들어 내는 사업가들을 기업가라고 부르는 것은 오래된 고전적 개념의 기업가적 본질에 속한다. 그러나 앞에서 언급한 산업혁명 이후 기업인의 혁신성을 중요하게 정의하기 시작하였는데, 이에 대표적인 학자가 바로 슘페터이다.

슘페터가 말한 '혁신'은 고전적 개념의 상품발명에 치중한 협의의 '혁신'이었다. 그러면서 그는 보다 더 확대된 광의의 '혁신'을 강조하는 있는데, 이는 확대적 창의 및 발명 개념을 포함하고 있다. 오늘날 그의 혁신의 확장적 개념이 기업가의 본질적 특질로 받아들여지게 되었다.[11]

슘페터가 말하는 새로운 개념의 혁신이란, '새로운 상품과 새로운 제작과정의 개발'·'새로운 자원의 개발 및 발명'·'새로운 시장의 개발 확장, 그리고 새로운 조직개발이 포함되는 창조 및 혁신'을 포함시키는 포괄적 확대 개념이다.[12]

창의와 혁신은 기업가의 본질적 특징이다. 자수성가형의 소규모 기업가에서부터 재벌기업을 경영하는 많은 전문경영인에 이르기까지 창의와 혁신은 기업가정신의 근본적 요소이다. 이는 창업하는 기업인, 즉 창업자뿐만 아니라 현존 기업은 기업가정신 없이 대규모 기업으로 성장할 수 없다는 뜻이다. 혁신과 변화를 못하는 기업은 망할 수밖에 없다. 이에 대표적인 사례로 포드 자동차의 '모델 T' 자동차를 들 수 있다.

자동차 업계의 선도자였던 포드 자동차가 개발했던 모델 T는 미국 내에서뿐만 아니라 세계적인 우수상품이었다. 포드 자동차는 좋은 차를 싼 값에 판매하는 전략(예를 들면 오늘날의 벤츠 자동차를 현대 자동차의 소형승용차 정도의 가격으로 판매하는 것과 같음)으로 미국 자동차 시장에서 지배력을 확보할 수 있었다. 하지만 당대 최고의 성과를 올리던 포드 자동차는 추종기업이었던 제너럴모터스에게 추격당하기 시작했다. 그리고, 1927년 포드 자동차의 모델 T의 시대는 제너럴모터스의 '시보레'로 인해 마감되었다.[13]

포드 자동차의 경우 기업가정신이 충만한 회사로서 창업 후 꾸준한 이노베이션으로 모델 T를 개발하고, 이를 1,500만 대 이상 판매했다. 이렇게 뛰어난 성과를 거두긴 했지만, 일차적 성공에 도취되어 꾸준한 이노베이션을 이루지 못했다. 반면에, 제너럴모터스는 새로운 이노베이션과 새로운 기업문화의 육성정책을 통해 급진적인 기업발전을 성취했다. 이노베이션을 통해 제너럴모터스는 포드 자동차를 누르고 미국을 비롯한 세계 자동차 산업의 왕좌에 오를 수 있었던 것이다. 결국 기업의 성패를 결정짓는 요인은 '이노베이션'이라는 것이다.

창의와 혁신이란 창업하는 신생기업뿐만 아니라 성장과 변신을 해야 하는 현존 기업들의 기본적인 요건이다. 새로운 창의 및 혁신은 지속적으로 꾸준히 추진되어야 하고, 새 상품뿐만 아니라 상품의 개량[14]과 조직개발을 위한 경영의 혁신까지도 포함하는 포괄적 확대 개념이 되어야만 한다는 것이 현대적 해석이다.[15]

뱀도 자라나기 위해서는 허물을 벗어야 하듯이 기업도 성장·발전을 위해서는 꾸준한 조직변신을 이루어야 한다. 그리고 기업가적 경영이란 이러한 혁신운동이 기업문화에 정착되는 것을 말한다.

1910년에서 1920년까지 대략 20여 년간 자동차 산업에서 세계시장을 지배하던 포드 자동차의 추종기업이었던 제너럴모터스가 1930년대 이후 당당하게 세계적 우수 대기업으로 성장하게 된 원동력은 무엇이었을까? 우선, 포드 자동차가 개량과 혁신과정에서 진취성을 잃고 경영혁신을 하지 않고 있던 시기가 그들에게 유리했다. 그리고 슘페터가 말한 창의와 혁신을 과감히 실천하고 우수한 인재를 모아 협동하는 조직개발을 감행했다는 것이다.

제너럴모터스의 최고경영자인 슬론은 기업가적 전문경영인이다.

그는 창업적 기업가들에게서 흔히 볼 수 있는 '내 기업, 내 마음대로' 식의 독선적인 경영 스타일은 우수기업으로 성장·발전할 수 없다는 것을 제너럴모터스의 성공으로 실증해 보여 주고 있다. 슬론은 '내 기업, 내 마음대로' 식의 생각을 가지고서는 리더로서 협동심을 갖도록 하는 데에도 실패할 뿐더러 가업(家業)이상으로 발전하여 세계적 우수기업으로 성장하기 어렵다고 지적한 바가 있다.

전후 일본의 경제발전 전략은 카이젠(改善)이었다고 해도 과언이 아니다.

일본의 경제성장을 살펴보면 카이젠이라고 하는 '발명을 뒤따르는 개량'을 철저히 실천한 일본기업들의 창의와 혁신의 신개념을 볼 수 있다.[16]

예를 들어 마쓰시타(松下)의 '추종자 전략(followership strategy)'은 '꾸준한 개선과 개량'에 그 초점을 맞추고 있다. 특히 지속적인 개선은 전문경영인들에게는 기업가정신을 권장시켜 조직의 혁신을 이룩할 책임을 준다. 그리고, 자수성가형 창업기업가들에게는 기업의 성장·발전을 위해 새로운 리더인 전문경영인과 협동하는 기업문화 육성의 필요성을 일깨워 준다. 또 조직 구성원 모두가 자발적으로 창의와 혁신을 발휘할 수 있는 기업문화를 육성해 가는 새로운 창의성 개발이 필수적인 요건이 된다는 것을 깨닫게 한다.

카이젠은 이노베이션의 일종으로 창조성을 포함한 '꾸준한' 이노베이션을 의미한다. 따라서 동의어처럼 사용되기도 한다. 그러나, 카이젠의 개념은 지속적인 발전·변화 또는 점진적 발전, 그리고 이에 대한 폴로우어십(followership) 등으로 엄밀하게 구분되어질 수 있다.

〈표 2-1〉 카이젠과 이노베이션의 특징 비교

	카이젠	이노베이션
효과	장기간 지속되는 드라마틱하지 않은 효과	단기적이지만 드라마틱한 효과
속도	느리다	빠르다
타임프레임	지속적이고 점증적임	간헐적이고 비점증적임
변화	단계적이고 항구적임	비약적이고 활발함
관련자	전원 소수	'챔피온' 들을 선정
접근방법	집합주의, 집단효과, 시스템적 접근법	엄격한 개인주의, 개인적 아이디어와 효과
분위기	유지 및 개선	해체 및 재구축
스파크	전통적인 노하우와 현상유지	기술적 약진, 신발명, 신이론
실무조건	거의 조건이 필요하지 않지만 매우 큰 유지노력이 필요함	대규모의 투자가 요구되지만 유지노력은 거의 필요치 않음
지향점	사람	기술
평가 기준	결과향상을 위한 과정과 노력	이윤
장점	저속성장경제에서 유효함	고속성장경제에 적합함

▶ 자료 : Imai Masaaki, 《Kaizen》, (New York, NY : McGraw Hill, 1986), p.24.

일본의 선도기업인 마쓰시타의 기업전략은 발명보다는 질적 개량과 가격 경쟁이었다. 그들은 이미 발명된 상품을 개선에 개선을 거듭하여, 더 좋은 상품을 더 싸게 소비자에게 제공하는 전략으로 승부를 걸었다. 이런 전략의 성공으로 마쓰시타는 눈부신 발전을 이루었다. 이러한 전략은 마쓰시타의 폴로우어십 전략이라고 불린다.

일본의 카이젠은 현대경영에서 수용될 만큼 매우 중요한 개념이다. 그리고 톰 피터스의 '리더십 모델'에서 말하는 '지속적인 이노베이션'의 개념과 유사하다. 일본 특유의 경영방식인 카이젠과 이노베이션의 특징을 요약하면 〈표 2-1〉과 같다.[17]

하버드 경영대학원의 포터(M. Poter) 교수가 말하는 투자주도 단계에서 벗어나 다음 단계인 혁신주도(innovation-driven) 단계를 통한 경제성장이 국제화 시대를 맞이한 우리 기업의 과제이다. 때문에 한국에게는 더욱 더 혁신이 중요하다는 것을 명심해야 할 것이다.[18]

위험부담과 성취동기

독일의 도르트문트 대학교의 산학협동의 벤처기업 창업은 그 성공률이 95%를 상회한다고 한다.[19] 그들은 벤처기업의 창업과 운영을 통해 도전하는 재미와 성취의 기쁨을 함께 느낄 수 있다고 생각하고 있다.

기업가의 본질적 특성 중에는 모험을 기꺼이 감수하고, 자신감과 추진력을 가지고 있으며, 성공에 대한 믿음이 강하다는 것이 있다. 또한 기업가는 죽음을 각오하고 몰입하는 투사이자 악착성을 지닌 행동가적 특징도 가지고 있다. 이들은 실패나 좌절에 얽매이지 않고 재기해서 성공하고야 말겠다는 굳은 집념과 인내를 가지고 있다. 바로 이런 점이 이들의 재산이기도 하다.

기업가의 이런 자신감과 행동지향성은 어떤 결정의 시점에서 합리성보다는 자신들의 직감적 결단에 더 큰 비중을 두도록 한다. 이는 창업기업가의 고전적인 본질 개념이며, 경제학적인 개념인 모험에 대한 보상은 이윤이라는 개념을 포함하고 있는 것이다.

기업가들이 가지는 모험감수의 정신은 창조의 기쁨뿐만 아니라 놀랄 만한 금전적 보상이 따르게 마련이다. 그들은 이 기쁨과 보상을 극대화하기 위해 모험에 따르는 위험부담을 최소화시키는 여러 가지 장치를 개발하게 되었다. 그 중 하나가 바로 사내기업가정신(intrapreneurship)이다. 이는 위험을 분산시키고 많은 사람에게 기업 도산의 위험 없이 기업가정신을 기업 안에서 발휘하고 창업할 수 있도록 촉진시키는 제도적 장치를 갖도록 함으로써 기업가정신의 영속성을 유지할 수 있는 방안이기도 하다.[20]

드러커(P. Drucker)는 이러한 제도적 기업성장지향의 사내기업가 정신을 일컬어 '시스템적 기업가정신(systematic entrepreneurship)' 이라 하였다.[21] 이것은 우수기업 경영의 특질에서 말하는 책임경영제도라든가 소사장제도라든가 하는 형태로 채택되어 온 것이다.[22]

현대 기업들이 발전과 더불어 치열한 국제적 경쟁에서 승리할 수 있는 길은 새로운 아이디어의 창출과 발명이다. 비대한 기업의 관료조직을 과감히 일소시키기 위해서는 모든 것을 바꾸자는 기본적 전략이 필요하다. 동시에 계층조직 개념을 버리고 사업별 수평조직, 그리고 매트릭스형의 조직으로의 이행이 추진되어야 하며, 기업가정신을 권장하고 실천하도록 해야 한다.[23]

창의와 혁신이란 새로운 것 그리고 현실에 만족하지 않고 변화를 추구하는 진취성을 말한다. 이들 모두를 모험으로 받아들이고 감수하지 않고서는 우수기업을 이룰 수 없다. 새로이 창업하는 기업들을 '모험 기업(venture enterprise)' 이라고도 칭하는 이유는 성공한다는 보장이 없기 때문이다.

자동차산업의 여명기인 미국의 1900년에서 1908년까지 502개의 군소 자동차회사가 창업하였으나 그 중 302개 사가 문을 닫았다는 사실과 그나마 살아남은 기업들도 영세성을 면치 못했다는 것이 이를 증명하고 있다.[24]

1903년에 발족한 헨리 포드의 포드 자동차도 두 번의 실패를 겪은 후 새로운 투자자의 도움으로 새로 출발한 회사이다.

자동차왕 헨리 포드는 가난한 농부의 아들로 태어나 당대의 가장 우수한 자동차를 만들어내는 데 성공한 기술자 사업가(craftsman-entrepreneur)였다.

겨우 초등학교를 졸업했던 그는 기계 만지는 것을 좋아하였으며, 기계를 다루는 데에 천재적인 자질이 있었다. 어려서부터 시계를 보면 분해해 조립하곤 하였으며, 한때 시계수리공으로 수입을 얻기도 했다. 일벌레였던 포드가 자기 집 창고에서 처음 자동차를 만들 때, 완성된 자동차를 밖으로 끌어내기 위해 창고를 부수고(창고 문이 작아서) 자동차를 끌어냈다는 에피소드는 그가 얼마나 일에만 열중했는지를 보여준다.

일을 너무 좋아하고 일없이 못하는 사람들을 흔히 일중독자(workholic)라고 부른다. 쉬지 않고 벌집을 지어나가는 꿀벌들 같이 일하며, 혼을 다하여 열정적으로 일을 하는 사람들이 바로 기업인이다.

한편, 맥클리란드(D. McClelland)는 기업가의 자질에 에너지와 추진력을 들고 있으며, 그들에게는 창조의 기쁨뿐만 아니라 성취적 만족 내지 내재적 만족 즉, 금적전 보수보다는 성취욕을 충족시킨 자기만족이 강하다고 한다.[25]

이러한 정열적 삶과 성취만족의 기쁨이 아마도 기업가들의 자연수명을 길게 하는지도 모른다. 그 예로서 헨리 포드는 83세, 혼다는 84세, 그리고 마쓰시타는 86세, 이병철 회장은 78세의 고령으로 생애를 마친 점을 보면 일하는 재미가 수명과도 관계가 있는 것이 아닌가 하는 생각이 든다.

우수기업 창조와 인재양성의 책임

'내 기업 내 마음대로' 의 의식을 갖고 부의 축적에만 전념하는 기업가들이 장사꾼이나 도둑놈 소리를 듣는 것도 무리가 아니다. 존경받는 참다운 기업가가 되기 위해서는 책임을 알고 그 책임완수를 위해서 노력해야 한다.

바너드(C. I. Barnard)가 기업가의 책임으로 믿음을 만드는 책임을 말했는데, 이는 회사가 자랑스럽다는 믿음, 회사가 우수하다는 믿음, 회사와 자신이 공동운명체라는 믿음 등을 말한다.[26] 이런 기업가의 책임은 기업이 존재하는 한 지속되어야 할 무한한 기본적 책임이다. 이 믿음창조의 책임은 상품창조의 책임만큼 중요한 것이다.

기업의 리더인 기업가가 자신의 책임을 성실히 완수하는 모습을 보이고, 종업원에게 업무를 믿고 맡겨 주는 데서 기업에 대한 충성심, 자발적 참여와 창의를 종업원에게서 끌어낼 수 있다. 그래서 바너드는 리더십의 믿음을 키우는 역할을 강조하고 있다. 즉, 믿고 맡기면서 참여하는 기업문화의 육성이 기업가에 달려 있고 성공의 기본요건이라고 주장하고 있다.

또 하나 주목해야 할 책임은 기업가나 최고경영자들에게는 '종업원 바보 만들기'를 극복하고 '훌륭하고 성숙한 사람으로 만드는 기업문화, 즉 인재양성의 문화'를 이끌어 낼 책임이다. 다시 말해서, 아지리스(C. Argyris)가 주장하듯이 기업은 말 잘 듣는 조직의 구성원을 만드는 곳이 아니라, 'Y 이론'을 바탕으로 성숙한 사람으로 발전·변화시키는 인재양성의 터가 되어야 한다는 것이다.[27]

기업가는 사업을 잘해 돈 벌기만 하면 된다는 고전적 기업가 책임론에서 수정·확대된 책임론이 현대의 통설적 책임론이고 규범적 사명이기도 하다. 이는 기업가는 사회 및 경제개발의 주역이고 그러한 지도자의 책임은 기업가를 많이 양성하는 일까지 맡아야 한다는 광의의 책임론이다. 인재양성은 회사에서 필요로 하는 유능한 사람이기 이전에 가족의 일원으로서도 건전하고 성숙한 사람으로 성장시키는 것까지 의미한다. 이 점을 강조하고 주장한 인본주의 심리학자 매슬로(A. Maslow)[28]는 이를 가리켜 '유사이키안 경영(Eupsychian management)'라고 한 바 있다.

기업의 우수성은 종업원 각자의 심리적 건전성과 사회의 도덕적 기여성에 달려 있기 때문에 훌륭하고 성숙한 인재양성과 사회의 건전한 발전(문화적 선진성과 문명성)을 기업에서 책임져야 한다는 것이 유사이키안 경영에서 말하는 책임경영이기도 하다. 살아남는 것이 과제인 영세 중소기업의 현실에는 이것이 부당한 기업 책임론이지만, 기업가의 우수기업을 만드는 확대 개념에서 보면 경제적·사회적 책임은 기업가가 명심해야 할 본질적 책임이다.

이러한 기업가의 진취적 인재양성의 특질이 잘 시행되고 있는 외국 사례로서는 '마쓰시타 정경숙(松下政經塾)'이 있으며 이는 리더를 양성하는 훈련소로 유명하다.[29]

기업가의 본질적 특질도 새로운 시대에 맞추어 가면서 변해야 한다. 21세기를 맞는 후기 자본주의 사회에서 기업가의 역할은 더욱 귀중하기 때문에 더욱 그러하다. 위대한 사업가들은 산업혁명 이후 상업 현대 국가를 발전시킨 주역들이며 앞으로도 경제발전의 주역임에는 틀림이 없다.

그러나, 위대한 기업가도 중요하지만 애국적인 존경받는 기업가가 요구되는 새 시대에는 기업가정신에 충실한 사업가가 되려고 노력해야 한다. 즉 그렇게 할 때 기업가에 대한 사회의 시각은 긍정적으로 변하게 될 것이다.

기업의 개혁, 새로 태어나는 기업경영은 기업가정신이 투철한 기업문화로의 개혁에 달려 있고, 이를 실현시키기 위해서는 최고경영자를 비롯한 기업 내 모든 사람들이 자기 분야에서 기업가정신을 발휘해야 한다. 존경받는 기업가는 위대한 기업가가 될 수 있지만, 위대한 기업가는 반드시 존경받는 기업가가 된다는 보장은 없다.

사내기업가정신과 변혁적 리더십

역사 속의 위대한 기업가들을 보면 대부분이 과업지향적 창업독재자의 유형을 보이고 있다. 미국의 포드, 록펠러가 그랬고, 일본의 혼다, 그리고 한국의 위대한 창업기업가, 재벌총수들이 그러하다. "회장은 황제인가?"라는 질문을 던졌던 곽수일 교수나 "가부장적 리더십은 지양되어야 한다."라고 주장한 박내회 교수의 글에서 보듯이 이에 대한 새로운 정리가 요구된다.[30]

하기야 남을 통솔하는 지도자는 위대한 사람(great man)이어야 한다는 것이 전통적 리더 개념이기는 하다. 그래서 우리는 창업적 기업가, 대기업을 이룬 재벌 총수들이 그러한 자리에 오른 것을 당연하게 생각하고 있다. 그리고 그들은 기업의 종업원은 물론 창업에 동참했던 옛 동지들까지 부하로 보고 은혜를 베풀고 있다고 '착각'을 한다. 이러한 착각이 바로 일인통치의 가부장적·권위적 리더십을 행사하는 사람으로 변하게 만들기 만든 요인이기도 하다.

그러나 현대에 존경받고 있는 위대한 기업가는 그러한 리더가 아니다.

새로운 그리고 올바른 리더상은 창업에도 협동적 동업자가와 함께 함은 물론이고, 기업 내 모든 조직원들이 자발적으로 협동정신을 발휘하도록 만드는 인간적이고 민주적인 참여형 리더십을 필요로 한다.[31] "내가 만든 기업이기에 내 마음대로 운영하고 처분하는 데 무엇이 잘못이냐?"라고 한 헨리 포드의 독재형 리더십[32]은 포드 자동차의 몰락과 포드 자신의 불행을 가져왔다.

이와 대조적으로 "내 기업이라니, 천만에요. 나보다 우수한 젊은이들에게 맡겨야지요."라는 말과 함께 66세의 나이로 은퇴하고 전문경영인을 승진시켜 회장직을 맡게 한 혼다 소이치로의 리더십은 혼다를 지속적으로 성장하도록 한 주요 원인이되었다.

현대 우수기업의 특질은 참여형 책임경영제도와 '가족만족' 개념을 달성시키며 동시에 신나는 기업문화의 육성에 있다는 것을 강조하는 새 시대 경영이다. 모두가 동업자이고 협동정신이 자발적으로 충만해야 한다는 특질이 우수한 일류 기업을 만드는 길이고 이는 바로 리더십에 달려 있다.

리더란 직함에서 나타나는 상관이 아니다. 사람들이 존경하고 신임하고 따르며, 자발적으로 창의와 발명의 공헌을 하고 서로 도우며 서로 성장하는 변혁적 리더십(transforming leadership) 개념을 발휘하는 리더상이 바로 기업가의 본질적 개념이다.[33] 이는 '현장주의 리더십', '자율 및 참여지향적인 민주형 리더십'에서 찾아볼 수 있다.

새로운 기업은 과업지향형 고전적 리더의 특질도 중요하지만 참여 및 자율지향적인 민주형 리더가 이끌 때에 비로소 협동과 자율경영의 혜택을 얻게 된다. 그리고 이러한 양자 배합의 새 리더상이 존경받는 기업인의 표본인 것이다.

전통적 기업가인 '소유경영자'에서 시작한 본질 개념이 현대적 개념으로 변화 · 확장하면서 우수기업을 만드는 '재계 지도자'로 발전하고, 자신보다 나은 리더를 키워 내는 인재양성의 책임도 져야 한다는 것은 이상론적인 기업가 본질론이 아닌 현실적인 주장이다.

소유자를 기업가의 본질로 보던 고전적 개념은 산업혁명 시대를 맞이하면서 신고전적 개념으로 변천하였다. 그리고 기업가와 전문경영자의 구별이 생기면서 기업가의 본질이 수정 · 확대되게 되었다. 즉, 기업가는 창업도 중요하지만 대기업으로 육성 · 발전시켜야 할 또 하나의 본질(책임)을 수용하게 되었고, 이것이 파욜이 주장하는 경영의 다섯 가지 요소에 더하여 변천적인 확장 개념으로 변모하였다.

영웅적인 위대한 기업인이 산업혁명 이전의 특질이었다고 한다면 새 시대인 국제화 시대의 기업인은 새로운 기업환경 즉, 후기 자본주의 시대의 새로운 주역으로 합당한 유능하고도 존경받는 새로운 기업인의 본질을 이해해야 한다. 인권이 존중되고 자율적 책임경영을

고전적 기업가 : 상인기업가 개념	신고전적 기업가 : 기술자기업가 개념	현대적 기업가 : 우수기업창조 기업가 개념
1. 돈키호테식 기인 : 　모험사업가 2. 청부업자 3. 소유경영자	1. 독창적 기업가 2. 과업에 대한 열정과 　성취동기 3. 전문경영자의 수용	1. 창업 2. 창의성과 혁신 3. 모험성과 성취동기 4. 전문경영자와의 협동 5. 사내기업가정신과 　변혁적 리더십

이루어 나가며 국제적 일류 기업을 창조 · 발전시켜야 할 기업인은 영웅적인 위대한 기업인이 되기보다는 존경받는 기업인이 됨으로써 위대한 기업가가 된다.

　기업인은 시장경제 자본주의 사회에서 귀중한 인재이자 지도자라는 것을 명심해야 할 것이다.

각 주

1) Karl H. Vesper, 《New Venture Strategies》, (Englewood Cliffs, New Jersey : Prentice-Hall, 1980), p. 2.

2) Joseph Schumpeter, 《Can Capitalism Survive?》, (New York, N.Y. : Harper and Row, 1934).

3) Adam Smith, 《The Wealth of Nations》, (1776).

4) Donald Lambro, 《Land of Opportunity : The Entrepreneurial Spirit in America》, (Boston, M.A. : Little Brown & Company, 1986).

5) Jean Baptise Say, 《A Treaties of Political Economy》, (New York, N.Y. : Kelley, 1827).

6) Richard T. Ely & Ralph H. Hess, 《Outlines of Economics》, (New York, N.Y. : Norton, 1893).

7) 아담 스미스와 데이비드 리카르도의 고전이론을 말한다.

8) 자세한 내용은 문원택·이준호·김원석,《헨리 포드에서 정주영까지》, (서울 : 한언, 1999), 참조바람.

9) Henri Fayol, 《General and Industrial Management》, (New York and London : Pitman and Sons, 1949).

10) Carl W. Stern & George Stalk Jr., 박내회 역,《BCG의 경영전략》, (서울 : 박영사, 1999), p. 2.

11) Joseph Schumpeter, 《Can Capitalism Survive?》, (New York, N.Y. : Harper and Row, 1934)

12) Joseph Schumpeter, 《The Theory of Economic Developement》, (Cambridge, Mass. : Harvard Business Press, 1934, Original German Edition 1911).

13) 이후 포드는 1929, 1930, 1935년을 제외하고는 선두의 자리를 되찾지 못하였다.

14) Imai Masaaki, 《Kaizen》, (New York, N.Y. : McGraw Hill, 1986), p.24.

15) Thomas Peters, 《Liberation Management : Necessary Disorganization for

Nanosecond Nineties》, (New York, N.Y. : Alfred A. Knopf, 1992).

16) Imai Masaaki, op. cit., 1986.

17) Imai Masaaki, op. cit., 1986.

18) Micheal Porter, 《Competitive Advantages of Nations》, (New York, N.Y. : The Free Press, 1990).

19) 정근모, "벤처기업의 성공확률", 〈매일경제신문〉, 2000년 11월 6일자, p.37.

20) Cifford Pinchot Ⅲ, 《Intrapreneuring》, (New York, N.Y. : Harper and Row, 1985).

21) Peter F. Drucker, 《Innovation and Entrepreneurship》, (New York, N.Y. : Harper and Row, 1985).

22) Thomas Peters & Robert H. Waterman, 《In Search of Excellence》, (New York, N.Y. : Warners Books, 1982). ; Goerge Gilder, 《The Spirit of Enterprise》, (New York, N.Y. : Simwn and Schnster, 1984. / 전정봉 역 《기업의 정신》, 서울 : 안암출판사. 1991).

23) Thomas Peters, 《Liberation Management : Necessary Disorganization for Nanosecond Nineties》, (New York, N.Y. : Alfred A. Knopf, 1992) ; Michael Hammer & James Champy, 《Reengineering the Corporation : A Manifesto for Business Revolution》, (New York, N.Y. : Harper Business, 1993)

24) Robert Lacey, 《Ford : The Men and the Machine》, (Boston, M.A. : Little Brown & Company, 1986).

25) D. McClelland, 《Achieving Society》, (New York, N.Y. : MacMillan, 1961).

26) Chester I. Barnard, 《The Functions of the Executives》, (Cambridge, M.A. : Harvard Business Press, 1938).

27) Chris Argyris, 《Personality and Organization》, (New York, N.Y. : Harper and Row, 1957).

28) Abraham Maslow, 《Enpsychian Management》, (Homewood, I11 : Richard D. Irwin, 1965).

39) 한국의 재벌 기업들이 인재양성에 열을 올리기 시작하면서 사내 교육뿐

만 아니라, 해외 장기유학제도까지 도입하고 있다. 또한 안식휴가를 통한
인재개발까지 권장하고 있다. 이런 개혁은 국제화 경쟁시대에 있어 적절
한 기업가정신이라고 본다.

30) 박내회,《조직행동론》, (서울 : 박영사, 1990)

31) Chester I. Barnard, op. cit., 1938.

32) Robert Lacey, op. cit., 1986.

33) James M. Burns, 《Leadership》, (New York, N.Y. : Harper and Row, 1978).

실리콘밸리의 기업가정신

신현대적(Post Modern) 개념

헨리 포드는 "내가 현대(modern times)를 만들었다."라고 말했다.[1] 20세기 초반, 디트로이트를 중심으로 한 자동차산업의 부흥은 미국을 초일류 경제대국으로 만드는 밑거름이 되었으며, 포드 자동차가 이끌어낸 '포드 혁명(Ford Revolution)'을 주축으로 미국의 현대화가 달성되었기 때문에 헨리 포드의 말은 과장된 것이 아니다. 이렇게 미국을 경제대국으로 만든 원동력은 당시의 기업가들과 그들의 기업가정신이었다.

21세기를 앞두고 있는 지금, 미국의 벤처 기업가들은 캘리포니아 주의 실리콘밸리(Silicon Valley)를 중심으로 자신들의 나라를 다음 세기의 경제대국으로 만들기 위한 활동을 주도적으로 해나가고 있다. 이러한 '실리콘밸리의 기업가정신'을 '신현대적 기업가정신(post modern entrepreneurship)'이라고 부를 수 있다.

미국의 실리콘밸리는 테그놀러지 두뇌와 새로운 기업가정신이 협동하는 첨단산업의 메카의 대명사가 되었다. 첨단기술 개발하는 고급두뇌가 황금알을 낳는 산실로, 반도체, 컴퓨터, 소프트웨어, 커뮤니케이션, 인터넷 서비스 연관 산업에 관한 창조의 땅으로도 인식되고 있다. 이런 실리콘밸리로 대표되는 첨단산업단지가 미국 전역은 물론이고 우리 나라의 '테헤란 밸리'를 비롯해 세계 각지에서 늘어가고 있다. 그러면서 21세기 정보통신이 주도하는 제3차 산업혁명이 새 세상을 만들어 가고 있다.

실리콘밸리의 기업가정신은 정보통신산업을 일으키고 발전시키고 있는 경제대국 미국의 심장부 역할을 하고 있을 뿐만 아니라, 기업가정신의 본질 개념을 크게 바꾸어 놓은 새로운 기업가정신의 산실이기도 하다. 다시 말해 실리콘밸리 기업가정신은 제3차 산업혁명을 주도하는 원동력을 제공하고 있다.

이런 점에서 우리는 기업가정신이 무엇인가를 다시 이해해야 할 필요가 있다. 즉 기업가정신의 본질이 변천(evolving)하는 개념이라는 점에서 실리콘밸리의 기업가정신의 특질적 본질을 파악하는 것은 중요하다.

실리콘밸리는 너드(Nerds) 또는 지크(Geek)라고 불리는 컴퓨터 통신산업을 발상시키고 있는 컴퓨터 신동들의 안식처인 동시에 발명의 산실이다. 즉, 새 발명품을 제조·발전시키는 변천 기업들의 원천적 고향이다. 신경제를 만들어낸 대표적 벤처기업들, 즉, 마이크로소프트, 인텔, 시스코 시스템스 등은 전통적 굴뚝 산업의 우수기업들을 제쳐놓고 미국의 신경제의 엔진 역할을 수행하기 시작하였다. 최근에 보도된 세계 100대 기업 순위에서 알 수 있듯이 상위의 속하는 기업들 대부분은 '클릭(click) 산업'이다(표 3-1 참고).

1974년에 빌 게이츠(Bill Gates)와 폴 앨런(Paul Allen) 두 사람이 세 명의 직원으로 시작한 벤처기업이었던 마이크로소프트(Microsoft Corporation)는 오늘날 주식시가총액이 4위를 기록하고 있다. 이것을 이룩한 것은 기업가와 기업가정신이다. 따라서 실리콘밸리의 새 기업가정신의 본질에 대한 연구가 바로 이 신현대적 기업가정신의 연구라고 할 수 있다.

실리콘밸리의 새 기업가정신의 연구 초점은 다음과 같다.

첫째, 실리콘밸리 기업의 대표적 기업가인 빌 게이츠와 마이크로소프트와 같은 새로운 우수기업 만들기에 대한 연구.

〈표 3-1〉 세계 100대 기업의 주식시가

2000년 순위	1999년 순위	기업명	나 라	시가총액 (단위 = 10억 달러)
1	2	제너럴 일렉트릭	미국	563
2	8	인텔	미국	454
3	5	시스코 시스템스	미국	432
4	1	마이크로소프트	미국	373
5	9	엑슨모빌	미국	281
6	18	화이자	미국	266
7	69	보다폰	영국	259
8	14	시티그룹	미국	249
9	–	NTT도코모	일본	242
10	73	노르텔 네트워크	캐나다	234
17	–	노키아	핀란드	191
17	–	한국증권거래소전체	한국	189
18	–	선마이크로 시스템스	미국	186

▶ 자료 : 〈포춘(Fortune)〉지, 2000년 8월 15일자.

둘째, 실리콘밸리의 선구적 기업인 휴렛팩커드(Hewlett Packard) 사의 탄생과 우수기업으로의 특성 연구.

셋째, 실리콘밸리의 기업 문화적 특질과 벤처 기업가 연구.

넷째, 현대적 기업가정신의 본질적 특성의 비교 연구를 통해 새 기업가정신의 본질적 개념을 찾아내는 연구.

이와 더불어 신기업가가 재계 지도자로서 긍정적으로 인식되어져

가고 있다[2]는 점도 연구가 되어야 할 것이다.

기업가 나라의 어느 광고문구

"Take Kaplan, Go to B-school, Start Fortune 500 Co. in Garage(카플란 학원에서 공부해 명문 경영대학에 들어가고, 졸업 후에는 차고에서 창업해 Fortune 500에 드는 우수 대기업을 만들자)!" 이것은 미국의 입시전문학원 카플란(Kaplan)의 광고문구이다. 기업가의 나라 미국에서의 성공이란, 고위 정치가가 되는 것도 아니고 대기업에 취직해 간부가 되는 것도 아니다. 이들은 자수성가형 기업가가 되는 것을 최선의 선택이라고 하고 있다. '기업가의 나라' 다운 광고문구이다.

▶ 자료 : 카플란 지하철 광고 포스터, 2000.

실리콘밸리의
새 기업가정신

실리콘밸리의 새 기업가정신으로 미국은 2000년 경제적 호황을 이룩했다. 지금 미국은 연 3% 이상의 고성장률을 유지하면서 저인플레, 저실업률이라는 놀라운 경제력을 과시하고 있으며, 여전히 경제 초일류 강대국의 자리를 고수하고 있다. 이것은 한때 경제대국의 자리를 일본이나 유럽에게 빼앗길 것이라고 했던 경제 전문가들의 예견을 뒤집어 놓은 것이었다. 지금 미국은 그들의 경제력을 다시 한번 과시하며 실리콘밸리 기업가들의 성공담으로 기업가정신의 르네상스를 일으키고 있다. 미국에서는 이것을 가리켜 "기업가정신의 혁명(entrepreneurial revolution)"이라고 부른다.[3]

미국의 신경제와 신현대적 기업가정신

21세기는 정보화(information)시대와 국제화(globalization)시대로 정리할 수 있는 세상이다. 이러한 시대에 지금 미국은 혁신 사회(the innovative society)로 첨단기술의 발명을 주도하고 있다. 미국은 정보기술혁명을 주도하면서 미생물공학(bio-technology) 그리고 나노테크놀러지(nano-technology) 등에서 두각을 나타내고 있는 발명의 나라도 경제대국의 자리를 굳혀 가고 있다.

여기에서 주목해야 할 것은 정보통신기술의 혁명을 주도한 실리콘밸리 기업문화의 특질이 신현대적 기업가정신의 탄생을 가져 왔다는 것이다. 그리고 이 신현대적 기업가정신이 미국의 경제발전을 주도하고 있다는 사실이다. 즉, 새 시대를 만들어 가는 새로운 기업가정신은 실리콘밸리 기업문화의 산물이며 새로운 기업가정신의 본질적 특성을 보여 주고 있는 것이다.

정보통신기술에 1997년에는 18조 달러란 엄청난 자금이 소요되었지만 이 새산업이 급속도로 성장하면서 정보통신망이 없는 경제는 경쟁력을 잃어가게 되었다. 더욱이 앞으로는 개인용 컴퓨터가 전화기만큼 널리 보급되어 정보통신기술(information technology)이 주축이 되는[4] 국제화 시대가 될 것이다.

21세기의 경제패권은, 신현대적 기업가정신을 이해하고 실천시키는 새로운 기업가들과 실리콘밸리 문화를 어떻게 육성·지원하느냐의 국가 경쟁정책에 크게 좌우될 것이다.

한때 쇠퇴해 가는 경제를 회생시키기 위해 미국은 리엔지니어링

(reengineering)이라는 이론으로 혁신을 단행했다. 그리고 이 리엔지니어링이 효력을 보이자 기업들은 다운사이징(downsizing)을 해나가기 시작했고 이렇게 출혈을 감내하면서 스스로를 채찍한 결과 미국의 경제는 되살아났다. 이것이 바로 신경제를 만들어낸 미국의 위력이다.

고성장, 저인플레, 완전고용으로 알려진 미국 신경제의 특징은 다음과 같다.

첫째, 새로운 직장 만들기(즉 창업) 성장률이 년 11%로서, 캐나다의 6.9%와 영국의 4.2%보다 훨씬 앞서가고 있다.

둘째, 미국의 실직률이 사상 최저인 4.8%가 되었다. 프랑스의 12.8%, 이탈리아의 12.4% 그리고 독일의 11.1%에 비한다면 완전고용의 상태이다.

셋째, 완전고용임에도 불구하고 연 2.5%의 저인플레율을 가진다.

이러한 사실은 신경제의 주요 경제지표가 된다. 경제 전문가들도[5] 놀란 만한 신경제를 만들어낸 미국의 저력은 앞으로 연구할 가치가 있는 과제이다.

미국의 신경제 만들기의 주역은 소위 실리콘밸리의 '새 기업가정신'이라고 할 수 있다. 그리고 이러한 실리콘밸리의 기업문화적 특징은 캘리포니아를 시작으로하여 지금은 미국 주요 지역으로 뻗어나가고 있다.

또한, 20세기 미국경제를 이끌어 온 미국 내 5개의 주요 경제권 센터, 즉 워싱턴의 연방정부, 실리콘밸리, 월스트리트, 디트로이트, 할리우드는 신경제의 활기를 제공하고 있다.[6]

워싱턴의 연방정부

16조 달러의 정부 예산액을 행사하는 미국 총생산고의 21%에 해당하는 경제권 행사 센터이다. 미국 최대의 경제권은 정부가 행사한다고 보아야 한다. 그러나 작은 정부 만들기 개혁으로 정부의 경제적 위력 행사가 줄어가고 있는 과정이다.

실리콘밸리(Silicon Valley)

다섯 개의 경제권 센터 중 2위이며, 민간경제권 중에서는 으뜸인 실리콘밸리는 계속 상승세를 보이고 있다. 그리고 앞으로 미국 경제를 주도할 신경제권 핵심 산업단지이다. 이곳은 4,520억 달러의 시장가치를 보유하고 있으며, 미국 하이테크 시장 총 수치의 37%를 차지하고 있다. 1,130억 달러의 시장가치를 보유하고 있는 미국의 또 다른 효자 산업인 디트로이트 자동차산업과 더불어 미국경제를 주도하고 있는 쌍두마차이다.

월스트리트(Wall Street)

자본주위의 상징인 금융업의 중심으로서 뉴욕시 맨하튼(Manhattan)에 자리잡고 있다. 이곳은 미국의 산업혁명 및 현대화에 필요한 자금을 담당해 왔음은 물론이고, 전세계의 자본과 금융재정의 심장부역할을 하고 있다. 4,050억 달러의 시장지배력을 가지고 있으며 전체 자본금융시장의 26%가 모여 있다.

디트로이트(Detroit)

미시간 주에 위치한 디트로이트는 미국 자동차산업의 메카로, 20

세기 미국의 산업화·현대화를 추진하고 성취시킨 장본인이라고 할 수 있다. 세계 굴지의 자동차 기업인 포드 자동차, 제너럴모터스 그리고 크라이슬러 등의 본사가 있으며, 1,130억불 상당의 시장인 자동차 산업의 64%가 집결된 곳이다.

최근 독일의 다임러 벤츠(Dailmer Benz)가 크라이슬러(Chrysler Corporation)와 합병하고, 유럽과 일본의 도전으로 그 영향력이 약화되긴 했다. 하지만 세계 자동차시장을 상대로 도약하고 있으며, 여전히 미국 경제의 심장부이다.

할리우드(Hollywood)

세계 영화의 수도라고 할 수 있는 할리우드는 총 560억 달러의 시장을 지배하는 곳이다. 미국 영화흥행산업의 55%가 집결되어 있지만, 지금은 답보상태를 유지하는 산업이 되어 명맥을 유지해 가는 실정이다.

실리콘밸리의 새 기업가정신의 본질

최근의 동향만 보아도 정보통신기업이 미국 신경제의 새로운 효자산업으로 등장하고 있음을 알 수 있다. 1998년 14개의 최고성장기업 중 델 컴퓨터(Dell Computer, 154.2%), 루슨트 테크놀로지(Lucent Technologies, 126.8%), 시스코 시스템스(Cisco Systems, 73.5%), 마이크로소프트(Microsoft, 61.4%), 아이비엠(IBM, 23.1%)의 5개 정보통신기업이 주식상승률의 상위권을 차지하고 있으며, 미국 주식시장 상승세를 주도하는 우량주(blue chip)인 것으로 나타냈다.[7]

새 세상을 이끌 사건은 무엇보다도 정보통신산업이 이끄는 '제3차 산업혁명'이라고 볼 수 있다. 이는 다시 말해서 정보통신망이 국제화(globalization)를 가능케 하면서, 국경 없는 자유무역으로 세계를 하나의 경제권으로 묶게 된다는 것이다. 정보통신기술(information technology) 혁명의 대표되는 요소들은 다음과 같다.

첫째, 모든 사람들이 개인컴퓨터 없이는 활동이 불가능하다.

둘째, 인터넷(internet)망을 통한 경제 활동의 국제화가 이루어진다.

셋째, 멀티미디어(multi-media)가 가능한 개인컴퓨터와 전화통신망 및 TV 등이 복합적 통신단위를 구성하면서 값싸고 쉬운 통신망의 보급된다.

넷째, 새로운 기업가들의 발명(innovation)의 급진적 증가로 새 정보통신산업이 주도하는 신경제가 탄생(여성기업가의 대거 참여도 포함)한다.

다섯째, 정부 주도의 경제발전이 아닌 기업가정신이 주도하는 경제발전이 이루어지며, 정경동반자적 협동으로 국가 경제발전이 시도된다.

여섯째, 사이버 문화 및 디지털 경제는 인간관계를 변화시켜, 성차별이 없는 남녀평등 관계가 성취된다.

따라서 국경 없는 지구화의 경제권 확장을 위해서는 성차별 문화를 버려야 하는 것은 물론이고, 여성인재를 활용하는 것이 중요하다. 이것이야말로 국제경쟁력의 열쇠가 된다. 한편, 정보통신 분야의 이노베이션은 남녀의 구분 없이 모든 사람에게 도전적 과제를 과하는 특성이 있다. 즉, 차별 없는 인재활용이 바로 지구촌 정보통신 시대의 특질이기도 하다.

이제 확실히, 실리콘밸리는 정보통신산업단지를 호칭하는 용어가 되었다. 새로운 정보통신산업의 주체들은 컴퓨터(computer), 컴퓨터 칩(computer chips), 인터넷(internet), 컴퓨터 소프트웨어(software) 산업이라 할 수 있다. 이러한 산업들이 자유스러운 기업가정신에 의해 활발하게 이루어지는 곳이 바로 캘리포니아 주 서해안의 계곡(valley)을 따라 자리잡은 실리콘밸리이다. 미국의 실리콘밸리란 우리가 흔히 말하는 원천지 산호세(San Jose) 지역을 포함하여 모든 주요 산업단지들을 지칭하게 하는 말이 되었고, 현재 6개가 부가되어 전국에 산재하고 있다(그림 3-1 참고).[8]

1997년 〈타임(Time)〉지에서는 올해의 인물로 인텔(Intel)의 앤드루 그로브(Andrew Grove) 회장을 꼽았다. 그로브는 실리콘밸리의 대표적 모범 기업가로 미국이 자랑하는 위대한 인물이다. 이런 〈타임〉지의 선택은 미국 국민들의 실리콘밸리와 실리콘밸리의 기업가들에 대한 찬사와 존경을 반영하는 것이다. 그리고, 헝가리 이민 1세인 그로브 회장이 이룩해낸 업적은, 미국이 기업가의 나라, 즉 꿈을 이룰 수 있는 기회의 나라임을 실증해 준 것이기에 미국의 자랑이기도 하다. 그리고 이러한 그로브 회장의 성공은 실리콘밸리가 꿈을 이루게 해주는 장소, 기업가가 신나서 일을 하고 비전을 이룰 수 있는 장소라는 것을 보여 주는 예이다.

그로브 회장은 새 기업가상의 표본이라 할 수 있다. 그러니 만큼 그의 이력은 기업가정신 연구에서 주의 깊게 살펴봐야 할 필요가 있다. 그로브는 어린 나이에 헝가리에서 미국으로 이민을 왔다. 그는 뉴욕에서 살면서 뉴욕시립대학교 공과대학을 졸업하고, 후에 버클리

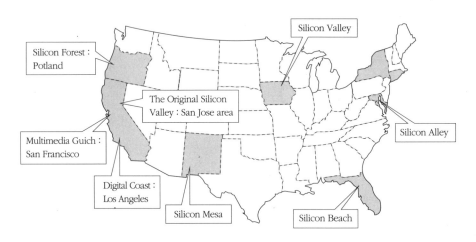

〈그림 3-1〉 실리콘밸리의 연장 네트워크

· 실리콘 숲 (Silicon Forest) - 미국서부 지방   · 실리콘 비치 (Silicon Beach) - 플로리다주 지방
· 실리콘 메사 (Silicon Mesa) - 뉴멕시코 지역   · 실리콘밸리 (Silicon Valley) - 아이오아 주의 산업단지
· 실리콘 앨리 (Silicon Alley) - 뉴욕 · 보스톤 지역   · 디지털 코스트 (Digital Coast) - 남부캘리포니아 지역

대학교에서 화공학 박사학위를 따냈다. 두뇌가 명석하고 열정적인 이민기업가의 특질을 가지고 있는 그는 졸업 후에 첫 직장으로 페어차일드(Fairchild) 사에 입사한다. 그리고 1968년 회사를 사직하고 실리콘밸리에서 창업되고 있던 인텔(Intel)에 창업을 도우며 입사했다. 그로브는 기술자 기업가의 특질을 가지고 탁월한 기업가정신을 발휘했으며 이노베이션을 통한 상품개발을 이루었다. 그리고, 경영전략 및 조직경영에서도 탁월한 역량을 보여 준 자랑스런 실리콘밸리 기업가이다. 인텔의 마이크로칩으로 전세계 시장의 80%를 장악했으며, 인텔의 1998년 주가는 1986년에 비해 무려 2,953%나 상승했다. 인텔의 위력은 1,630억 달러의 자본력, 월스트리트가 주목하는 최우량 기업으로의 빠른 성장세 등이 증명한다.

다음에 제시되는 인텔의 우수기업 만들기의 특징은 마이크로소프트가 우수기업으로 성장하는 데 주요한 요인으로 작용되었던 것들과 공통점이 많이 있다.

첫째, '오직 미친 사람만이 살아남는다(Only the Paranoids Survive)'는 신념은 이노베이션 제일주의의 핵심이며, 신제품개발은 기업의 생명이다.

둘째, 인텔에는 '무어의 법칙(Moore's law)' [9]이 있다. 이는 마이크로칩 성능이 18개월 내에 개량·혁신되지 못하면 경쟁에서 이길 수 없다는 법칙으로서, 기술혁신의 치열함과 지속성을 강조하고 있는 것이다. 그리고 인텔은 사내기업가정신을 모든 사원이 실천하는 우수기업이론의 중요 요소를 강조하고 있다. 즉 창업가의 비전, 정열(passion) 그리고 모험의식과 도전이 모든 사원에게 철저히 보급되고 실천되는 사내기업가정신을 강조한다. 기술혁신의 단축된 사이클을 이해하고 신현대적 기업가정신은 창업하는 기업가와 공동체 직원 모두의 몫이라는 것이다. 이는 창업가와, 전문경영인과의 협동, 사내기업가정신으로 사내창업 등의 신현대적 기업가정신의 본질적 특질을 포함하고 있다.

새로운 첨단기술의 발명(breakthrough)은 실리콘밸리 명문 기업들의 핵심 요소이다. 그리고, 실리콘밸리를 주도하는 것은 기술 이노베이션이다.

실리콘밸리의 새 기업가의 탄생과 활약은 그 자체로도 의의가 있는 일이다. 하지만 그들은 기업가에 대한 일반인들의 인식의 변화에 영향을 미치고 있다. 미국에서 현대적 새 기업가는 이제 더 이상 장사꾼으로 취급을 받지 않는다. 그들은 사회의 '꿀벌'로 존경받고 있다.

실리콘밸리의 주요기업들

실리콘밸리 단지의 성격을 좀더 자세히 살펴보자. 세계 첨단기술 회사의 약 20%가 모여 있는 실리콘밸리에 설립된 기업의 수는, 1996년을 기준으로(표 3-2 참고) 총 96개였고, 5개의 주요 사업으로 그 종류를 구분할 수 있다.[10] 즉, 반도체(semiconductor), 인터넷(internet), 소프트웨어(software), 보관(storage), 컴퓨터(computer)로 구분이 된다.

이들 기업의 특징을 세 가지로 간단하게 요약하면 다음과 같다.

첫째, 이들 중 33%가 1965년 이후에 창업된다는 것이다. 둘째, 50,000개의 새로운 직장을 창출했다는 것이다. 셋째, 미국 전역의 하이테크 기술자의 11%가 이곳에 모여 있다(전국의 하이테크 기술자의

〈표 3-2〉 실리콘밸리 주요 기업들의 연도별 창업실태

설립연도	기업명
1931	휴렛팩커드(Hewlett Packard)
1957	페어차일드(Fairchild)[11]
1968	인텔(Intel)
1976	애플 컴퓨터(Apple Computer)
1982	선마이크로 시스템스(Sun Micro Systems)
1984	시스코 시스템스(Cisco Systems)
1994	넷스케이프(Netscape)[12]

수는 전 인구의 1%). 그리고 활동인구의 65%가 여성이며, 평균 연봉이
43,510 달러라는 것이다.

이러한 실리콘밸리 산업단지는 하이테크 지향의 기술자 기업단지
의 모범형(model)이라고 할 수 있다. 그리고 이러한 단지가 지금 미
국 전역에서 형성되어 가고 있는데, 이들은 새 기업가정신이 이끄는
정보통신산업을 중심으로 하는 효자산업 단지들이다.

실리콘밸리 기업가들의 공통적 특성

실리콘밸리 문화에서는 21세기형 기업가가 탄생하고 있다. 그리
고 실리콘밸리가 만들어낸 신현대적 기업가정신은 미국 신경제의
원동력이 되고 있다. 그렇다면 이 신기업가정신의 새로운 기업가들
은 어떤 사람들일까?

실리콘밸리 문화에서 탄생한 기업가들을 살펴보면 다음과 같은
공통적 특성을 가지고 있다.

첫째, 전자정보통신에 전문적 두뇌(brain)을 가진 머리가 좋은
(smart) 새로운 두뇌의 집단(Nerds)이다.

둘째, 이노베이션, 즉 창의성을 즐기는 자유인의 기질과 즉 규칙이
나 규정에 얽매이지 않는 미래지향적인 비전을 가지고 있으며, 창의
성이 남다르다.

셋째, 팀워크(teamwork)의 협동(산학협동도 포함)[13]과 나눔
(sharing)을 미덕으로 삼는 근무규범(work ethics)을 지니고 있으며,
성취지향성 특질을 가지고 있다.

넷째, 만인이 평등하다는 의식으로 탈 성차별, 탈 인종차별의 민주

적 의식을 소유하고 있다.

다섯째, 창업과 모험감수성이 유달리 강해 창업에 대한 정열을 가지고 있다. 한편, 창업은 좋아하지만 대규모 기업으로 발전시키는 것은 자신의 일이 아니라고 생각하는 사람들이 있기도 하다.

여섯째, 관료적인 대기업에 대한 기피증이 있어 성공이 보장되는 대기업에 취업을 하기 보다는 아이디어와 새로운 상품을 기업화시키는 창업전문가들이다. 또한, 좀 잘 되는 소기업을 만들면 대기업들에게 팔아 버리기도 한다. 이는 기업경영 전문화를 통한 기업의 성장이나 부이 축적에는 흥미가 없다는 특질이 있기 때문이다. 이는 최고수준을 지향하는 발명가적 특질이기도 하다.

이상의 여섯 가지 특질은, 전통적 창업기업가의 본질과 크게 다름이 없다고 볼 수 있다. 그러나 실리콘밸리의 기업가들 중에는 전자정보통신기술에 대한 앞서가는 전문기술을 개발하고, 이노베이션을 우선시하는 기술자 기업가들의 수가 압도적으로 많다는 점에 주목해야 한다. 그래서 그들은 일에 대한 정열을 창업으로 발전시켜 창업전문기업가로 보일 정도로 일을 해내고는 도중하차하는 기업가의 기질을 가지고 있다. 즉, 거대기업 만들기에는 관심이 없고 새 기술의 개발이나 창업을 전문으로 하는 특질이 있는 것이다. 그리고 이는 연쇄적 창업기업가정신(serial start-up entrepreneurship)의 근본요인이 되어 왔다.

21세기형 기업가의 중요한 자질을 든다면, 전통적인 기업가의 특질인 오만함이나 독재형 기질을 버리고, 정열과 집념을 가지고 일을 해나가면서도 협동의식이나 나눔의 미덕을 베풀 수 있는 점을 꼽을 수 있다.

그리고 여성차별이나 인종차별을 넘어서는 인본주의적 민주의식도 중요한 자질 중 하나이다. 이 점의 과거의 어떤 기업가의 자질과도 다르게 특징되어지는 것이라 할 수 있다. 그리고 바로 이것이 기술개발과 이노베이션에 민주적 가치가 바탕이 되는 시대의 기업가 자질이다.

이렇게 볼 때, 실리콘밸리 문화에서 만들어진 기업가들의 성품(자질)은 21세기가 원하는 기업가의 모델이 될 수 있다.

실리콘밸리의 문화 요소에는 나눔(sharing)의 미덕이나, 아름다움의 추구, 그리고 타인에게 방해를 주기 보다는 도움을 주며, 자유를 즐길 줄 안다는 점이 있다. 이런 요소들은 '히피(Hippics) 문화'와 동질적인 면이 있기 때문에 어떤 사람들은 실리콘밸리 문화를 히피 문화라고 하기도 한다.

그리고, 실리콘밸리 기업가들에게는 학교 교육보다는 자습에 집중하고, 자신이 원하는 분야에 몰두한다는 특성이 있다. 또, 이들은 돈벌기를 위해 창업을 한다기 보다는 자신이 좋아하는 분야의 일을 하고 새로운 것을 만들어 내기 위한 창업을 하며, 이런 창업을 더 소중하고 중요하게 생각한다(창업전문가 특질). 그리고 이러한 협동적 나눔의 가치는 산학협동의 기적적 성과를 달성하는 원천이 되었다.

이러한 새 기업가들과 새 기업가정신이 미국 신경제의 기틀이 되고 거름이 되어 가고 있다. 그리고, 전통적 기업가의 기질이나 기업가정신과 대조되는 새로운 본질적 특질을 만들어 가고 있다. 이런 창

의적이고 그리고 현 질서에서 벗어나 새 것을 추구하는 모험감수형
의 특질은 기업가정신의 근본적 본질이다.

실리콘밸리 기업가의 특질

실리콘밸리에는 '너드(Nerds)'라는 컴퓨터 신동들이 있다. 컴퓨터와
더불어 생활하는 이들은 전통적 기술자의 개념과 비슷하면서도 실리콘
밸리의 특출한 산물이다. 앞에서 말한 히피문화 특질을 핵심으로, 그들
은 컴퓨터를 생활의 전부로 여기거나, 혹은 장난감으로 여긴다. 두뇌가
명석한 이들은 기술자 기질을 가진 젊은이들로 학력을 대수롭게 생각
지 않는다. 어린 시절부터 자신이 좋아하는 분야의 일에 몰두해 왔으
며, 창의적 이노베이션을 제일로 추구하는 특질이 있다.

구속받는 직장보다 자신의 직장(독립적 자영직장)을 만들기 원하는 너
드는 경쟁관계보다는 협동과 나눔의 상호의존적 관계를 추구한다. 그
래서 이들에게는 이들은 '윈윈(Win-Win)' 관계가 바탕이 되는 독자성
과 협동성을 조화 있게 갖는 특질을 가지고 있다.

1996년 통계로 볼 때 실리콘밸리의 500여만 명의 창업기업가 중에서
35세 미만의 창업가가 47%나 되고, 20대는 전체의 30%나 된다. 그리
고 대학 졸업 후 바로 독립적 자영기업가의 길을 택한 사람이 80여만
명이나 된다.

신현대적
기업가정신

발명사회(innovative society)의 상징인 실리콘밸리가 기업가의 나라 미국의 자부심을 되살리고 있다. 실리콘밸리는 신기업가정신의 친화적 문화로 발전해 오면서 미국의 신경제(new economy)를 주도하는 기본적 요소가 되고 있는 것이다.

미국 신경제를 주도하는 기업가정신은 새로운 신현대적 기업가 본질개념으로 새롭게 태어났고, 미국이 가지는 사회적 그리고 경제적 특성의 하나인 실리콘밸리형 기업가정신 개념으로 이해되고 있다. 실리콘밸리에서 불붙듯이 일어난 새로운 기업가정신은 미국 전역은 물론 유럽과 동양의 여러 곳에서 실리콘밸리 대표되는 첨단기술과학단지를 육성시키고 있다.

미국의 전통적 가치 중에서도 기업가정신[14]은 기업가들의 성취의욕을 고무시키며 제일주의를 보상해 주고 성공에 대한 꿈의 실천 기회를 준다.

프랑스의 중앙은행장은 부러움이 섞인 투로 "우리 나라에도 빌 게이츠(Bill Gates)나 애플 컴퓨터의 스티브 잡스(Steve Jobs)와 같은 기업가가 있었더라면 지금 우리의 경제 문제가 다 해결될 수 있었을 텐데…"라고 했다고 한다. 이 말은, 미국 실리콘밸리의 새로운 기업가들이 프랑스 같은 경제 선진국에서도 희망의 대상이 되고 있다는 것이다.

제3차 산업혁명은 21세기를 정보통신의 시대로 이끌고 있다고 해도 과언은 아니다.

이런 제3차 산업혁명을 성공적으로 이루어내기 위해 세계 각국은 실리콘밸리를 벤치마킹하고 있다. 이는 다시 말해서 실리콘밸리와 같이 혁신적이고 창의적인 문화를 바탕으로 한 새로운 기업가정신이 경제대국으로 가는 길을 열어 준다는 사실을 이미 많은 이들이 각성하고 있다는 것이다. 하지만 여기에서 우리가 주지해야 할 것은 기업가정신의 탄생이 하나의 산업단지의 조성만으로 달성되는 것이 아니라는 것이다. 실리콘밸리는 민족적 국가적 문화를 바탕으로 한 사회적 변혁이 지역적 특성으로 이어진 이노베이션의 요람지로서 하이테크 발명의 온상이 된 것이다.

신현대적 기업가정신에 대한 본질적 특성으로 등장한 실리콘밸리 문화는 기업가정신의 빅뱅, 즉 혁명이라는 차원에서 연구되어 왔다.[15]

미국의 〈비지니스 위크(Business Week)〉지 역시 특별보고서를 통하여[16] 실리콘밸리의 문화를 심도 있게 보고하고 있다. 여기에서도 실리콘밸리가 탄생시킨 새 기업가정신은 새 정보화 세계 속에서 탄생하는 새로운 현대적 기업가정신이라고 보았다.

신현대적 기업가정신의 모범적 모델로 휴렛팩커드(HP ; Hewlett Packard)를 들 수 있다. 휴렛팩커드는 실리콘밸리의 명문 기업으로 스탠포드(Stanford) 공대 출신의 빌 휴렛(Bill Hewlett)과 데이빗 팩커드(David Packard)가 산학협동을 통해 창업한 기업이다. 휴렛팩커드의 창업시기는 전자정보통신산업의 시작으로 볼 수 있다. 그래서 캘리포니아 주정부는 이들이 창업시에 이용했던 차고를 '실리콘밸리의 발상지'라고 명명하기까지 했다. 휴렛팩커드는 실리콘밸리 문화의 원조격 기업이라고 볼 수 있으며, 미국의 신경제를 이끄는 새 기업가정신의 '터주대감'이라고 할 수 있다.

1938년 당시 전기공학도였던 휴렛과 팩커드는 차고에서 전파 발신기 '모델 200 A'를 맨손으로 만들어내는 가내 공업형 전기공작소를 운영했다. 그로부터 61년 후인 2000년 현재 휴렛팩커드는 종업원 88,500명이 연 488억 달러의 매상고를 올리는 대기업으로 성장하였다.

즉, 신기업가정신 친화적인 실리콘밸리 문화의 성공적 기업 만들기―창업에서 시작한 거대기업까지―실례를 성취한 것이다.

'휴렛팩커드 방식(HP way)'으로 알려진 실리콘밸리의 우수기업 만들기 경영 이론[17]은 전자정보통신 첨단기술산업의 선두 개념으로 여러 가지 실증적 이론을 제시하고 있다. 이 내용을 간략하게 살펴보면 다음과 같다.

첫째, 이노베이션 제일의 기술 혁신의 지속성이 있어야 한다.

둘째, 고객에서 배우는 고객 밀착 관리가 있어야 한다.

셋째, 목표 관리(MBO)로 모두가 사내기업가가 되어 자율책임경영을 해야 한다.

넷째, 개방과 자유 그리고 창의성을 존중하는 새로운 기업문화(편안한 복장, 신선함이 넘치는 사무실 환경)가 조성되어야 한다.

다섯째, 인본주의 인재경영으로 인재 키우기와 가치경영을 통한 믿음 창조와 자발적 협동의 민주적 리더십이 필요하다.

이외에 휴렛팩커드 경영의 부가적 특질 중 하나는, 기업의 사회적 책임인 산학협동을 수행했다는 것이다. 이들은 연구개발을 위한 막대한 이노베이션 자금을 모교에 기부했으며(대학 설립자인 스탠포드가 희사한 2천 5백만 달러의 가치보다 훨씬 많은 3억 달러를 기부하였다), 익명의 장학금을 많이 제공하고 있다고 알려져 있다.

실리콘밸리가 가지는 주요한 의의는, 새로운 시대를 만들어내는 발원지일 뿐만 아니라, 산학협동의 책임과 후배 양성의 꾸준한 노력이 기업문화로 정착될 수 있도록 했다는 것이다. 따라서 이들은 인종차별 성차별이 개혁되어 나가는 미국의 신현대적 기업가 본질의 좋은 본보기가 되고 있다.

실리콘밸리
기업가정신의 본질

실리콘밸리에서 발생한 기업가정신의 르네상스는 바로 21세기 지향 신현대적 기업가정신(post modern entrepreneurship)이라고 할 수 있다. 실리콘밸리가 만들어 낸 신현대적 기업가정신이란 다음의 4가지 요소가 보완되는 복잡(complex)하고 변천(evolving)된 기업가정신 개념이다.

첫째, 산학협동을 통해 첨단기술의 수용으로 이노베이션 및 발명을 효율적으로 해야 한다.

둘째, 연쇄적 창업으로 대기업 만들기보다는 새로운 기업 만들기를 중요하게 여기며 쉴새 없이 복합적이고 연쇄적으로 창업해 나가야 한다.

〈그림 3-2〉 신현대적 기업가의 본질적 요소

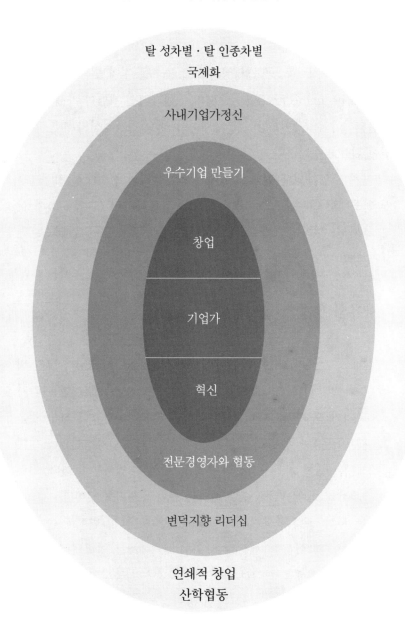

탈 성차별 · 탈 인종차별
국제화

사내기업가정신

우수기업 만들기

창업

기업가

혁신

전문경영자와 협동

변덕지향 리더십

연쇄적 창업
산학협동

셋째, 국제화 지구촌 시장을 겨냥해 국경 없는 국제 기업 만들기와 국제적 산학협동의 새 세계에서 기업가정신의 국제화를 추진해야 한다.

넷째, 민주화, 즉 남녀의 성차별 없는 '탈 성차별' 테크놀로지 (gender neutral technology) 주도의 기업가정신 개념이 가시화되고 실천되어야 한다는 규범이 부가되어야 새 기업가정신의 기본적 개념이 된다고 주장한다.

7가지 기업가의 본질적 요소에 실리콘밸리의 신현대적 기업가정신 연구에서 얻은 4개의 본질적 요소를 도표화하면 〈그림 3-2〉와 같다. 추가되는 4가지 개념은 '탈 성차별·탈 인종차별', '국제화', '연쇄적 창업', '산학협동'이다.

자유와 평등의 실리콘밸리

하버드 경제학 교수인 데이비드 렌데스(David Landes)가 그의 저서 《부와 빈곤(The Wealth and Poverty of Nation)》에서, 한 나라가 부자나라가 되느냐 가난한 나라에서 벗어나지 못하느냐 하는 것은 그 나라의 문화성에 달려 있다고 했다.[18] 이는, 기업가정신의 근원이 나라 나름의 '친 기업가정신의 문화성'에 달려 있다는 말이다. 그런데 국가적 문화의 본질은 오랜 시일에 걸쳐 육성되는 것이다.

그는 특히, 문화적 특질(cultural traits)에는 남녀차별이 없는 평등성이 암시되어 있음을 지적하고 있다. 여기에서 산업혁명이 성차별을 없앴다는 견해를 피력하면서, 산업혁명을 성공시킨 요인의 하나로 여성인재의 적극적인 참여를 들고 있다.

여성 기업가의 개념은 이러한 여권 신장 운동사에서 조명되어 왔다. 그리고 여성들의 경제 활동 행위가 농경시대의 자영 농업에서 점차 산업사회에서 크게 공헌하는 역할로 변신하면서 여성 경제(feminist economics)의 중요한 역할 분담자로서 발전 · 변신하게 되었다.

실리콘밸리의 문화적 특질은, 만인이 평등하고 자유스럽고 자유를 즐길 수 있는 곳으로 탈 성차별, 탈 인종차별이란 것이다. 즉, 여기서는 만인의 기업가정신 친화적인 문화를 가지고 있다. 이런 면에서 꿈을 키우고 꿈을 이루는 데 실리콘밸리 만큼 좋은 곳이 없을 것이다.

실리콘밸리는 그 문화의 특성상, 성별의 차이나 인종의 차이가 비전을 실천하는 데나, 능력을 발휘하는 데 장애가 되지 않는다.

실리콘밸리에 상주하는 인디언 출신 기술자가 10만 명이 넘고 한국을 위시해서 외국 기술자들이 실리콘밸리의 전자정보통신기술의 새 세상을 만들기에 직접 · 간접으로 공헌하고 있다.

일본인 이네유지씨는 도시바(東芝, Toshiba Corporation)의 과학자로 실리콘밸리로 옮겨와 15년 동안 일하고 있으며, 그동안 100개의 특허를 따낸 기술요원들 중 한 사람이다. 지금은 큐퍼티노(cupertino)를 생산하는 피엑스라(Piexera)회사를 창업하여 고선명 카메라(high definition camera)를 개인용컴퓨터에 연결시키는 특수 카메라를 생산하고 있다.[19] 대략 1,500여 개의 동양계 이민가 소유 기업들이 실리콘밸리에 활동한다고 한다.

실리콘밸리에는 여러 나라의 각양각색한 외국인 기업가들이 수많은 기업을 창업하고 새 세상 만들기에 동참하고 있다. 그리고 그들의 기업가정신에 대한 보상은 금맥의 발견과 같이 엄청난 것이 될 것이

다. 이와 더불어 내재적 보상은 말할 나위도 없을 것이다.[20]

　이들은 모두가 지구촌 시대의 세계 시장에서 크게 활약할 국제적 기업 만들기에도 공헌할 것이다.

연쇄적 창업기업가정신

　세계 기업발달사를 보면 경영학자들의 연구과제는 '우수기업 만들기 이론'이었다. 기업가정신의 역사적 전개 역시 기업발달사와 명맥을 같이해 왔다. 창업기업가로 시작하여 전문경영인으로 옮겨가면서 새로운 사내기업가정신이 계승되어 명문 거대기업 만들기가 이루어져 왔다. 그리고 세계 어느 나라에서나 실증된 '창업에서 거대기업으로의 이론'이 정통성을 인정받아 왔다. 하지만, 실리콘밸리에서 탄생시킨 21세기 지향의 새 기업가정신은, 그러한 우수기업 만들기 과정과 이론을 탈피한 연쇄적 창업형 기업가정신(serial start-up entrepreneurship)이다.

　실리콘밸리의 기업가들은 자신의 창업기업을 우수기업으로 만드는 역할을 전문경영인이나, 기존의 기업에게 넘겨 버린다. 그리고 자신들은 순수 이노베이션을 위주로 창업을 하고 어느 정도의 궤도에 올려 놓고 다시 매각하는 연쇄적 창업기업가를 새로운 기업가정신 본질 개념으로 탄생시키고 있다.

　연쇄적 창업기업가에 대한 한 보고서를 보면, 기술개발로 창업한 기업의 생명기간은 대략 10년으로 나타났다. 여기서는 처음 창업 이후에 두 번째 창업기업의 수명이 더 짧아지는 특질을 보인 8명의 연쇄적 창업기업가를 소개하고 있다. 이들은 자신들의 정열을 새 기업

탄생에 집중하며, 자신의 과업을 창업 자체에 초점을 둔 기업가들이다. 즉 나이에 관계없이 특수한 창업전문가들이라 볼 수 있다. 또한, 이들을 정열적 이노베이션 전문의 기업가라고 할 수 있다.

전자정보통신시대의 첨단기술들의 생명은 매우 짧다. 이런 기술들은 고속도 변화기술(nano-technology)의 특성을 가지고 있기 때문에 기술의 변화되고 향상되는 속도가 놀라울 정도로 빠르다. 따라서 새 기술에 대한 이노베이션이 연쇄적 창업기업가정신의 탄생과 활약을 재촉하고 있는지도 모른다. 즉, 연쇄적 창업은 전자정보통신 시대의 소산이기도 하다는 것이다.

따라서 정보통신시대에서 기업이 성장하기 위해서는 사내기업가정신만으로는 부족하다. 오히려 인수 · 합병(Merger & Acquisition ; M&A)을 활용해야 할 시대가 된 것이다.

워싱턴에 본사가 있는 마이크로소프트는 실리콘밸리에 지사를 설치하고 그곳을 새로운 기술을 가지고 창업하는 신진 기업을 인수하는 전략지로 이용하고 있다. 또한 신진 기업들도 마이크로소프트와 같은 거대기업이 자신들을 매수하기를 기다린다.[21]

놀라운 산학협동을 보여 주는 실리콘밸리

실리콘밸리에서의 산학협동의 역사는, 1939년 스탠포드(Stanford)대학교의 두 젊은이가 은사의 권유와 도움으로 휴렛팩커드를 차리면서 시작되었다. 스탠포드 대학교와 캘리포니아 주립 버클리(Berkely)대학교는 실리콘밸리와의 지역적 근접성 덕분에 산학협동의 온상으로 자리매김하고 있다.

실리콘밸리는 이들 명문 공과대학의 실험실로 우수한 공학도를 많이 키워내고 있으며,[22] 그들에게 일자리도 제공하고 있다. 또한, 공학계 교수 중에는 실리콘밸리 기업의 이사로 재직하는 사람도 생겨났다. 그리고 대학 실험실은 실리콘밸리 기업들의 연구소의 역할도 담당하고 있다.

이러한 학계과 산업계의 연결망은 동문의식을 통해서 더욱 튼튼해졌으며, 이들은 협동과 경쟁을 조화롭게 이루어가고 있다. 또한 이 지역의 산학협동은 이런 이점을 충분히 활용해, 연구에서 상품 생산에 이르기까지 긴밀한 협동체계를 갖추고 있다. 이는 실리콘밸리 문화가 만들어 낸 또 다른 특별한 공헌이라고 볼 수 있다. '연구소↔실험실↔학교↔기업'을 연결시키는 산학 협동망이 신현대적 기업가정신의 특질이 되었음을 실리콘밸리 문화가 실증해 주고 있는 것이다.

스탠포드 출신의 실리콘밸리 창업

1939년에 창업된 휴렛팩커드를 비록해 실리콘밸리의 많은 기업들은 스탠포드 대학교 출신의 인재들에 의해 창업되었다. 로지텍(Logitech, 1981), 실리콘 그라픽스(Silicon Graphics, 1982), 선마이크로 시스템스 (Sunmicro Systems, 1982), 시스코 시스템스(Cisco Systems, 1984), 익사이트(Excite, 1993), 넷스케이프(Netscape, 1994), 헬스헨(Healthheon, 1994), 야후(Yahoo, 1995), 골프 웹(Golf Web, 1995), 그라닌트 시스템 (Graninte System, 1995), 넷 그래비티(Net Gravity, 1995), 픽트라 (Pictra, 1995), 마림바(Marimba, 1996) 등이 스탠포드 출신들이 활약하고 있는 실리콘밸리의 기업들이다.

▶ 자료 : 〈Business Week〉지, 1997년 8월 25일자, p.82.

이런 산학협동망은 새로운 기업가정신 친화적 문화로서 전자정보통신 산업을 활력 있게 발전시킴은 물론이고, 기타 산업에도 적용되어 미국의 여러 곳에서 전파되고 있다. 그리고 더 나아가 세계 여러 나라에서도 비슷한 모델의 산학협동 지역 만들기가 성행되고 있다.

따라서 이제는 실리콘밸리 문화(신현대적 기업가정신의 출생지)가 국가적이고 국제적인 양상으로 발전되어 가고 있다는 것에 주목하고, 21세기 경제대국 만들기는 실리콘밸리식의 산학협동 지역을 만드는 것부터 시작해야 할 것이다.

다음은 실리콘밸리의 위대한 창업자들의 특징이라고 할 수 있다.

첫째, 실리콘밸리는 젊은 세대가 압도적으로 많으며, 이들이 20대 창업가 시대를 만들고 있다. 애플 컴퓨터의 스티브 잡스나 마이크로소프트의 빌 게이츠를 위시해서 소위 X세대로 일컬어지는 기업가들이 창업한 신생 기업의 실리콘밸리 기업의 47%를 차지하고 있다.[23]

둘째, 이노베이션이 크게 작용하는 하이테크 정보통신 기술, 즉 컴퓨터 및 인터넷 기술발명이 중심을 이루고 있다. 그리고 전자정보통신의 신동들 너드의 이노베이션이 미국의 발명문화를 재현하고 있는 장소이다. 인텔의 그로브 회장은 지금의 상황을 "미치광이만이 살아남는다."라고 말했다.[24] 무어의 법칙에서도 알 수 있듯이 치열한 이노베이션만이 경쟁에서 승리할 수 있는 방법이며, 그에 기업의 사활이 달려 있다고 생각한다. 즉, 기술 제일주의, 이노베이션 제일주의, 기업가정신의 본질이 기업가의 비전, 용기, 모험심 이상으로 중요하다는 것이다. 그리고 이는 실리콘밸리의 새로운 기업가정신이다.

셋째, 사내기업가정신이 창업기업가정신 만큼 중요하며, 양자의 구별이 거의 불가능하다는 것이 신현대적 개념이다. 즉, 오늘날과 같이 변화의 속도가 급격하고, 치열한 경쟁 환경에서는 창업기업가정신이나 사내기업가정신이나 그 구별이 없어진다는 것이다.

예를 들어 사내기업가정신이란 기업가정신 지향 경영의 산물로 독립적 예산관리가 가능한 자율적 책임경영이다. 그리고 환경변화에 대응하는 고속에 대한 이노베이션과 현지 고객관리 책임을 맡기는 경영을 말하는 것이다. 인텔의 경우 100,000달러 이하의 경비는 사장의 결재 없이 처리되고 있다고 한다. 이로 얻는 신속함은 100,000달러 이상의 가치가 될 것이다.

넷째, 탈 성차별도 실리콘밸리의 새로운 기업가정신의 특징 중 하나로 등장하고 있다. 실리콘밸리에는 여성 기업가가 무수히 자라나고 있다. 특히, 서비스업에서 두각을 나타내고 있는 여성인재들이 기업가정신으로 무장하면서 창업대열에 대거 참가하고 있다.

거품 같이 일어나는 미국의 신생기업에는 성차별이 없다는 것이 신현대적 기업가정신 개념으로 이해되기 시작하였다. 지금은 누구나가 학력, 성별, 지역의 차별 없이 창업 전선에 참여하는 시대이고, 사업가 나라의 가치가 재현되고 있는 기업가정신의 르네상스 시대이기 때문이다.

실리콘밸리는 첨단과학기술단지이기도 하지만, 세계적으로 확산되어 가는 신 기업가정신의 요람이기도 하다. 실리콘밸리의 어마어마한 위력은 유럽에게도 일본이나 한국에게도 무엇을 어떻게 발전시켜 나아가야 할지에 대한 도전적 과제를 부가하고 있다. 우리의 실리콘밸리를 어떻게 육성해 나가느냐에 따라 21세기 즉, 국제화 시대의 정보통신산업에서의 승부수를 던질 수 있을 것이다.

한국에서 실리콘밸리 문화를 육성하지 못한다면 한국의 경제적 장래가 암담하리라는 것은 자명하다. 한국에서 실리콘밸리의 문화를 육성하기 위해서는, 첫째 창의 사회로 가는 교육 개혁이 필요하다. 둘째, 새 기업가정신이 주도하는 기업들의 경영혁신이 요구된다. 그리고 셋째, 정보통신사업의 육성을 위한 경제정책과 사회문화 육성이 시급하다. 정경유착에서 정경협동으로 가는 정치개혁과 기업가정신의 정도(正道) 찾기가 중요하다는 것이다. 마지막으로 산학협동에 대한 적극적 지원육성 등이 21세기 한국 경제를 위한 기본 시책이 되어야 할 것이다.

한국에서 실리콘밸리 같은 문화적 단지를 만들어 가기 위해서는 기업가정신을 배우는 데서부터 시작하여, 산학협동의 길을 열어 주는 지원책, 그리고 창의성 교육으로의 교육개혁이 앞서야 한다. 더불어 기존 벤처 사업의 창업 붐을 지속적으로 유지하기 위해서 창의적 지원책도 필요할 것이다. 미국의 실리콘밸리에 직접 사람을 파견하는 기업전략을 지원하고 현지 기업을 육성해서 전략적 협동을 구하는 것도 한 가지 방법이 될 것이다.

한국의 기존 기업들도 뼈를 깎는 심정으로 경영혁신(리엔지니어링)을 적극적으로 추진해야 한다. 그렇게 할 때 실리콘밸리식의 기업가정신이 자리잡게 되고, 이것이 바탕이 되어 21세기를 향한 국제적 경쟁력을 키워 나갈 수 있을 것이다. 그리고 이런 과정을 통해 궁극적으로는 세계적 우수기업을 탄생시킬 수 있을 것이다.

각 주

1) 재미있는 것은 한국이 내놓은 위대한 기업가 정주영이 창업한 회사가 '현대'이다.

2) 각 대학 졸업식에 초대연사로 성공한 기업가들이 많이 늘고 있다. 이들 중, 특수 자수성가형 기업가들이 대부분 차지한다는 것은 기업가정신의 르네상스를 실증하는 예이다. ; Tracie Rozhon, "Day of the Doers : Success Stories other Podium", 〈New York Times〉 1995년 6월 4일자, p. F10.

3) "Entrepreneurial Revolution", 〈PBS의 TV 기록영화〉, 1997년 4월 18일 (9:00p.m.～10:00p.m.), 실리콘밸리의 대표적 모범 기업의 창업과정을 소개하였다.

4) Michael Riordon & Lillian Hoddeson, 《Crystal Fire : The Birth of the Information Age》, (New York, N.Y. : W. W. Norton & Co., 1998).

5) Lester C. Thurow, 《Head to Head : The Coming Economic Battle Among Japan, Europe, and America, Vol. 1》, (New York, N.Y. : William Morrow & Company, 1992). ; Thurow 의 미국경제 쇠퇴론과 지역패권 예측이론을 참조.

6) "Taking its place in the Pantheon : Silicon Valley's Starring role in the information economy isn't likely to be eclipse & any time soon", 〈Business Week〉 1997년 8월 25일자, pp. 76-77.

7) 〈Washington Post〉 1998년 8월 5일자, pp. E1-2.

8) 〈Washington Business〉 1995년 8월 14일자, pp. 10-11. ; 'Silicon Valley' = 'Dominion Valley' 도 형성되어 가고 있으며, 워싱턴 근방에도 새로운 실리콘밸리가 만들어지고 있다.

9) 로버트 노이스(Robert Noyce)와 고든 무어(Gordon E. Moore)는 인텔의 창업 동업자이다. ; Gordon E. Moore, 《Intel-Memories and the Microprocessor》, (Daedalus, 1990), pp. 55-80.

10) 〈Business Week〉 1997년 8월 25일자, op. cit., pp. 76-77.

11) Michael Riordan & Lillian Hoddeson, 《Crystal Line : The Birth of Information Age》, (New York : W. W. Norton & Co., 1997).

12) "Silicon Valley", 〈Business Week〉 1997년 8월 25일자, pp. 68-72.

13) Peter Behr, "Finding Links That Click between Area Universities & Tech Firms", 〈Washington Post〉 1998년 2월 24일자, pp. B1-7. ; Jerry Kaplan, 《Startup : A Silicon Valley Adventure》, (New York, N.Y. : Houghton Mifflin, 1997).

14) Peter H. Gibbon, "Worthy of Praise", 〈Washington Post〉 1998년 7월 4일자, p. A15.

15) "Entrepreneurial Revolution", 〈PBS의 TV 기록영화〉, 1997년 4월 18일 (9:00p.m. ~ 10:00p.m.).

16) "Silicon Valley", 〈Business Week〉 1997년 8월 25일자, pp. 64-110.

17) David Packard의 "HP Way".

18) David S. Landes, 《The Wealth and Poverty of Nation》, (New York,N.Y. : Nofton & Co., 1998).

19) "Where Immigrants Find A Melting Pot of Gold", 〈Business Week〉 1997년 8월 25일자, p. 123.

20) 심지어는 비서직에도 백만장자가 된 사람이 많다는 것이 실리콘밸리의 신화이다. 골드러시(gold rush)가 지금 20세기 말 캘리포니아에서 일어나고 있다.

21) 이진선, "실리콘밸리 이야기", 〈한국일보—워싱턴〉 1998년 8월 10일자.

22) 1996년도 공학도 졸업생은 4,100명이다.

23) "35세 미만이 47%, 20대 미만은 30%", 〈한국일보—워싱턴〉 1998년 3월 17일자, p. 4.

24) Tim Jackson, 《Inside INTEL : Andy Grove and the Rise of the World's Most Powerful Chip Company》, (New York, N.Y. : Dullon, 1997). ; Andrew S. Grove, 《Only the Paranoid Survive : How to Exploit the Crisis Points That Challenge Every Company》, (New York, N.Y. : Random House, 1999).

창업기업가와 과업지향적 리더십

카리스마적 리더십

Chapter Four

국가나 회사의 사정이 어렵거나 위태로울 때 사람들은 리더들을 책망한다. 리더십이 결핍되었다거나 무능하다고 하기도 하고, 리더의 부패하고, 타락한 행위가 위기를 불러왔다고 한다.

우리 나라의 경우 유교 사상의 영향으로 도덕적 인간관계에서 리더십을 정의해 왔다. 그래서 우리에게 리더란 훌륭한 인격과 더불어 앞서가는 비전을 소유하고 있는 영도자의 개념으로 인식되었다. 반면 서양에서의 리더의 개념은 인간적인 개념을 무시한 채로 조직의 개념에서 정의되어 왔다. 현대 경영학의 리엔지니어링 이론은 이를 탈피하고 동양에서의 인관관계의 개념 즉, '기업은 사람에 달렸다'는 인본주의 경영 개념을 수렴하고 있다. 이는 동서양의 접목적 융합을 시도한 것으로 볼 수 있는데 이런 조직 속의 리더십 중용론이 경영학의 주류로 등장한다는 것은 리더십 연구자들에게 고무적인 것이다.

앞서 말한 기업가의 본질 개념에서 비전, 이노베이션, 용기와 더불어 창업의 개념 등을 포함시킨 것은 기업가가 바로 '리더'라는 뜻이다. 그리고 기업가정신이란 나라의 경제발전을 주도하는 리더라는 뜻으로 받아들여야 한다. 그러기에 재계의 지도자 상을 기업가정신의 주요 본질의 하나라고 인식해야 할 것이다. 즉, 기업가들이 훌륭하고 앞서가는 리더십을 발휘하는 데서 가장 중요한 것은 기업가정신이다. 그리고 모든 기업가에게는 존경받는 위대한 리더가 되야 하는 규범적 책임이 있다.

본 서에서는 상호교감과 상호상승의 변혁적 리더십이 주축이 되어야 한다는 명제를 기업가정신의 리더십 개념으로 설정하였다.

기업제일주의와
창업독재

    기업가의 본질적 특징의 바탕을 기업을 새로 시작하는 것이고, 따라서 창업주(founder)가 없는 기업은 없다. 고전적 개념에서도 기업가의 본질적 개념이 바로 창업주의 개념이라고 할 수 있다. 산업사회 발전으로 보는 경제발전사는 기업가들의 역사라고 해도 과언이 아니다. 따라서 기업가사(企業家史) 연구란 창업주의 역사 연구와 유사하게 진행되어 왔고 기업의 역사 연구로 이어지기도 했다.

    한편 산업화와 현대화에서 볼 수 있는 영웅적인 기업가들은 대부분이 창업주들이었다. 산업사회 및 현대사회 건설은 창업적 기업가들의 탁월한 공헌으로 이루어졌던 것이다.

    창업주들의 공통점을 살펴본다면 그들이 어떤 인물이었는가를 알 수 있을 것이다. 그들은 강한 집념과 신념을 가지고 역경을 극복하며, 그리고 무(無)에서 유(有)를 만들어 낸 발명가이며, 개척자이다. 그리고 그들은 단신이나 소수의 협력자와 함께 소규모의 기업에서 건전한 기업성장의 기초를 닦아 낸 자수성가형의 특질을 가지고 있다. 기업의 성패에 생사를 거는 도전가이며, 용감하게 모험을 극복한 투쟁적 실천가이며 투사이다.

    창업주의 본질적인 특성은 열정적으로 일을 좋아한다(workaholic)는 것이다. 전통적 개념에서나 현대적 확장 개념에서나 창업주는 기업가정신의 대표적인 표본이라 할 수 있다.

    창업주의 또 다른 특징은 전통적 기업가정신이 뚜렷해서 과업지향적 리더십을 지니고 있다는 것이다. 이는 또 창업주의 핵심적 본질이다. 다시 말해, 창업주들은 기업제일주의, 과업제일주의를 신조로 삼고 생사를 걸고 일을 해내는 모험기업가이다.

여기에서 과업지향적 리더십이란 현대적 기업가의 본질과 유사한 것으로 다음과 같은 특징들이 기본적 요소가 된다.

첫째, '불가능은 없다'는 강한 신념으로 현존 규정이 장애 요인이 된다고 판단될 경우 무시하거나 새로운 규정과 질서를 만들어 내는 진취적인 행위(창조적 파괴 개념)자이다.

둘째, 합리성보다 자신의 육감에 더 치중하고, 서슴지 않고 행동하는 행동지향적인 기질이 있다. 또한 시행착오나 실패에서 교훈을 얻고 그것을 산 교육으로 삼는다. 이는 학력을 중요시 여기지 않는 의식으로 이어지는데, 자신의 학력은 물론이고 인재 선발에 있어서도 학력보다는 품성에 중점을 두는 경향이 있다.

셋째, '시련은 있어도 실패는 없다'는 의식을 가지고 있는데 이는 기업가정신을 말한다고 할 수 있다. 실패 없는 기업행위는 없다. 기업가정신에서의 실패란 두려운 것이 아니다. 실패란 학습의 과정이며, 다시는 실패하지 않겠다는 의지를 다지는 계기가 되는 것이다. 그리고, 실패를 끈질긴 추진력과 위기 극복의 영웅적 행위를 발휘할 수 있는 기회로 여기며, 새로운 출발의 가능성으로 여긴다.

넷째, 열정적 호사정신(好事精神, workaholic spirit)과 성실한 업무추진 행위 또한 간과할 수 없는 이들의 공통적 요소이다. 이들은 일을 사랑하고 이에 열중하며 정열을 가지고 매사에 전력을 다하는데 이는 직원들에게도 마찬가지이다. 즉, 타인에게도 성실함을 가지고 열정을 다하도록 강요한다. 따라서 열정과 성실이 부족한 사람을 혐오하며, 불로소득을 불신한다.

다섯째, 성공을 통한 금전적인 보상보다는 성취감을 최고의 보상으로 여긴다. 창업기업가는 독점적 이윤을 추구함으로써 막대한 부를 창출할 수 있는 이점을 가지고 있다. 그러나, "부의 창출에는 귀신이지만 부의 적절한 사용과 관리에는 병신이다."라는 말이 있듯이, 자신이 창출한 부의 노예가 되기 쉽다는 점도 이들의 특징이라 할 수 있을 것이다.

여섯째, 창업주는 과업지향성에 치우친 나머지 결국은 일인 지배의 병폐 즉, 창업독재형 리더십에 빠져들기 쉽다. 그리고 기업가 발달사의 역사적 사례연구를 통한 결론에서도 알 수 있듯이, 창업주가 적절한 자기변신과 기업문화의 혁신이나 변화를 수반하기 않고는 기업성장의 1단계에서 오는 리더십 위기를 겪기 마련이다. 이에 대표적인 사례로 들 수 있는 것이 포드 자동차의 창업자 헨리 포드의 창업 독재일 것이다.

헨리포드의 창업독재

당대에 세계적 일류 기업으로 성장한 포드 자동차가 창업자인 헨리 포드(Henry Ford)의 일인 독재적 리더십으로 인해 결국 제너럴모터스(General Motors)에게 추월당한 것은 유명한 사례이다.

포드의 몰락과 제너럴모터스의 추월은 제너럴모터스의 경영자인 앨프레드 슬론(Alfred Sloan)의 지적을 극명하게 보여 주고 있다. 슬론은 기업의 위기를 불러오는 요인에는 외적인 것도 있지만, 내적인 요인도 있다고 했다. 그리고 기업의 위기를 조성하는 내적인 요인 중 주요한 것이 바로 창업주의 '리더십 위기'라는 것이다.

당시 제너럴모터스의 경우는 리더십 위기단계에서 창업주인 윌리엄 듀랜트(William Durant)를 퇴임시키고, 슬론을 새로운 리더로 등장시키므로써, 제2의 도약단계에 돌입할 수 있었다. 하지만 포드 자동차는 창업주에 의하여 계속 지배되어 오면서 변혁·혁신의 시기를 놓치게 되었고, 결국은 경쟁자에게 추월을 당하게 되었던 것이다. 슬론이 "노(老) 기업가는 변혁을 배우지 못했다."라고 말했듯이 포드 자동차의 몰락은 위대한 창업주가 옛 영광에 도취되어, 새로운 것과 변화를 끝내 받아들이지 못한 데서 시작된 것이다.[1]

미국기업의 발달단계 이론으로 알려져 있는 하버드 경영대학원의 그레이너(Greiner) 교수의 '5단계 성장 이론'은 하나의 실증적 연구 이론이다. 이 이론에서는, 기업은 창업주의 창업단계를 거쳐 리더십 위기단계를 맞이하게 되고, 이 위기단계를 잘 극복한 기업은 다시 당분간 평탄한 성장과정을 걸어가게 된다고 주장하고 있다.

이러한 리더십 위기단계에서 오는 주요문제들은 (1) 일인지배에서 오는 보수성과 비능률성, (2) 무사안일주의를 지향하는 관료조직의 형성(변신을 주저하는) 즉, 모험감수성과 기업가의 진보적 행위의 결여, (3) 성장된 기업, 즉 대규모 조직에 대한 통제의 부실, (4) 창업주의 친인척 우대와 세습적 권력이양에서 오는 유능한 인재의 이탈 등이다.

창업가로 알려진 기업가들에게는 수많은 일화와 전설적 이야기들이 많다. 우리 나라에서도 '위대한' 창업주나 창업 1세 기업주 등으로 알려진 재계지도자들이 고령임에도 불구하고 은퇴를 모르는 열정을 보이고 있다. 아플 틈도 없다는 것이 현역 창업 1세들의 공통된 건강비법이라고 한다.[2] 기업가들은 기업가정신의 본질 특성 때문에 성공을 위해서 모든 것을 희생하고, 일벌레가 되기 십상이다.

창업기업가는 전쟁에 임하듯이 사생결단의 결의를 가지고 일을 하고, 승리만이 생존의 길이라는 식으로 경쟁한다. 즉, 창업기업가는 행동가라는 고전적 개념의 본질을 가지고 있다. 창업주들에게는 권위형 리더십과 일인 독재성 그리고 과업지향적 리더십이 보편화되어 있으며, 이에 대한 사례는 상당히 많다.

그리고 이러한 리더십을 부득이한 '필요악' 으로 보는 사람들도 있다. 그리고 이런 창업독재형 리더십을 기업가의 과업지향적인 리더십으로 보고, 귀중한 기업가적 행위로 받아들이면서 이론적인 뒷받침을 하는 사람들도 있다. 게다가 근래에 와서는 창업독재형 리더십으로 기업이 성장을 할 수 있다는 실증적 근거를 일본의 우수기업을 통해서 제시하고 있는데 이는 창업독재형 리더십을 긍정적으로 받아들이려고 하고 있는 것이다.[3]

마지막으로, 창업주의 주요 본질 개념을 정리 · 요약하고자 한다.

첫째, 창업주들은 일을 사랑하면서 큰 일을 해내는 사람이다.

둘째, 성공을 위해서 모든 것을 희생하는 사람이다.

셋째, 합리성보다는 자신의 육감과 자신감에 의해 행동하는 행동지향성이 강한 사람이다.

넷째, 타인을 잘 믿지 않으며, 독선적이어서 독재성이 강하고 세습적 인계를 수용한다.

다섯째, '기업 제일주의' 를 가장 중요한 지배적 가치로 여겨 협동에 있어서는 낙제생에 가까운 사람들이다.

또한, 이에 대해 부가적으로 설명하면 전통적 기업가들의 특징에는 'X 이론적 가정'이 포함된다는 것이다. 이는 뒤에서 자세히 설명하게 될 것이다.

카리스마적 리더십과 그 특징

혼히, 창업가는 영웅적 위인이라고 여겨지고 '카리스마'를 가지고 있다고 한다. 예로부터 리더는 보통 사람보다 뛰어난 어른, 즉 '위대한 사람'의 개념을 받아들여져 왔다. 그리고, 숭배의 대상이 되기도 했다. 즉, 창업가는 '윗어른'이나 영특한 상전(上典)으로 통했다는 것이다. 이것은 '카리스마'적 개념을 포함하고 있는 것인데, 'chrisma'는 희랍어로서, '재능과 기량이 뛰어난 우월한 사람'이라는 뜻이다.

사회학적 용어로 '카리스마'를 처음 사용한 학자는 막스 베버(M. Weber)이다. 그는 카리스마를 일종의 사회적 권위로 이해하였다. 베버 이후에도 이 개념은 주로 정치학적 혹은 사회학적 개념으로 다루어져 왔다. 카리스마는 비공식적인 권위로서 조직의 직위에서 유래되는 공식적인 권위와 다르다. 그리고 리더의 특출한 개인적 영향력으로서 흔히 혁신적 변화를 요구하는 데 긴요한 영웅적 리더십을 말한다. 카리스마적 리더십은 창업가의 상징적 영향력과 비유되기도 하는데, 이는 합리적 변화와 구별이 되며 기업의 변혁기에 요구되는 영웅적 리더십을 말한다.

이와 같은 카리스마적 리더십은 (1) 리더의 비전과 공유가치, (2) 기업가적 혁신 및 모험적 행위, (3) 리더의 전문성과 성공에 대한 믿음 창조, (4) 사람을 감동시키는 열정과 같은 4가지 특징으로 요약할 수 있으며 내용은 다음과 같다.

리더의 비전과 공유가치

리더란 세상을 내다보는 장기적·전략적 비전이 뚜렷해야 하며, 비전을 부하들이 받아들이게 하고, 동참시켜야 한다. 즉, 공유가치로 승화시켜야 한다는 것이다. 리더의 비전이 부하의 믿음을 얻기 위해서는 그 가치를 당연히 도덕적 정당성에 두고, 하나의 공동적 사명감을 형성하여야 한다. 또한, 공동목표의 설정이 우선하여야 하는 것이다.

기업가적 혁신 및 모험적 행위

과도기적 상황에서 혁신변화를 추구하는 영웅적 리더십은, 창업을 시도하는 기업가적 혁신이나 과업지향성의 리더십과도 비유된다. 유명 기업들의 창업주를 보면 위대한 창업주가 기업문화의 신화적인 존재로서 확고하게 군림하고 있다. 그리고, 이의 바탕에는 그들의 카리스마적 리더십과 과업성취가 자리잡고 있게 마련이다.

카리스마적 리더는 혁신이 요구되는 창업 시기나 어려운 시기에 특출하게 나타나는 지도자들이다. 기업가정신을 찬란하게 발휘하면서 영웅적·신화적 리더들을 비즈니스 역사에서도 쉽게 찾아 볼 수가 있다. 예를 들면, 삼성의 이병철 회장, 현대의 정주영 회장 등이 이러한 리더들이며, 혼다 소이치로나 헨리 포드 등도 외국의 대표적인 기업가적 영웅들로서 자신들 나름대로의 신화를 만들고 기적을 낳은 사람들이다.

카리스마적 리더들은 투지와 끈기를 가지고 위험을 감수하고 해결해 간다. 또한 이는 기업가정신이 기본적 요소이다.

리더의 전문성과 성공에 대한 믿음 창조

전문성의 위대함을 한 요소로 가지고 있는 카리스마적 리더란, 공동목표 달성을 위해 기업가정신을 승화시키고, 성공 가능성에 대한 믿음을 부하들에게 심어 주는 영특함이 있다. 어려운 시기, 모든 것이 유동적이고 불확실한 상황에서 성취에 대한 확신을 심어줄 수 있는 전문분야에 대한 지식과 역량 및 실력을 인정받고 정평이 나 있어야 한다.

사람을 감동시키는 열정

리더는 사람의 열정을 일으키고 그들의 헌신적인 참여를 이끌어낼 수 있는 능력을 지녀야 한다. 이는 현대 경영학의 동기이론에서 말하는 주인의식의 발심과 자발적 동기(내적 및 외적 동기)를 유발시키고, 고무시켜 자신감을 키워 주는 힘을 말한다.[4] 따라서 이 점에 있어서 카리스마적 리더십은 때때로 창업기업가들의 리더십과 비유되어 왔고 실증적으로도 이론의 여지가 없다.[5]

그러나, 카리스마적 리더와 권위형 리더를 동의어로 사용하는 것은 옳지 않으며, 현대에서는 카리스마의 개념은 권위형 리더십보다는 변혁적 리더십에 더 가깝다.

결론적으로 카리스마적 리더십 개념은 권위형 리더와 공동가치 경영을 추구하는 현대 경영학의 중요 개념으로 발전되어 가고 있다.

118

권위형 리더십과
과업지향

　기업 발전사를 통해서 살펴보면 창업자들 즉, 고전적 기업가들은 거의 예외 없이 권위적인 영웅적 리더들이었음을 알 수 있다. 그리고 과업지향적 성취제일주의의 리더십이 그들의 전형적인 리더십 스타일이었다.

　이러한 관점에서 보아 한국의 대부분의 리더십 유형이 권위주의적, 과업지향적인 리더십 스타일이라고 할 수 있다. 그리고 그 유형에서 벗어나지 않고, 문화적·시대적 변천 발전이 이루어지고 있다고 보는 것이 중요하다. 창업주로서의 기업가적 리더십의 원형을 과업지향적 권위형 리더십이라고 본다면 그 주요 특징은 다음과 같이 설명될 수 있다.

　첫째, 과업지향적 권위형 리더십은 X 이론을 바탕으로 종업원들을 운영한다는 것이다.

　종업원을 대하거나 경영할 때 리더의 인간을 바라보는 시각은 그의 경영 스타일을 좌우한다. 따라서 이에 맥그레거(D. McGregor)의 'X 이론 - Y 이론'을 살펴볼 필요가 있다.

　X 이론 - Y 이론에서 말하고 있는 주장을 요약한다면, 리더의 행위는 사람을 보는 눈, 즉, 인간관에 따라 달라진다는 것이다. 예컨대 X 이론의 인간관이란 샤인(E. Schein) 교수가 말하는, 인간은 합리적·경제적 동물이란 가정하에 다음과 같은 특징을 가지고 있다.[6]

　(1) 경제적 보상은 으뜸가는 동기유발 요인이다. (2) 조직생활에서

수동적으로 생각하는 것은 인간의 본성이다. (3) 감정적 불합리성의 배제, 즉 조직의 인간부재 개념이 존재한다.

이런 X 이론은 종업원들이란 명령해야 일을 하고, 돈만 주면 다 된다는 리더들의 의식을 지적하고 있다고 볼 수 있다. 즉, 맥그레거의 이 3가지 특징(X 이론)은 전통적 견해이며 낡은 인간관이라고 비판하였다. 따라서 그는 또 이러한 인간관에 입각한 조직원칙·관리기법으로는 새로운 당면문제나 목표달성을 위해 조직의 총력을 결집하는 행동을 바라기 어렵다고 하면서, 이와 상반되게 인간의 일에 대한 본성을 긍정적으로 정의한 Y 이론을 주장하기도 했다.

둘째, 과업지향적 권위형 리더십은 최우선적 관심사항이 인간적 배려가 아닌 과업우선주의와 과업지향성에 맞추고 있다. 이런 과업지향과 이에서 오는 경쟁의식은 지나치게 일만 아는 사람을 만들기 쉽다. 특히, 기업이 먼저 살아야만 한다는 개념으로 볼 수 있는데, 이는 창업단계에서 찾아보기 쉬운 리더십 스타일로, 창업기업의 유일한 리더십 스타일로 수용되어 오기도 했다. 그리고 따라서는 창업기업의 성공비결이 되기도 했다.

그리고 이러한 과업지향적 권위형 리더십의 스타일은 또 다른 특징은 자신들의 일에 대한 열정과 기업을 위한 희생을 다른 사람들에게 강요한다는 것이다.

셋째, 권력 및 권한의 독점, 즉 일인통치의 특징을 가지고 있다. 앞에서 말한 두 가지 특징은 리더의 권위와 권한을 절대화시키는 기업문화를 형성하기 마련이다. 이러한 권력 독점 개념을 데이비스(K.

Davis) 교수는 권위형 리더십의 특징으로 해석한다.[7] 데이비스 교수는 권위형 리더의 특징을 권력 스타일 개념으로 설명하고 있는데, 다음과 같은 7가지 특징을 열거하고 있다.

(1) 중앙집권제와 결정권의 독점한다. (2) 과업의 조직화를 이룬다. (3) 업무추진에 있어서 복종적인 스타일을 고수한다. (4) 권한과 책임을 모두 리더에게 이양한다. (5) 부하와 그들의 업무에 대한 불신과 불만을 가지고 있다. 그리고 리더의 권위를 두려운 것으로 인식시킨다. (6) 부하들에게 상여금을 제공한다. (7) 리더에게 강한 의욕을 불러일으키며, 보상을 제공한다.

이러한 특징은 리더에게 의지하는 절대 권한을 인정하며, 따라서 리더는 보통 사람이 아닌 '위대한 사람'으로 인식시킨다. 즉, 탁월한 상관(supermanager)이라는 본질적 개념을 리더에게 요구하는 것이다.

따라서 리더의 실력 즉, 비전과 용기, 그리고 조직 목표의 달성에 대한 자신감 등에 의하여 '실패는 없다' 또는 '안 되는 것은 되게 한다' 등의 지도력을 리더십의 주개념으로 생각한 기업문화가 형성된다. 이러한 기업문화는 리더의 가치 관념의 중심이 되어 많은 신화적 전통을 세우게 마련이며, 이러한 중심가치와 신화적 전통의 터를 닦는 사람을 영웅적 리더로 만들기 마련이다. 이러한 문화는 사람들의 믿음을 창조하는 경영철학에 의해서 모든 부하들의 구심점이 될 수도 있다.

이러한 스타일의 대표적인 기업가로 헨리 포드를 꼽을 수 있다. 그의 창업독재형 리더십은 일명 '내 기업 내 마음대로' 식의 독재적인 경영철학을 반영하고 있다.

한국적 권위형 리더십 스타일인 소위 '회장병'을 지적한 곽수일 교수는 다음과 같이 그 특징을 설명하고 있다. (1) 회장(재벌총수)에게는 잘못이 없다는 과도한 자신감, (2) 충성심이 강한 사람만이 주위에 남도록 만드는 비판적 인물의 배척, (3) 결정권의 독점, (4) 전문경영인 경시 풍조의 심화, (5) 정치에 영향력을 행사하려고 하는, 즉 경제인의 한계를 넘어서는 정경유착에서 경제우위관계로 발전 등의 특징들을 지적하면서 한국의 재벌총수들의 권위형 리더십을 '황제'에 비유하기도 하였다.

넷째, 과업지향적 권위형 리더십은 가장 합리적인 조직을 고전적 관료조직에서 찾았다. 관료조직이란, 대기업화의 성장과정에서 주로 사용하여 왔던 피라미드형 조직원리이다. 이는 조직의 중앙집권형에서 책임과 권한의 효율성을 찾고, 또 과업의 세분화를 통해 능률의 향상을 시도한다. 그리고, 업무를 추진하는 데 있어 규정중심의 관리를 중요하게 여긴다. 이에 리커트(R. Likert)는 중앙통제 및 밀착감독 등이 권위형 리더십의 주요 특징이라고 설명하고 있다.[8]

과업지향적 권위형 리더, 즉 창업주들은 이러한 4가지 특징을 가지고 사업을 크게 성장시키는 데 성공한 위대한 기업가들이었다. 특히, 우리 나라 일본의 경우 권위형 리더십이 문화적 특성(유교의 영향)을 배경으로 형성되었다. 오늘날에도 창업독재는 하나의 필요악으로서 긍정적으로 수용되어야 한다는 주장도 있으며 이에 대해서 상당한 실증적 사례를 제시하고 있다.

온정적 권위형과
가부장적 리더십

권위형 리더십이 진화·발전되어 온정적 권위형(Benevolent autocracy) 또는 가부장적 리더십(Paternalistic leadership)으로 대체되어 등장했다. 여기서 '가부장적 리더십'은 본질적으로 동양적 경영, 특히 일본과 한국에서 보편화되어 온 고전적 리더십 유형으로 '온정적 권위형'이라고도 불린다. 슬로컴(J. W. Slocum) 교수는 온정적 권위형(가부장적 리더십) 스타일은 일종의 족벌 문화(clan culture)의 특징이라고 말하고 있다.

슬로컴은 기업문화를 보상제도에 따라 구별했는데 족벌문화, 즉 계급적 조직보상제도와 시장기업문화, 즉 성과위주의 보상제도가 바로 그것이다. 족벌기업문화와 권위형 리더십은 연관성이 매우 강한데, 족벌문화는 동양적인 기업문화의 특징으로 설명되고 있다. 족벌문화의 주요 특징은 리더의 우위성과 상사의 절대적 영향·사내 승진·보상이나 특별 보너스는 팀이나 집단에게 수여·협동의식과 직무순환에 의한 일반성 강조로 볼 수 있으며 그 내용을 간략하게 설명하면 다음과 같다.

리더의 우위성과 상사의 절대적 영향

상사의 권위는 광범위하고 예민한 것이며 선후배의 서열 개념 또한 강하게 작용한다. 이와 동시에 상사의 보호가 강력하게 요구되는 기업문화적 특징을 가지고 있다. 수직사회의 문화적 특성에 조화되는 특징이라고 볼 수 있다. 다시 말해서 부하들이 리더에게 의지하고 상사의 영향에 크게 좌우되는 인사고과제도가 좋은 예이다.

사내 승진

외부인사의 영업이 거의 차단되어 있는 족벌적 폐쇄성을 가지고 있기 때문에 승진은 가급적 사내의 직원들을 대상으로 한다. 사내에서 훈련받고, 경험을 쌓은, 충성심이 강한 사내의 유능한 직원을 연봉서열을 존중하면서 서서히 승진시킨다.

보상이나 특별 보너스는 팀 및 집단에게 수여

이는 집단행위와 팀 조직을 권장하는 기업문화에 적합한 보상제도로 개인별 보너스는 거의 없다. 소속 집단에 대한 공헌도와 조직에 대한 충성심이 중요하다는 사고를 주입시키는 방법이다. 때문에 개별적 성과는 우대하지 않는다.

협동의식과 직무순환에 의한 일반성 강조

이 특징은 집단 내에서 뿐만 아니라 집단과 집단 간의 협동과 협조를 강조하는 것이다. 주기적으로 직위와 부서를 교체하고 이동시키면서, 경험과 지식을 습득하도록 한다. 또한 이를 통해 인간관계의 융화를 강조한다. 이러한 접근방법은 오랜 시간이 투자되기는 하지만, 사내에서 최고경영자를 육성하는 조직적이고 단계적인 훈련이라고 볼 수 있다.

이런 가부장적 리더십은 19세기 말과 20세기 초 미국에서는 이상적인 효과적 리더로서 인식되었다. 그러나 이는 시대적 산물이라고 할 수 있다. 가부장적 리더십은 과도기적 상황에 그 진가를 발휘한다고 볼 수 있다. 실증적으로도 전후의 우리 나라나 일본의 경우에서도 기적을 이룬 위대한 기업가들이 이러한 가부장적 리더십을 충분히 활용하였다.

가부장적 리더들의 인품적 특징은 진취적이며, 일에 열중하며, 투철한 기업가정신을 가지고 있다는 것이다. 그리고 자기도취적인 자신감이 넘치며, 성취의욕이 유달리 강하다는 것이다.

이런 가부장적 권위형 리더에서 찾을 수 있는 부정적 특징은 '회장병'으로 묘사되는 한국적 권위형 리더의 특징과 공통되기도 한다. 그러나 권위형 리더십의 부정적 측면으로서는 권위형 리더의 개인적 영향력의 한계성에 대한 자각이 부족하여 리더와 부하와의 거리에 따라 효율성이 저하된다는 것이다. 그럼으로써 조직의 효과성도 크게 손상되는데, 이는 기업이 성장하고 발전할수록 더욱 심각해진다.

젤즈닉(A. Zaleznick)에 의하면, 권위형 리더는 오직 자신만을 사랑하며 이러한 이기적 행위는 부하들의 입에 발린 소리만을 듣는 식의 과잉충성심으로 발전하게 되고, 그 결과 말만 잘 듣고 리더에 대해 비판 없는 사람들만이 남게 되는 결과를 초래한다고 한다.[9]

과도기적 상황이나 극한적인 상황에서 가부장적 리더십이 효과적이기는 하지만 이를 당연한 선택으로 받아들여서는 안 될 것이다. 창업독재 없이 성공하는 기업들이 많은 것이 현실이라는 점을 고려할 때 창업독재의 효과성에 대해서 재고의 여지를 갖고 있다.

창업독재의
발생요인과 비판

많은 기업들의 경우 그들 창업주의 일화를 신화와 같이 미화시키는 경우가 많다. 그들의 공(功)에 대한 평가를 높이 하고, 지난 날의 한 '어른'을 기억한다는 점에서는 당연한 일이다. 그러나 창업가들의 부정적 특질도 올바르게 분석·검토되어야 한다. 그럼으로써 보다 더 훌륭한 창업가가 계속 사회에 배출이 되어 살기 좋은 나라를 만들 수 있어야 할 것이다.

훌륭한 기업가가 많은 나라가 경제대국의 분명성과 건전성을 결정한다. 따라서 기업가가 창업독재자 또는 '황제'가 되어서는 안 될 것이다. 이는 기업가 자신을 위해서 뿐만 아니라 우리 모두에게 좋은 일이라고 생각한다.

창업독재성이 나쁘다는 것이 경영학도들의 통설이 된 연유는 '기업은 사람에게 달려 있다'는 경영철학, 즉 '기업도 살고 사람도 만족해야 한다'는 두 가지 지상목표를 달성하고자 하는 데 있다.

사람들 즉 직원들의 믿음과 가치지향 활력경영은 우수기업을 창출한다. 이런 주장의 핵심은 능률적 과업성취는 조직의 구성원들을 신나게 하는 동기부여를 통해서 이루어진다는 것이다. 따라서 이에 창업독재성에 대한 분석을 통한 배제는 중요하다.

드브리는 실증적 연구를 통해, 남을 믿지 않는 불신감·자기과시 및 자기예찬 욕구·권력에 대한 강한 집념을 창업독재의 발생요인으로 찾아냈다.

남을 믿지 않는 불신감

자기자신 외에는 남을 믿지 않는 것과 지나친 기대나 요구 때문에 얻게 되는 실망감 등이 이러한 불신감을 높이는 요인이라고 본다.

유능하고 선량한 에드셀 포드는 아버지 헨리 포드의 사랑을 받았지만 신임을 받지 못했다. 그는 아버지의 뒤를 이어 사장직에 올라갔지만 곧 다시 아버지에게 자리를 돌려 주었다. 이러한 신임관계가 부자간에도 없었다는 것이다. 그 외에도 헨리 포드의 전문경영인이나 투자가에 대한 불신, 유태인에 대한 부정적 감정 등은 평생동안 그의 변신과 변화를 저해 하는 요인이었다. 따라서 한국의 창업기업주들의 황제형 독재성을 재고하고 올바르게 변화되고 수용되기를 바란다.

자기과시 및 자기예찬욕구

위대한 창업주들에게는 마땅히 칭송이 뒤따라야 한다. 그러나 자기도취적인 자기예찬은 스스로의 발전을 저해한다.

권력에 대한 강한 집념

창업주들의 권력집중화 및 일인통치는 권력의 민주화를 이루어야 되는 미래지향적 조직을 다른 길로 이끈다. 이는 참여 및 책임경영과도 거리가 먼 것이며, 모든 것을 혼자 다 결정하고 단속하려는 데에서 생기는 역량부족으로 결국에는 비행과 비능률성이 발생하게 한다. 따라서 결과적으로는 기업이 낙후되는 것이다.

창업독재형 기업가들은 스스로가 결국에 가서는 자기가 피땀으로 이룩한 기업을 망치는 결정적 요인이 된다. 따라서 창업주의 개선과 변신이 필요한 것이다.

위대한 기업가는 존경받는 기업가이기도 해야 한다. 즉, 위대하고 존경받는 기업가가 되기 위해서는 먼저 훌륭한 인격을 지닌 인간이 되어야 한다는 것이다.

각 주

1) Alfred Sloan, 《My Years with General Motors》, (Garden City, N.Y. : Doubleday, 1964), p. 162.

2) 〈주간한국〉 1989년 12월 28일자.

3) Smith Lee, "Japan's Autocratic Management", 〈Fortune〉 (Vol III, No. 1) 1985년 1월 7일자.

4) Jay A. Conger & Rabindra Kununge, 《Charismatic Leadership : The Elusive Factor in Organizational Effectiveness》, (San Francisco, C.A. : Jossey-Bass Pub., 1988).

5) 카리스마적 리더십은 전통적이고 고전적인 권위형 리더십과 동의어로 사용되기도 한다.

6) Douglas McGregor, 《The Human Side of Organization》, (1960) : Edgar Schein, 《Organization Psychology》, (Englewood Cliffs, N.J. : Prentice Hall, 1980).

7) Keith Davis, 《Human Behavior at Work》(4th edition), (New York, N.Y. : McGraw-Hill, 1972).

8) Rensis Likert, 《New Patterns of Management》, (New York, N.Y. : McGraw-hill, 1961 ; 1967).

9) Abraham Zaleznick, 《The Managerial Mystique : Restoring Leadership in Business》, (New York, N.Y. : Harper and Row, 1989).

기업가적 리더의 특성

리더십 자질 이론

Chapter Five

경제계의 리더, 기업가

리더십의 특성이론, 리더에 대한 연구

리더란 보통 사람과 다르게 새로운 아이디어를 가지고 변혁을 시도하며, 사람들의 앞에 서서 그들을 이끌어가는 사람이다. 이런 리더들의 특성을 분석하는 리더 특성론의 핵심적인 전제는 "리더는 선천적으로 태어나는 것이 아니고 후천적으로 만들어진다는 것"이다.

경제계의 리더는 기업가이다. 따라서 리더에 관한 연구를 통해 기업가의 자질을 탐구하는 접근이 가능할 것이다.

경제계의 리더, 기업가

본서에서는 리더의 특성과 기업가의 특성을 접합시키는 방법을 택하였다. 다시 말해 기업가는 리더라는 점에 초점을 두었으며, 기업가의 특별한 본질적 자질 즉, 전문적 특성 연구를 동시에 하고자 했다. 또한 근래 논란이 되고 있는 '전문경영인 대 매니저'와 '기업가 대 리더'의 분리이론을 특성적, 행동적 차원에서 연구·검토하였다.

'일벌레'라고 인식되어 있는 기업가의 개념이 현대에 와서는 조직의 협동하는 리더로서의 소양을 가지고 있어야 한다는 것으로 변화해 가고 있다.

'위대한 인물들에 대한 특성연구(great man theory)'는 리더란 보통 사람과 다르고, 특별한 특성의 소유자만이 리더가 될 수 있다는 전제하에 연구되어 온 역사가 오래 된 학문이다.

슘페터가 말하는 '기업가의 리더십 우위론'도 리더의 일반적 특성을 강조하고 있다고 해석해야 한다. 이는 여러 사람들에게서 자발적 협동을 얻어내고, 영향력을 효과적으로 행사하는 리더가 기업가라는 것이다.

그런데 여기서 중요한 문제는 무엇이 리더를 만들어 내는 것인가 하는 것이다. 이에 대한 답을 얻기 위해서는 '기업가의 특성'을 통해 선천적인 것인가 또는 교육이나 훈련으로 양성된 후천적인 것인가에 대한 검토도 이루어져야 한다. 그리고 리더의 리더십 행위의 효과성 이론과 기업가정신과의 유관성도 검토되어야 한다. 이러한 기본적 문제를 연구·검토하는 것이 기업가 및 리더의 특성연구의 주제가 될 것이다.

훌륭한 통치자가 되는 방법

3세기 경에, 중국의 차오라는 왕은 자신의 아들 타이를 훌륭한 통치자로 키우기 위해 판쿠라는 현명한 스승이 사는 절로 보냈다. 왕자가 절에 도착하자, 선생은 타이를 '밍리'라는 숲으로 보냈다. 타이가 숲에서 1년을 지내고 다시 절로 돌아오자 판쿠 선생이 물었다. "그래, 숲 속에서 네가 들었던 소리 모두를 설명해 보거라." 타이는 "스승님, 저는 뻐꾸기의 울음소리, 나뭇잎이 살랑거리는 소리, 벌새들이 지저귀는 소리, 귀뚜라미의 울음 소리, 풀들이 바람에 날리는 소리, 벌들이 윙윙거리는 소리, 그리고 바람이 속삭이거나 고함치는 소리를 들었습니다."라고 대답했다. 타이의 대답에 판쿠 선생은 다시 숲으로 돌아가 지금까지 들은 것 외에 더 많은 것을 들어보라고 했다. 타이는 이러한 스승의 말씀을 듣고 의아했다. 이미 자기는 모든 소리를 분간해 내지 않았던가?

어린 타이는 여러 낮과 밤을 숲의 소리를 듣기 위해 홀로 앉아 있었다. 하지만 그는 이미 들었던 소리 이외의 다른 소리는 듣지 못했다. 그러던 어느 날 아침이었다. 언제나 그랬던 것처럼 타이가 나무 아래 조용히 앉아 있을 때였다. 타이는 그 전에 그가 들었던 것과는 다른 어떤 희미한 소리들을 분별해 내기 시작했다. 좀더 자세히 들으면 들을수록 그 소리는 점점 선명하게 다가왔다. 그러면서 새로 깨어나는 듯한 느낌이 그를 감싸기 시작했다. 타이는 속으로 "스승님께서 바라신 것이 바로 이것이로구나!"하고 생각했다.

타이는 다시 절로 돌아왔다. 그리고 판쿠 선생은 그에게 숲 속에서 무슨 소리를 더 들었는지 물어 보았다. 타이는 공손하게 "스승님, 제가 더욱 더 자세히 들어 보려고 하자, 지금까지는 들리지 않던 것들이 들렸습니다. 꽃이 피는 소리, 태양이 대지를 덥히는 소리, 그리고 풀잎이 아침이슬을 마시는 소리를 들을 수 있었습니다."라고 대답했다. 스승은 만족하며 고개를 끄덕였다. "들리지 않는 것을 들으려고 노력하는 것은 훌륭한 통치자가 되기 위해 꼭 필요한 훈련이다. 왜냐하면 통치자가 백성들의 마음, 제대로 전달되지 않은 그들의 감정, 표현되지 않은 그들의 고통, 그리고 말로 하지 않은 불평 등을 자세히 들으려고 할 때만이 백성들의 신뢰를 얻을 수 있기 때문이지. 그리고 그것을 알아야만 백성들의 진정한 요구를 충족시킬 수 있단다. 통치자가 신하들의 피상적인 이야기만 듣고, 백성들의 마음 속에 들어가지 못하면 나라는 망하게 되는 법이다."

▶ 자료 : W. Chan Kim & Renee A. Mauborgne, "Parables of Leadership", 〈Harvard Business Review〉지 1992년 7-8월호, p.4.

리더십의 특성이론
리더에 대한 연구

　리더십 연구이론(trait theory of leadership) 중 기본적인 고전적 이론이 바로 리더십 특성이론이다. 이는 리더들에 대한 연구를 과학적으로 분석하고 이론화시키려는 접근방법으로 '뛰어난 리더' 들은 보통 사람과 다르다는 전제를 구체적으로 진전시키고 있다. 즉, 리더들이 보이는 특성 요인들이 무엇인가를 과학적으로 분석·연구하는 것이다.

기업가의 특수자질 이론

　기업가 혹은 재계의 리더의 자질 혹은 특성(traits)가 무엇일까 하는 것에 대한 연구는 오랜 역사를 가지고 있다. 특히 정치학에서 시작된 리더십 연구는 위대한 정치적 리더들의 특성을 밝혀내는 데 집중되어 왔다. 그리고, 수많은 경제학자나 경여학자들이 이러한 전통과 맥을 같이 하는 리더의 특성연구를 해 왔다.

　여기에서는 먼저 세이(J .B. Say)의 자질이론, 파욜(H. Fayol)의 특수자질론 그리고 커크패트릭(S. A. Kirkpatrick)과 로크(E. A. Locke)의 기업가적 자질이론에 대한 연구를 간략히 살펴보고, 경영학자 데이비스(K. Davis)의 리더의 자질이론에 대한 종합적인 견해를 살펴보기로 하였다.

세이의 자질이론

세이는 리더는 보통사람과 다르다는 전제하에 기업가의 자질 요소에 판단력과 인내심, 지식 즉, 사업과 세상에 관한 식견과 관리자로서의 기술과 같은 특성을 포함시켰다.

이 자질론은 세습적이나 유전적인 위대한 인물론과는 달리 누구나 리더가 될 수 있다는 주장을 하고 있다. 이는 리더를 만드는 자질을 알면 훈련을 통해서 좋은 리더를 만들 수 있다는 신고전적 리더십 특성 이론에 뿌리를 두고 있다. 다시 말해서 기업가적 리더는 선천성도 중요하지만 자기 노력에 의해서 후천적으로 좋은 기업가적 리더가 될 수 있다는 것이다. 이것은 주로 기업가의 특질이 모험성에 대한 리더의 특별한 자질적 요소이며, 기업가 역할을 감당할 수 있는 능력 및 자질을 말한 것이다.

파욜의 특수자질론

세이와 비슷하게 경영관리자의 자질에 대해 언급한 파욜은 일반 교육(교양, 소질)과 정직성(honesty), 정열(energy), 임기(tennure), 그리고 특별한 전문지식과 경험의 5가지 요소를 경영자의 특수한 자질로 꼽고 있다.

파욜 역시 리더는 보통 사람에 비해 월등한 자질이 요구되며, 리더로서의 사람됨이 바탕이 되어야 한다고 주장했다. 이와 더불어 정열적 호사(好事)정신과 정직하고 성실한 도덕적 측면도 필요하다고 했다. 여기에서 주목할 것은 리더의 자질에 '열심히 일하는 정직하고 똑똑한 사람'이 리더가 될 수 있다는 것과 자기 분야에 관한 전문지식과 경험, 그리고 책임과 임기의 보장까지 암시하고 있다는 것이다.

정직성과 도덕성을 강조한다는 것은 경영관리자는 사회적 이익을 개인의 이익만큼이나 중요시해야 한다는 것이다. 가치경영까지 요구하는 것은 아니지만 존경받는 리더는 훌륭한 경영관리자이자 기업가가 된다는 의미를 포함하고 있다. 즉, 똑똑하고 잘난 것만을 요구하는 것이 아니라 사회에 공헌을 할 수 있는 도덕적 자질요소까지 갖춘 사람이 기업가적 리더가 될 수 있으며, 소위 돈만 아는 '장사꾼' 개념은 기업가적 리더 개념에서 벗어난다는 것이다.

한편, 코터(J. Kotter)의 연구 등에서 보이는 최고경영자의 공통적 특성은 다음과 같다.[1]

첫째, 기본적 욕구에 있어서 높은 성취욕, 야심, 권력 선호성이 강하다.

둘째, 대인관계가 원만하고 폭넓은 취미(비즈니스와 연관시킬 수 있는)를 가지고 있다.

셋째, 천재는 아니지만 총명한 두뇌와 비교적 우수한 분석적 능력을 가지고 있다. 그리고 뛰어난 직관력을 소유하고 있다.

이러한 뛰어난 특성을 겸비한 사람이 비로소 최고경영자가 된다는 것이다. 이는 데이비스의 자질이론과 큰 차이가 없는 이론이다. 그리고 이러한 자질적 특성 외에도 최고경영자들의 공통적인 특성으로는 자신의 산업분야와 회사에 대한 전문적 지식에 정통한다는 점과, 폭넓고 양호한 대인관계를 이루고 있는 점, 특히 사업분야의 다른 리더들과 좋은 관계를 맺고 있다는 점이 있다.

커크패트릭과 로크의 기업가적 리더 자질론

커크패트릭과 로크는 최고경영자인 리더들은 보통 사람들과 다르다고 했다. 그들이 말하는 리더들의 특성은 판단력(지성과 직관성을 합친 자질)이 우수하며, 성취지향의 추진력이 강하며, 정직 및 성실성이 높다는 것이다. 그리고 자신과 회사에 대한 자신감이 넘치고, 권력이나 금전을 추구하기보다 사람들을 지도하려는 도전적 의지가 강한, 그리고 전문적 지식이 월등한 사람이라는 것이다.[2]

그들은 이러한 인간적 자질과 전문적 자질을 겸비했을 때 존경받는 리더가 된다고 했다. 그리고 이와 같은 요소는 경제계의 지도자는 물론이고 사회적 지도자가 되는 기본 요소라고 보았다. 비즈니스에서 성공했다거나, 재벌의 총수가 되었다고 다 훌륭하고 참다운 지도자가 되는 것은 아니다. 사업도 중요하지만 인간을 사랑하고 세상도 사랑하는 사람이 먼저 되어야 한다. 자신이 속한 분야에서의 성공이 타 분야까지 이어질 수 있다는 지나친 자만(自慢)은 자칫 일에 있어 오류를 낳기 쉽다.

훌륭하고 참다운 리더는 꾸준히 자기 개발을 하며 자신감을 가지되 겸손하게 더 배워야 한다. 그리고 남의 말도 들을 줄 아는 사람이 되어야 한다. 그리고, '일벌레'로 인식되어진 과업지향의 권위형 리더(창업독재 기업가)에서 민주적 리더로 변모하여야 한다.

아울러 비즈니스 리더로서 최고경영자에게는 사업가의 사업에 대한 전문적 지식과 자기 기업체가 속한 산업에 대한 지식, 그리고 전반적인 시장에 대한 지식 등 폭넓은 지식이 요구된다.

20세기에 들어와 과학적인 분석법에 의한 리더십 특성연구가 활발히 전개되었다. 특히 1930년대부터 시작한 행동과학적 지식에 의해 리더들의 공통적 특징을 밝히고자 하는 움직임이 성행하게 되었다. 이러한 움직임이 낳은 것이 신고전적 리더십 이론이라고 할 수 있는데, 이러한 새로운 개념은 다음과 같은 특성을 내포하고 있다.

첫째, 리더는 태어나는 것이 아니라 만들어진다는 것이다. 따라서 선천적 자질이론보다는 후천적 개발이론이 중심이 되어야 한다.

둘째, 보통 사람들과 다른 특정한 자질이 리더를 만든다는 전제하에 그들의 공통적 자질을 찾아내고 이를 과학적 접근방법에 의해서 연구해야 한다.

이와 같은 새로운 리더의 자질연구와 리더십의 성공요소에 대한 기본연구는 상당수의 연구결과를 제시하고 있는데, 문제는 각 연구들의 결과에서 일치되는 공통적 자질을 찾는 것이 어렵다는 것이다. 1930년대에 각광을 받았던 리더십 자질에 관한 연구 경향이 1950년대에 이르는 동안 수많은 특성 연구에 관한 문헌을 속출시켰다. 이에 따른 문제는 너무나 많은 특성 요인을 리더들로부터 색출해 내었다는 것과 학자들간에 그 분류방법이 복잡 다양하다는 점이다. 즉, 공통된 특성으로서 신체적, 정신적 그리고 성격에 따른 특성 등이 있다는 것에 합의가 될 수 있으나 어떤 특성이 리더의 특성인가에 대해서는 학자들마다 서로 다른 견해를 가지고 있었다. 예를 들면, 스톡딜 (Stogdill) 교수는 리더십의 주요 특성을 29가지로 분류할 수 있지만 이들 각각에 대해서는 학자들간에 일치된 합의가 어렵다는 결론을 내리고 있다.[3]

한편, 켈리(R. E. Kelly)도 많은 학자들이 연구한 각각의 견해들을 리더십 요인분석을 사용하여 종합 분석한 연구결과를 도출했다. 그는 공통되는 자질의 중요성을 순서대로 (1) 지성(intelligence)은 10개의 연구가 합의하고 있고, (2) 추진력(initiative)에는 6개의 연구가

<표 5-1> 각 연구결과에 나타난 리더의 자질 요소

자 질	연구발표 문헌수
지성, 지능 (intelligence)	10
자발적 추진 (initiative)	6
외향적 성격 및 유머감각 (extroversion & sense of humor)	5
열성, 공정성, 동정심 및 자신감 (enthusiasm, fairnessm, sympathy & self-condidence)	4

합의하고 있으며, (3) 외향적 성격과 높은 유머감각, 즉 인간관계에 적극적인 특성, 그리고 마지막으로 (4) 열성(enthusiasm), 공정성 (fairness), 동정심(sympathy), 자신감(self-confidence) 등이 공동 4 위에 속하는 특성요인이 된다고 제시하면서 많은 특성들에 대해 열거하였다.[4]

이로써 리더십 특성이 복잡하고 다양하다는 점에 공통적 의견을 갖게 되었지만, 과학적으로 수용되는 연구결과의 종합적 특성요인을 제시하는 것이 어렵다는 사실만은 확실하다.

한 연구평가가 제시한 여러 연구결과에서 얻어진 공통된 특성이 란 <표 5-1>과 같다.[5]

이외에도 리더의 자질에 신체적 특징까지 포함시켜 포괄적으로 규정짓는다면 일치점을 찾기란 더욱 어렵다. 그러나 이러한 시도는 데이비스(K. Davis) 교수에 의해서 이루어졌다.

데이비스의 리더의 주요 특성론

데이비스는 성공적인 리더십의 4가지 주요 특성을 지성(지능), 넓고 깊은 사회적 성숙성, 높은 성취욕구와 내적 동기유발, 그리고 인본주의적인 인간관계라고 지적하고 있다.

리더십 특성연구의 어려움과 문제점을 고려해 볼 때, 데이비스의 리더십 특성이론의 4가지 주요 특성은 대표적 타당성을 가지고 있다고 볼 수 있다.[6]

지성과 지능

지성(intelligence)이란 두뇌의 총명함은 물론이고, 지식이나 정의성에 있어서 보통 사람과는 다른 탁월한 재능을 의미한다. 물론 지성은 유전적 요인에 영향을 받는 것이 사실이지만 행동과학자들의 주장대로 지적 수준이나 능력은 후천적인 영향 및 개발이 더 큰 비중을 차지한다는 것이 오늘날의 통설이다.

코터(J. Kotter) 교수는 12년간의 실증연구[7]를 통해 성공한 사장들의 특성을 분석한 결과 지성이 뚜렷한 요구조건이기는 하지만 보통 평균 이상의 지능이면 리더로서 충분하다는 사실을 지적하였다. 지성 플러스의 개념은 오히려 성품의 성숙성이라든가, 노력하는 열정 없이는 지적 요인이 부각되지 못하며, 지적 자산의 꾸준한 연구개발을 통해서 훌륭하고 성공적인 리더가 탄생한다는 사실을 가르쳐 주고 있다. 리더에게 요구되는 지성과 지능은 어려서부터의 가정환경에서 배우는 것을 비롯해 학교의 교육에 의해 다듬어지고, 사회생활을 통해서 그리고 삶의 경험을 통해 평생을 거쳐 개발·발전되는 것이다.

그리고, 파욜(H. Fayol)은 그의 연구에서 지성, 지능의 특징을 심오한 일반교육(sound general education)이라고 칭했으며, 일반 기초교육이 리더의 기본 자질을 형성한다고 주장하고 있다.[8] 코터가 리더의 요소로 평균 이상 정도의 지성, 지능을 지적하면서 너무 지능적일 필요는 없다고 말하고 있는 점에서도 학문적인 지식보다는 착실한 기초교육의 중요하다는 것을 알 수 있다.

다시 말해서 지성은 많은 지식을 갖춘 것을 말하며, 이것은 학교에서만 이루어지는 것이 아니라 자신의 노력을 통해서 얼마든지 획득할 수 있는 것이다.

'주경야독(晝耕夜讀)'이란 말은 낮에 일하고 밤에는 공부한다는 뜻이다. 그리고 훌륭한 위인 중에는 이렇게 주경야독으로 자신의 꿈을 이룬 사람들이 많다. 헨리 포드나 혼다 소이치로, 정주영 등의 영웅적 기업가들도 초등학교 수준의 학교 교육을 받았을 뿐이지만 독학이나 경험을 통해 지식을 쌓아 훌륭한 리더가 되었다. 이런 점들은 독학과 경험을 통해 리더로서의 지적인 자질을 갖출 수 있다는 것을 증명하고 있다.

리더가 되기 위해서는 무엇보다 책을 많이 읽고 지식은 물론이고 취미의 폭을 넓혀야 한다. 즉, 전문분야뿐만 아니라 일반적 소양 즉, 사회전반 및 문화예술 분야까지 폭넓은 교양과 취미를 갖추게 하는 전인교육이 강조되어야 한다는 것이다. 또한, 지성의 폭을 넓힌다는 것은 많은 사람을 이해하는 데 도움이 될 뿐만 아니라 비전을 형성하는 데도 도움이 된다. 그리고 창조적 호기심과 혁신지향성에도 도움이 된다. 특히, 국제화 시대의 활력경영은 사람과 문화를 이해하는 데서 시작하며 인류학, 사회학, 역사 등의 문화적 배경 지식이 도움

을 줄 수 있다. 특히 다국적 기업이나 수출위주의 기업들에게는 더욱 그러하다.[9]

앞으로의 리더들은 독서클럽, 세미나 및 연구 등을 통해 전문지식 이외의 타 분야에 대한 기본적 지식과 격동하는 세계의 변화 및 타문화의 특성 등을 섭렵함으로써 우물 안 개구리에서 벗어나야 할 것이다. 아마도 이러한 태도가 리더의 직관성을 향상시키는 요인이라고 보여진다.

넓고 깊은 사회적 성숙성

우리는 지장(智將)보다는 '덕장(德將)'을 훌륭한 리더라고 본다. 덕장은 인간성이나 성격에서 경솔하지 않고 침착하며, 사회적 지식이 박식하며, 남에게 감동을 주고 비전을 가지고 장래를 내다보는 등 보통 사람 이상의 영향력을 가지고 있는 리더를 의미한다. 하버드 경영대학원의 아지리스(C. Argyris) 교수는 인간의 성품은 어린시절의 미성숙에서 성인이 되어가는 과정을 거치면서 성숙하게 변화되는 과정을 거친다고 하고 있다(표 5-2 참고). 그리고, 조직 속의 리더의 성숙성도 그의 '성숙─미성숙' 이론으로 설명하고 성숙성을 연속적인 발전 개념으로 파악하고 있다.[10]

아지리스 교수의 성숙─미성숙 연속선 이론에서 본 인간의 성숙성 자질은 다음과 같다. 즉, 사람은 꾸준히 성숙성 자질을 갖추어 나가는데 리더는 남들보다 이러한 자질을 더 많이 갖춘 사람이어야 한다는 것이다. 여기서 말하는 성숙성 자질이란 다음과 같다.

(1) 능동성 : 스스로 일을 찾아 변신해 나간다는 것이다.

(2) 독립성 : 남에게 의지하던 것에서 점진적으로 변신해 가며 독

<표 5-2> 아지리스의 성숙−미성숙 연속선 이론

미성숙 특성	성숙 특성
수동적(passivity)	능동적(activity)
의존심(dependence)	독립심(independence)[11]
한정된 행동	다양한 행동(diversity of behavior)
약한 관심	깊은 관심(deep interest)
단기적 안목	장기적 안목(long term perspective)
종속적 지위	평등 또는 상위지위(superior)
자아의식의 결여	자아의식과 자제(self-awareness & self-control)

립적 성향이 강해짐으로서 독립영역이 넓어진다는 것이다.

(3) 다양한 행동성 : 풍부한 행동범위를 토대로 다양한 행동의 융통성이 있어야 한다는 것이다.

(4) 깊은 관심 : 얕은 관심이나 지식이 아닌 무게 있고, 깊이 있는 관심을 말한다.

(5) 장기적 시야 : 근시안적인 행위가 아닌, 즉 나무만 보는 것이 아니라 숲을 보는 것처럼 당대만이 아닌 후세까지 관심을 가진다는 것이다.

(6) 평등 또는 상위 지위 : 리더는 남을 따르는 하위지위가 아닌 남들과의 관계가 평등이거나 자발적으로 상위지위에서 솔선수범 그리고 책임을 지는 위치에 서는 것이다.

(7) 자아인식의 자제력 있는 행동 : 자기를 안다는 것은 이 세상을 떠날 때까지 지속되는 과정이다. 리더의 성숙성은 우선 자기 자신을 이해하고 자아 의지가 있어야만 남에게 영향력을 줄 수

있으며 성숙한 사람일수록 자제력이 강하다는 것이다.

사람은 꾸준히 이러한 성숙성 자질을 갖추어 나간다는 것이며, 따라서 리더는 남들보다 이러한 자질을 더 많이 갖춘 사람이어야 한다는 것이다.

인간의 사회적 성숙성은 리더에게뿐만 아니라 모든 사람들에게 필요한 덕목이라 할 수 있는데, 이는 노력과 개발을 통해 기를 수 있다. 깊고 넓은 지식과 시야 그리고 높은 안목을 가진 리더는 사람들에게 영향력을 행사하고 다른 사람들이 그의 식견에 의지하고 따르도록 만든다. 한 연구서가 지적하듯이 성공적인 비즈니스 리더들은 경제신문인 〈월 스트리트 저널〉지보다는 〈뉴욕 타임즈〉지를 애독하며, 뉴스나 스포츠 모두에 관심과 흥미를 가지고 있다. 그들은 예술과 음악에도 상당히 조예가 깊고 특히 프랑스 인상파 그림이라든가, 차이코프스키의 음악을 상당히 좋아한다. 이러한 사실은 리더의 자질을 키우기 위해 지식을 쌓는 것도 좋지만, 정서생활과 문화생활을 통해서 폭넓은 인간성을 키워가야 한다는 것이다. 어떤 기업가가 말하기를 '기업은 사람이고 경영은 예술이다' 라고 하였다. 이는 인간우위의 경영을 말하는 것이다. '기업은 사람' 이 중요하다는 인본주의 기업경영의 기본철학이다. '경영은 예술이다' 라는 말은 과학적 경영과 대조적인 말로 해석되며, 합리성 이상의 것으로 인간경영을 해야 한다는 의미이다.

인간은 신비스러운 생명체이다. 이러한 인간의 성숙성은 깊이 있는 침착성, 어른스러움, 그리고 광범위한 관심을 가지고 활동하는 것을 말하고 있다.

아지리스의 성숙—미성숙 연속선 이론은 7가지 요소를 분석한 것이다. 전체 인간성의 분할적 성숙성은 아니더라도 사람들은 개발과정을 통해서 꾸준히 성숙성을 향하여 발전되어가면서 '어른'이 되어간다는 것과, 리더가 되는 자질을 육성해 나간다는 의미를 가진다는 것이 중요하다.

아지리스의 성숙—미성숙 이론에 더해서 인간성품 발전단계 이론인 에릭슨의 8단계 성장발달 이론이다.[12] 에릭슨(E. H. Erikson)은 인간이 성숙해 가는 성품발전과정을 설명했는데, 성격 적응보다는 사회적 적응에 보다 주의를 기울이고 있다. 그는 각 단계에서 심리적 위기가 존재하는데 정상적이고 성숙한 성격을 지니기 위해서는 각 위기가 적절하게 해결되어야 하며, 또 성격이 어렸을 때 형성되어 변하지 않는 것이 아니라 일생을 통해서 형성되고, 변화한다고 주장한다.

다음의 〈표 5-3〉은 에릭슨이 제시한 성격의 8단계와 시기, 그리고 각 단계의 성공적 특성과 실패적 특성을 보여주고 있다.

이 표를 간단히 설명하면 다음과 같다.

최초의 단계는 유아가 당면하게 되는 것으로 그 자신과 그를 둘러싸고 있는 환경을 믿을 수 있는지의 여부를 학습하는 것이다. 두번째 단계는 어떤 사건에 대해 통제력을 행사할 수 있는지 없는지를 배우는 것이다. 세번째는 스스로 의사결정을 할 수 있는지의 여부를 배우는 단계이다. 네번째 단계는 그가 어떠한 일을 수행할 수 있는지의 여부를 배우는 것이다. 다섯번째 단계는 그가 누구이며 무엇이 되려고 하는가를 배우는 것이다. 여섯번째는 다른 사람들에게 얼마나 깊

단 계	시 기	성공 대 실패특성
1. 초기유아단계	출생 ~ 1세	신뢰 대 불신
2. 후기유아단계	1 ~ 3세	자생성 대 수치, 의심
3. 초기아동단계	4 ~ 5세	주도성 대 자책감
4. 중기아동단계	6 ~ 11세	근면 대 열등
5. 사춘기 및 청년기 단계	12 ~ 20세	자아정체성 대 역할갈등
6. 초기성인단계	20 ~ 40세	친교 대 고립
7. 중기성인단계	40 ~ 65세	자생력 대 정체
8. 후기성인단계	65세 이상	완전 대 실망

이 관여할 수 있는가 하는 단계이다. 일곱번째 단계는 인생이나 타인에게 어떠한 관여를 할 것이며 이를 어떻게 실행하는가에 대한 것이다. 마지막 단계는 이전 단계들이 어떻게 해결되어 가는가를 회고하는 단계이다.

　이러한 사실은 물론 잠재적 성품 요소이기도 하기 때문에 외부에서 관찰이 용이하지 않다. 성숙성의 외적 표현은 그의 행위에서 오랜 시간에 걸쳐 해독되며 특히 자신들이 알게 됨으로써 개발이 가능하다. 성숙성은 또한 심리학적 건강성으로도 표현되며, 성숙성은 정신적 건강에서 시작되며 남들을 사랑하고 좋게 보려고 하는 아름다운 정신의 소지자이기도 하다는 뜻이다. 즉 '사람됨'은 곧 '성숙한 사람' 그리고 '건강한 인간성'이라고 할 수 있다.

　이러한 성숙성을 지닌 인간을 살펴보면 첫째 자기 개발을 꾸준히 하면서 합리성과 감성을 고루 발전시킨다. 둘째 남을 비판하고 나쁘게 보기 전에 관심을 가지고 자기보다 못한 사람들을 자진해서 돕는다. 셋째 만사에 낙관적이며 불평에 앞서 긍정적 사고로 불필요한 파괴행위를 피하는 특징을 갖는다.

리더는 무엇보다도 참다운 성숙한 사람이 되어야 하며, 이는 최고경영자가 되기 위한 선행조건이기도 하다. 이런 인성을 갖추기 위해서는 개방적인 마음을 갖고, 시행착오를 겪으면서도 꾸준하고 지속적인 발전과정을 이루어 나가야 한다. 주어진 여건에 충실히 임해야하며, 자신감을 갖고 자신을 사랑하고 아껴 가면서 창조해 나가야 한다. 그러한 인생행로를 거쳐가면서 참다운 인간이 된다. 그것이 '훌륭한 인생' 이라고 로저(C. Roger)[13]는 주장하고 있다. 즉, 건강하고 완전한 인간이 되어야 성숙성도 자연히 이루어진다는 것이다.

성숙성과 도덕성은 같은 차원의 동질적 가치 개념으로 볼 수 있다. 따라서 도덕적 인간을 성숙한 인간으로 볼 수 있고, 성숙한 사람들이 추구하는 일은 도덕적으로 하자가 없는 유일하고 올바른 일이다. 그러므로 리더는 남에게 비난을 받는 일이나 행위는 용납하지 않아야한다. 리더의 도덕성은 이 성숙성에 내포되는 요소라고 보아야 하며 일찍이 파욜은 이러한 도덕성에 대해서 다룬 바 있다.

높은 성취의욕과 강한 내적 동기유발

리더는 앞장서서 책임지고 남보다 더 많은 일을 한다. 따라서 리더에게는 높은 성취의욕과 강한 내적 동기부여가 요구한다. '주는 만큼 일을 한다' 라든가, 보상이 뚜렷한 대가에 따라 일을 한다는 것은 리더의 자질이 아니다. 일을 할 때는 할 수 없어 마지못해 하는 것이 아니고 일 자체를 좋아하고 그것을 해낼 수 있는 자신감을 가지고 해냈을 때의 성취감을 위해서 일한다는 것이 리더의 특징이다. 이러한 강한 성취의욕은 리더의 가장 중요한 자질 중 하나라고 볼 수 있다.

맥클리랜드(D. McClelland) 교수의 연구에 따르면 높은 성취욕구 소유자들의 특징은 다음과 같다.

첫째, 도전적으로 어려운 수준의 일이되 성취가능한 과업을 선호하는 진취적 현실주의 성향을 가진다.

둘째, 성공에 대한 보상보다는 오히려 성취 그 자체에 더 관심을 가진다.

셋째, 성과에 대해서 자기가 알 수 있는 뚜렷한 피드백을 받는다.

넷째, 부모의 기대가 뚜렷한 가정환경에서 높은 성취의욕과 독립심을 키운다.

기업이나 집단에서는 이러한 성취의욕이 강한 수많은 사람들이 리더십을 발휘해서 성공적인 과업을 수행해 나가고 있다. 다시 말해서 성취감을 위해서 일을 하는 사람들이란 남이 시켜서 일을 하는 것보다는 자발적, 내재적인 동기부여에 의해 일을 한다는 것이 특징이다.

스토우(B. M. Staw) 교수는 외재적 동기이론에 더해서 내재적 동기를 인식해야 한다는 이론을 소개하였다.[14]

즉, 리더는 스스로 일을 찾아 새로운 것을 창조해 내는 도전적 노력가라는 점에서 남달리 성취의욕이 높고 내재적 동기욕구가 외재적 욕구보다 더 강한 사람들이라고 말할 수 있다. 이것이 바로 코터가 말하는 야망적이고, 권력에 대한 강한 집착력이 있으며 일벌레가 되기 쉬운 기질의 소유자들이다.

호사(好事)는 리더의 자질이다. 따라서 일을 강요당하는 것이 아니라 스스로 일을 찾아서 주야를 막론하고 열심히 일하는 사람들이 남에게 영향을 주는 리더가 될 수 있다. 이렇게 볼 때 매슬로(A. Maslow)의 5단계 동기이론을 인용한다면 리더는 동기이론의 상위 계층에서, 즉, 자신에 대한 존경의 욕구, 사회적 욕구 그리고 자아실현의 욕구 등에 의해서 동기유발이 되는 사람들이다.

인본주의적 또는 인간관계적 태도

리더는 삶에 대한 귀중함을 알아야 된다. 그래야 인간을 존중하고 남과 협동하여 일을 할 수 있다. 인간관계 존중의 개념이 집단조직에서 중심이 되는 가치여야 하며, 리더십에서는 남들과 협동하는 것이 우선적으로 강조되어야 한다. 협동은 사람을 사람답게 존중하고 걱정해 주고 도와줌으로써 시작되는 인간관계 기술의 첫걸음이다.

파욜은 리더 자질에다 '사람을 다루는 기술'을 포함시키고 있는데, 이는 기능(skill)이라기보다는 신비스럽고 귀중한 인성이다. 리더는 사교적이고 인간적이어야 하며, 앞에서 말한 성숙성보다 더 나아가 대인관계를 원숙히 잘 해나가는 기질이 있어야 한다. 인간지향의 리더십이라는 용어는 리더십의 한 기본요소가 되어 왔다. 최근 향상된 경영혁신이론들은 더욱 더 창조적이고 다기능적인 인간개발을 강조하고 있다. 새 시대의 경영학에서는 이러한 인간지향적 리더십을 리더의 기본적 특질로서 요구하고 있다는 점에 주목해야 할 것이다.

리더는 민주적 인간관계의 성품을 가지고 있어야 한다. 즉, 사람을 사랑하고 좋아하며 사려 깊은 태도를 필수적 자질 요건으로 갖추어야 한다. 리더도 인간이며 기업도 인간들이 모인 집단이다. 그러기에 인간관계에서 인간의 존엄성(dignity)을 존중하고 '사원제일주의' 등을 추구하기 위해서는 이러한 민주적 리더의 기본적 자세 및 태도가 요구된다. 이는 다시 말하면 과업지향적 리더십도 좋지만 '기업도 잘 살고 사람도 같이 사는' 인본주의적 리더십이 요구된다는 말이다.

이제, 리더들은 부하들을 협력자이자 고마운 사람으로 보는 평등주의 입장으로 바뀌어야 한다. 토마스 해리스(Thomas Harris)의 《나도 좋고, 너도 좋다(I'm O.K. You are O.K.)》에서는 인생의 공식에 따를 때 대인관계가 건전하게 성립된다고 하고 있다.[15]

따라서, 골방수재 같은 지성만으로는 부족하고 인간다운 건전한 성품을 가지고 사람을 건전하게 바라보며, 사랑하고, 배려하는 인생좌표를 갖는 사람이 리더가 될 수 있다.

이와 같이 최고경영자 또는 기업가가 성공적이고 효과적인 리더가 되기 위해서는, 꾸준한 자기 개발을 통해 참다운 인간, 훌륭한 인간이 먼저 되어야 할 것이다. 그리고, 기업가 및 비즈니스 리더의 훌륭한 인간됨이 전제가 되는 리더십은 그 성공을 다짐하기 위한 기본자질 외에 전문성이 더해져야 한다.

각 주

1) John P. Kotter, 《The General Managers》, (New York N.Y. : The Free Press. 1982).

2) S. A. Kirkpatrick & E. A. Locke, 《Leadership : Do Traits Matter?》, (Academy of Management Executive, 1991).

3) Ralph M. Stogdill & Alvin E. Coous (eds), 《Leader Behavior》, (Columbus. Ohio : Bureau of Business Research. Ohio State University, 1957).

4) Joe Kelly, 《Organizational Behavior》(revised edition), (New York, N.Y. : McGraw-Hill, 1974).

5) Joe Kelly, op. cit., 1974.

6) Keith Davis, 《Human Behavior at Work》(4th edition), (New York, N.Y. : McGraw-Hill, 1972).

7) John Kotter, 《The General Managers》, (New York N.Y. : The Free Press. 1982).

8) Henri Fayol, 《General and Industrial Management》, (New York and London : Pitman and Sons, 1949).

9) 삼성그룹에서 실시하고 있는 '독서휴가제도'나 미국의 First National Bank의 'CEO 클럽의 독서휴가제도' 등이 그 예가 될 수 있다.

10) Chris Argyris, 《Personality and Organization》, (New York, N.Y. : Harper and Row, 1957)

11) Covey는 상호의존적 관계라고 한다.

12) Erk Erikson, 《Childhood and Society》(2nd edition), (New York, N.Y. : Norton, 1963).

13) Carl Roger, "On Becoming Person", 《Readings in Managerial Psychology》 (in H. J. Leatvitt, et al. ed.), (Chicago, I11 : The University of Chicago Press, 1980).

14) Barry M. Staw, 《Intrinsic and Extrinsic Motivaltion》(in H. J. Leavitt. et. al. ed.) ; 《Readings in Manageyial Psychology》, (Chicago, I11 : The

University of Chicago Press. 1976).

15) Thomas Harris, 《I' m O. k. You' re O. k. : A Practical Guide to Transactional Analysis》, (New York, N.Y. : Harper and Row, 1969).

거대기업 만들기와 전문경영인

경영관리 기능론

Chapter Six

미국의 경영학 연구는 창업가인 기업가에 대한 연구라기 보다는 전문경영인(master professional manager)과 그들의 우수 대기업 만들기에 초점이 맞추어 왔다. 이는 전문경영인이 산업사회의 새로운 리더가 되었다는 것으로도 이해될 수 있다.

따라서 경영학 연구는 '전문경영인(manager)' 란 누구이며 무엇을 하는 사람인가에 대한 연구의 발전과정을 보여준다고 해도 과언이 아니다. 여기에서는 우선 경영학 발전의 거두인 파욜(H. Fayol)과 바너드(C. I. Barnard)의 리더십 책임이론, 그리고 민츠버그(H. Mintzberg)의 경영자의 기능과 사내기업가이론들을 설명하고, 그 후에 우수기업 만들기에 두각을 나타냈던 두 사람의 위대한 전문경영인(앨프레드 슬론, 해롤드 제닌)을 소개하고자 한다.

20세기 경영학 발달사를 검토해 본다면 파욜의 전문경영관리 기능론과 테일러(F. W. Taylor)의 과학적 관리론, 그리고 바너드의 인본주의 조직론 등 관리자의 기능 및 책임이론에 대한 3가지 이론을 볼 수 있다.[1] 최근의 경영혁신이론들도 실제로는 이들 고전이론들을 통해서 발전해 온 것이라는 점을 기억할 때, 이들 3대 이론가의 이론들을 살펴보는 것은 상당히 중요한 의미를 가질 수 있다.

앙리 파욜의 전문경영 기능론

파욜리즘(Fayolism)으로 알려진 현대 경영학 발전의 대부인 파욜은 20세기가 낳은 위대한 경영관리학자이자 경영철학자이다. 그는 파산

직전까지 갔던 컨템포러리 포챔발트(Contemporary-Fourchambault)
사를 구해낸 인물이기도 하다.

파욜이 주장하는 경영관리론의 특징은, 기업이 새로운 창업도 중
요하지만 창업이상으로 수성(守成), 즉 우수기업의 자리를 유지하는
것 역시 중요하다고 한 것이다. 또한 이런 능력이 기업가의 본질이라
고 주장하였다. 이러한 주장을 계기로 기존의 기업가의 고전적 개념
이 신고전적 개념으로 변화되었으며, 전문경영인 없이는 새로운 경
쟁의 시대에서 승리할 수 없다는 사고가 싹트게 되었다.

1900년 논문 〈산업 및 일반 경영관리론〉에서는 창업기업들은 이
익추구 조직형태로 성장·발전시켜야 하며, 이를 위해서는 기업가가
경영의 기본기능을 이해하고 이를 수행하는 창업가가 되어야 한다
는 주장을 담고 있었다.

이는 기업가에게 필요한 부가적 개념, 다시 말하자면 '기업가 플
러스(entrepreneur plus)' 개념이라고 할 수 있으며,[2] 기업가들에게
창업적 혁신의 주도적 역할뿐만 아니라 기업을 기업답게 관리하는
기능 역시 수행할 것을 요구하였다. 이 이론은 후에 미국 경영학의
주도적인 학파로서 발전되게 되었다. 또한 1911년 테일러의 과학적
관리론과 1927년 호손연구의 결과는 파욜의 경영관리론과 함께 미
국 경영학 발전의 초석을 이루었다는 점에서 상당히 주목할 만한 가
치를 가진다.

파욜이 주장한 5가지 주요 경영관리의 기본기능은 '계획(planning)·
조직(organizing)·통제(controlling)·지휘(commanding)·협동
(coordinating)'이다.

이상의 5가지 경영관리의 기본기능은 바로 경영학 이론의 원론이

자 경영학 발전의 기초이론을 형성하고 있다. 파욜은 기업가가 전문 경영인을 겸하거나 전문경영인과 동업관계를 맺고 기업발전을 가져오던가(혼다와 후지와의 관계처럼), 기업가가 전문경영인에 의해 물러나는(듀랜트와 슬론의 관계와 같이) 시대로의 발전을 예측하였던 것이다.

파욜의 저서는 1916년 처음으로 불어로 발간되어 약 2,000부가 팔렸고 1925년에는 약 15,000권이 판매되었다. 이는 당시로서는 굉장한 판매부수였다. 그가 퇴임한 이후 1925년 84세의 나이로 세상을 떠날 때까지 그는 회사의 이사로 남았으며 '관리론(theory of adminstration)'을 보급하는 데 여생을 바쳤다.

노벨상을 수상하기도 한 파욜은 기술자로 시작하여, 지질학자, 산업지도자, 경영관리를 보급한 학자, 교육자이자 철학가의 다양한 이력을 지닌 인물이다. 그는 경영학도들의 선구자로 영원히 기억될 것이며, 그의 연구를 책으로 묶은 《산업 및 일반 경영관리론》[3]은 현재 경영학의 고전으로 확고하게 자리를 잡고 있다.

파욜은 경영관리자에게 요구되는 기본 자질로, '건강한 체력 · 지성과 정신적 열정 · 도덕적 인품 · 일반적인 소양 · 전문지식 · 경험 · 사업능력' 등을 들었다. 그는 이외에도 '사람을 다루는 능력(art & skill) · 정력(energy) · 도덕적 용기 · 임기의 연속성 · 전문성' 등을 우수한 경영관리자가 갖추어야 할 자질들로 제시했다. 이는 경제계뿐만 아니라 사회 전반의 모든 리더들의 갖추어야 할 자질이라고 말할 수 있다.

파욜은 아울러 기업의 6가지 주요 기능으로 '기술 · 상업 · 재정 · 보안(시설과 인재의 보호) · 회계 · 경영'을 들었다. 그리고, 창업기업가들이 자신들의 기본적인 몫인 앞의 5가지 기능을 잘 알고 있다고 하더라도 6번째 '경영기능'에 대한 지식이 없다면 실패한다고 주장하고 있다.

한편, 파욜은 《산업 및 일반 경영관리론》에서 '분업 · 권한 · 규율 · 지휘의 일원화 · 목표의 일원화 · 이익 우선 · 보상 · 중앙집권적 통제 · 스칼라 체인(scalar chain) · 명령 · 형평성과 공정성 · 근무연한의 보장 · 주도성(initiative) · 집단의 사기(esprit de corps)' 등 '14가지 일반적 경영 원칙'을 제시했는데 이는 상황과 필요에 따라 융통성 있게 적용되어야 한다고 주장했다.[4]

이러한 파욜의 경영이론은 인간적인 측면을 강조하고 있다. 그래서 실무적이고 실증적인 지식과 원칙론을 기본으로 하되, 실무적 응용에 있어서는 이와 더불어 융통성 있는 예술성(art)이 필요하다는 것이다. 그런 점에서 그의 이론은 최근의 리더십 이론들, 즉 인간의 기술이나 예술성을 중요하게 생각하는 리더십과 부합된다.

파욜 이후에 등장한 바너드는 파욜의 경영관리론을 수정 · 보완하였고, 민츠버그는 경영자의 역할론을 제시하고 그 뒤를 이어 최근의 유수한 경영혁신이론들이 나타나게 되었다.

이러한 기업발전과정에서 경영관리자는 리더로서 그 지위가 상승하게 되었으나 반대로 기업가는 빛을 잃기 시작하였다. 즉, 이때부터 전문경영인 우위의 시대가 시작되었다고 볼 수 있다. 물론 이러한 경영관리론 발전의 가장 큰 수혜자는 미국이었다.

바너드의 관리자 기능론
- 조직론과 리더십

바너드는 하버드 대학을 3학년 때 중퇴하고 전화회사(AT&A)의 통계국에 입사하여 평생을 전문경영인으로 살아온 인물이다. 그는 자신이 체득한 경험을 바탕으로 '사람들이 왜 집단에 들어가 조직의 공동목표를 추구하는가?', '사람에게 동기를 부여하는 것은 무엇인가?' 등과 같은 점을 중점적으로 연구를 했다. 그는 관리자의 기능에 대한 이해와 실무자를 위한 경영이론을 제시하였다.

바너드가 주장한 관리자의 리더십은 다음과 같다. 첫째 기업·회사의 공동목표를 설정해야 하고, 둘째 조직구성원과 의사소통을 유지해야 하고, 셋째 조직구성원들 모두가 자발적으로 협동하는 협동체를 구성할 수 있도록 해야 한다는 것이다. 이렇게 주장함으로써 인본주의 경영 및 가치경영의 시대를 개척하였다. 위에서 제시된 3가지는 바로 조직원리의 기본요소로, '공동의 목표(common purpose) · 커뮤니케이션(communication) · 자발적인 봉사(willingness to serve)'를 말하는 것이다.

바너드는 이들 3가지 요소가 상호의존 및 연관되어 조직의 활성화를 얻어내고, 이는 바로 사람들의 자발성에 달려 있다고 주장했다.[5)]

바너드는 창업시 조직은 이들 3가지 요소를 기본으로 태어나지만, 전문경영인인 관리자는 이 3가지 조직요소를 대내적으로 어떻게 조화시키면서 효과성과 효율성을 동시에 향상시키느냐의 책임을 가지고 있으며, 이것의 성공여부가 조직의 성패를 결정한다고 주장하였다. 아울러, 바너드는 이러한 효과성과 효율성은 조직의 대내적 문제뿐만 아니라 조직의 내외적 환경과의 역학관계도 무시할 수 없다는 점을 언급하면서 조직 외적인 요소까지 고려하였다.

바너드는 AT&T 사에서 40여 년간 근속하면서 얻은 경험과 벨 전화회사의 사장직으로 일할 때 얻은 경험을 바탕으로 프린스턴 대학교와 로웰 연구소에서 강의를 한 적이 있는데, 이 때의 강의 내용을 정리해 자신의 이론을 확립했다.

바너드는 파욜과 마찬가지로 전문경영인 출신으로 실무이론을 제시한 선구자였다. 그러나 파욜이 경영관리 기능에 초점을 맞추었던 것과는 달리 바너드는 리더의 중요성을 강조했는데, 그것은 당시로서는 대단히 혁신적인 것이었다.

바너드의 협동이론(the theory of cooperation)은 조직을 관료조직이 아닌 인간조직으로 보고 있다. 이러한 접근법은 후일 미시간 대학교의 경영연구론인 《신경영이론》[6]에서 다시 강조되는 인본주의적 접근이다. 바너드가 제시하는 인간조직의 기본요소들은 사회적 인간(social man) · 비공식 조직(informal organization) · 자발적 의욕(willingness) · 권위의 수용(acceptance of authority) · 도덕성(morality) · 믿음의 창출(faith creation)이다.

그는 경영관리란 조직의 활력경영이자 조직구성원이 조직목표에 대해 긍정적으로 수용하고 자발적 협동을 유도하는 가치경영에서 유도되어야 한다는 것을 주장하고 있다. 이는 결국, 협동은 자발적인 참여에서 오는 것이기 때문에 조직의 목적은 조직 구성원들에게 고무적이어야 한다는 것이다. 그리고 그 목적에 대한 충분한 이해와 커뮤니케이션이 이루어져야 한다는 것을 암시하고 있다. 따라서 조직의 성패는 두 가지 척도에서 찾을 수 있는데, 첫째 조직의 목표를 달성할 수 있는 효과성(effectiveness)과 둘째 조직구성원의 욕구를 충족시키는 효율성(efficiency)이 바로 그것이다.

바너드의 주장은 조직구성원이 기업을 위한 희생물이 되어서는 안 된다는 것이다. 이러한 인본주의 경영은 기업의 윤리성 및 도덕성에 대한 중요성뿐만 아니라 기업가들을 포함한 경영관리자들의 도덕적 책임까지 강조하고 있다. 따라서 바너드는 리더에게 다음과 같은 요구를 하고 있다.

첫째, 개인적으로 모범이 되는 인간으로서의 탁월성(지식, 비전, 기술 등)을 지녀야 한다.

둘째, 도덕적인 신망과 덕을 지니고 다른 사람들로부터 존경을 받아야 한다. 이는 다시 말해서 리더는 꾸준한 변신을 통하여 성숙하고 훌륭한 인간이 되어야 하며, 조직구성원들로부터 신뢰를 받아야 한다는 것이다.

이러한 믿음의 형성은 협동을 위한 도덕성이기도 하지만 조직 도덕성의 창조를 의미하기도 하는 것이어서 사뭇 그 중요성이 더해진다.

그리고 바너드가 제시한 믿음 형성의 기능은 다음과 같은 내용을 포함하고 있다.[7]

'성공에 대한 믿음' · '회사가 잘되면 궁극적으로 개인적 욕구도 충족될 것이라는 믿음' · '공동의 목표는 개개인의 목표에 우선한다는 데 대한 이해와 믿음' · '충분하고 정직한 커뮤니케이션에 대한 믿음' · '권한의 객관성과 성실성에 대한 믿음' 등이 그것이다.

바너드는 관리자는 항상 조직구성원들에게 자신이 믿음을 주고 있는가를 자문해야 한다고 말한 바 있는데, 이는 리더십 수행의 불가결한 요소이기도 하다.

그의 이론은 실무자나 학자들에게 새로운 접근법을 제시하긴 했지만, 전문경영인들에게 등한시되었다. 하지만 그의 지적들은 오늘날에 와서 기업의 약점으로 부각되고 있어, 바너드의 이론이 선견적이었다는 것을 시사하고 있다.

민츠버그의 경영자와 리더 역할론

관리자란 누구이며 무엇을 하는 사람인가라는 질문에 대한 해답을 처음으로 제시한 학자는 파욜이었다. 그는 관리자의 기능을 계획 · 조직 · 협조 · 통솔의 4가지로 정의하여 관리자에 대한 이해에 도움을 주었다.

이에 민츠버그(H. Mintzberg)는 1975년 〈매니저의 일(Manager' s Job)〉이라는 연구논문에서 관리자는 공식적인 일뿐만 아니라 비공식적인 일을 더 많이 수행한다는 주장을 펼쳤다. 이것이 바로 새로운 전문경영인 역할론의 시작이었다.[8]

민츠버그의 이론은 전통적인 경영기능론에 대한 수정이론이며, 그가 연구한 전문경영인들이 실제로 어떠한 일을 수행하고 무엇이 그들에게 중요한 역할인가에 대한 실증분석에 기초한 것이었다. 민츠버그는 그의 연구를 통해서 경영자의 역할을 10가지로 구분하였는데, 이는 이는 크게 '대인관계 역할(interpersonal role)' · 정보적 역할(informational role) · 의사결정 역할(decisional role)과 같이 3가지의 주요개념으로 나뉘어질 수 있다.[9]

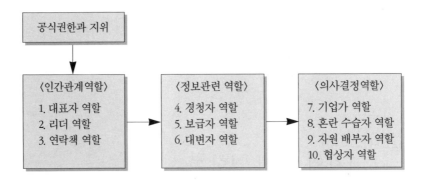

〈그림 6-1〉 민츠버그의 최고경영자의 역할

우리가 일반적으로 알고 있던 경영자의 업무는 실제와는 상당한 거리가 있다는 것이 민츠버그 연구의 결과이다. 대부분의 기존 연구들은 사전에 계획된 경영자의 활동 내용을 중심으로 직무를 불완전하게 보여 주었다. 그러나 민츠버그는 이러한 한계점을 극복하기 위하여 관찰법을 사용하여 경영자의 행동을 규명하고자 노력하였다.

민츠버그가 주장하는 경영자의 10가지 역할이 각각의 범주에 어떻게 포함되는가는 〈그림 6-1〉에서 제시하고 있다.

인간관계 역할

대표자 역할(figurehead role) : 경영자는 조직을 대표하는 사람으로서 주어진 조직계층상의 권한과 지위를 바탕으로 의례적인 기관장 역할을 수행해야 한다. 예컨대 회사를 찾는 귀빈들에 대한 접대나 대내외적인 공식 또는 비공식 행사에 참석하고 규모에 관계없이 공적 또는 사적인 행사에도 성실히 참석하는 것이 일상화되어야 한다.

리더 역할(leader role) : 경영자가 리더로서 해야 할 역할은 직원의 채용 및 훈련과 인력 통솔을 들 수 있다. 여기서 인력 통솔은 공식적인 권위에 의한 권위적인 힘 이상의 영향력을 미쳐야 하는데, 이는 리더십의 역할 기능에 기인하는 가장 중요한 경영자의 통솔기능이다.

연락책 역할(liaison role) : 최고경영자는 인간관계의 조직망을 개발하고 유지하는 책임을 져야 한다. 성공적인 최고경영자는 코터의 《일반관리자론》에서 강조한 광범위한 인간관계 조직의 구축과 그 연락책으로서의 역할을 수행해야 한다. 민츠버그의 연구결과에 의하면 우리의 인식과는 달리 최고경영자의 역할 중 대외적 접촉과 연락책으로서의 역할이 상당한 비중을 차지하고 있다.

정보적 역할

경청자 역할(monitor role) : 이 역할은 정보에 대한 민감성과 정보수집 역할을 말하는 것으로서 환경변화에서 정보를 예의주시하며 경청하고 감시함으로써 중요한 자료를 신속히 입수하고 분석하는 역할을 말한다. 이는 정보통신이 발달된 현대사회에서 신속성과 정확성을 중시하면서 업무를 수행하는 능력을 말하는 것이다. 이러한 목적의 활동으로는 보고서와 메모를 읽는 법, 회의나 브리핑에 참석하는 것, 현장시찰 등이 포함된다.

보급자 역할(disseminator role) : 정보의 입수, 소화를 통한 중요한 정보자료를 해당 부서에 지체 없이 전달해 줌으로써 유용한 가치로 전환시키는 역할을 말한다.

대변자 역할(spokeman role) : 기관장의 역할에 부가하여 회사를 대표해서 대외적으로는 대변자로서의 역할을 수행해야 한다. 즉 회사의 이익을 비롯해서 해당 기관과의 의견 조율과 진정 등을 위시해서 산업계의 대변자로서의 역할이 요구된다는 것이다.

의사결정 역할

기업가 역할(entrepreneur role) : 이는 조직개혁 내지는 혁신자(innovator)로서의 역할이 최고경영자들의 일상적 역할이 되어 가고 있음을 의미하는 것이다. 즉, 변해가는 환경에 대응하면서 창조적 변화를 통해서 꾸준히 혁신하는 일을 경영관리자들이 행해야 한다는 것이다. 아울러 한 회사는 한 가지의 혁신적 프로젝트에 국한하지 않고 여러 개의 혁신적 과업을 동시에 수행할 수 있어야 하며 사내기업가의 창출의 역할도 소홀히 하지 말 것을 요구하고 있다.

혼란 수습자 역할(disturbance handler role) : 최고경영자가 환경변화에 적극 대응하기 위해서 창조적 변화를 추구함은 물론 예상되는 압력에 대처하는 여러 가지 대책을 강구해야 한다. 그리고 문제해결을 통해서 부정적 요인들을 흡수, 통제하는 기능적 역할을 수행해야 할 것이다. 예를 들면 노사간의 갈등요인과 고객 및 하청업자의 파산 등에 대한 처리를 말한다.

자원 배분자 역할(resource allocator role) : 경영자로서의 관심은 회사의 장기적 전략과 단기적 목표의 달성을 위해서 제한된 자원을 적절히 효과적으로 활용하는 역할을 말하는 것으로, 우선순위의 중요성, 시간계획 등을 고려하여 자원을 적절히 조절하고 할당해 주는 역할을 말한다.

협상자 역할(negotiator role) : 민츠버그의 연구에서 발견된 특이한 사실은 경영자들이 상당한 시간을 '협상자' 로서 보내고 있다는 점이다. 즉, 이해관계가 상충되는 수많은 사람들의 고충과 요구를 알고 그 해결을 위해 설득과 대안 등을 제시함으로써 갈등을 해소시키거나 양보를 얻어내는 기술을 습득한 사람들이라는 것이다.

민츠버그의 역할론에서 주목할 만한 점은 종전에 등한시되어 왔던 '기업가 역할'이 부각되었다는 점이다. 이는 기업의 성장과 발전을 위해서는 전문경영자가 기업가정신을 발휘해야 하며, 우수기업의 창출 역시 기업가의 역할의 하나라는 점을 지적하고 있는 것이다.[9]

기업가다운 역할이란 꾸준한 개선 및 이노베이션을 강조하는 역할 행위로서 이는 사내기업가정신의 중요성과 실천을 요구하고 있다. 구체적으로는, 새 상품의 개발, 새 시장의 개척, 새로운 생산수단 및 절차의 개발, 새로운 조직변신 또는 개발(Organizational Development : OD)이 지속적으로 꾸준히 연구되고 실천되어야 한다. 아울러 리더에게 요구되어지는 역할은, 개발 프로젝트의 육성과 환경변화에 적응하려는 전략의 변화수정 및 조직의 개혁적 변신, 모험사업 투자자금의 확보, 자발적 개혁의 추진이다. 이와 더불어 꾸준한 변신을 리더가 지속적으로 주도할 것을 요구하고 있다.

파욜의 경영기능론이 '전문경영인의 협동 없이는 우수기업의 창출이 불가능하다'는 주장을 펴고 있는데 반하여, 민츠버그는 전문경영인 전성시대에 '전문경영인이 기업가행위와 역할을 수용 및 수행한다'는 것을 실증하는 역할론을 제시했던 것이다.

기업가와
전문경영인의 분리론

기업가와 최고경영자(전문경영인)는 비즈니스 리더, 즉 경제계 지도자와 동의어로 사용되고 있다. 그러나 탈 전문경영인 시대의 개막을 가져오는 데 공헌한 경영학자들은 일찍이 관리자와 리더의 분리론을 주장하여, 그 대표적인 이론의 주요 요소를 제시했으므로, 그들의 공헌은 적절히 평가되는 것이 옳다고 본다.

더욱이 분리론자들은 리더를 기업가로 간주하고 있으며, 특히 자수성가형 기업가보다는 현대 사내기업가의 특질들을 제시하고 있다. 이러한 견지에서 앞으로는 기업가도 자수성가형 기업가와 사내기업가로 나누어 최고경영자의 기업가정신에 대한 분리 연구를 할 필요성이 있다.

기업가의 기본적 자질은 비즈니스 리더십과 다를 바 없고, 다만 차이를 둔다면 현대 경영학에서 '관리자'와 '리더'의 특성 분석·비교에서 보이는 특성을 참고로 하여야 할 것이다. 따라서 기업가 자질 특성은 비즈니스 리더 자질론에서 연구되어 온 기본 자질면에서 공통적인 특징을 가지고 있다고 전제하고, 1980년대 이후에 일어난 기업가와 관리자들에 대한 분리이론가들의 세분적인 분할특성을 추가하여 현대적 기업가의 확장된 특성으로 이해하는 것이 옳을 것이다.

자수성가형 기업가와 전문경영인

샤인(E. Schein)은 창업적 기업가는 기업문화 창조의 주역으로서

	자수성가형 기업가	전문경영인
동기 및 감성지향성	· 성취지향성 · 자기중심, 즉 자신의 체면 그리고 강한 명예욕 · 높은 자율성, 애사심 · 자발적 모험성 수용	· 통합, 생존, 성장지향 · 권력과 영향력 지향 · 조직지향, 회사중심 · 조직과 부하발전에 더 관심 · 전문성이 충실 · 위험부담에 보수적
분석적 경향	· 직감적 - 자신의 직감을 믿는 것 · 장기적 안목 · 전체성(holistic)	· 분석적 · 단기적 안목 · 세부적 특수성
인간관계	· 각별성(paternalistic) - 개인들로서 사람을 보는 경향 · 인사 및 정치성 · 가족, 친척 우대 · 권위적 · 감성적으로 참을성 부족, 실증을 잘 냄	· 일반성 · 탈 인간성 및 합리성 · 참여 및 부권위임 · 가족, 친척 무관 · 탈 감정성, 인내심 그리고 꾸준함
조직 직분의 차이	· 소유주의 특권과 위험성 수용 · 확고한 자기자리의 고수 · 높은 가시적 대상 · 일가 친척의 지원 · 가족 인척 우선주의 · 약한 부하, 일인통치	· 적은 소유권과 열세한 특전 및 위험성 · 보장되지 않는 직분 - 계속적인 보완 노력 · 단독행위 또는 가족 인척 외에 지원을 구함 · 가족 인척 무관 · 강한 상관

기업의 조직문화[10]에 지대한 영향을 미친다고 주장하였다. 그는 자수성가형 기업가의 특성연구에서 전문경영인(매니저)과의 분리이론을 〈표 6-1〉과 같이 설명하고 있다.

분리이론에서는 자수성가형은 기업가 1세와 창업공신으로서 전문경영인(소유주가 아닌)들과 직분과 성격적 특성면에서 확연히 다르다고 주장하고 있다.

이 이론의 공헌이라고 한다면 자수성가형 기업가는 대규모의 기업으로 성장·발전하는 과정에서 많은 문제를 야기할 수 있다고 지적하고 있다는 것이다. 또 과거 기업발달사 연구에서 흔히 보는 창업독재형 과업지향의 리더십이 일으키는 문제들의 원인을 규명하는 데도 도움을 주고 있다.[11]

기업가 중심 기업문화와 경영자 중심 기업문화

근래 탈 전문경영인 시대의 경영은 현대적으로 확장된 기업가정신을 강조하면서 분리이론의 중요성을 강조하기 시작하였다.

이에 젤즈닉(A. Zaleznik)의 '전문경영인—리더 차별론'[12]을 살펴볼 필요가 있다.

젤즈닉은 전문경영인과 리더는 근본적으로 다른 유형이라고 주장해 온 대표적인 조직행동학자로서, 그의 차별론의 초점은 전문경영인들의 결함이 리더십 결핍에서 오고, 상상력이나 개혁추진력 면에서 더욱 문제가 있다고 주장한다. 젤즈닉은 그의 저서 《관리의 신비 (The Managerial Mystique)》에서 경영과 리더십의 분리론을 주장하면서 전문경영인(manager)와 리더(leader, entrepeneur)의 근본적인 차이에 대해서 설명하고 있다.

전문경영인과 리더의 차이는 전문경영인과 기업가의 개념 간에서 더욱 뚜렷하며, 다음과 같은 기본적 차이가 있다.

조직목표에 대한 태도

경영자는 목표설정을 필요성(necessity)에 두고 조직문화와 역사를 중요시하는 수동적 태도를 취하고 있다. 즉, 경영자는 시장전략을 고객의 요구에 순응하는 데 역점을 둔다는 것이다. 그러나 리더는 이와 대조적으로 스스로의 능동성과 욕망, 그리고 창의와 진취성을 가지고 목표설정을 하며, 사람들의 의식변화에도 영향력을 행사하려는 적극성을 보인다. 마치 발명가가 시행착오를 겪으면서 새로운 것을 만들어 내는 창의성과 모험감수성을 가지고 있듯이, 리더에게 기업가정신이 더 충만하다고 볼 수 있다.

일에 대한 개념

경영자와 리더는 자기 일에 대한 관점에 있어서도 차이를 보인다. 경영자는 자신의 일에 대해 관리기능을 통하여 여러 사람들의 의견과 이해 등을 조절하고, 자신에게 주어진 상벌 수단을 적절히 활용하여 협동적으로 일을 성사시키는 것으로 본다. 반면에, 리더는 새로운 아이디어와 새로운 방법을 연구해 단기적인 문제보다는 먼 장래를 준비한다. 그리고 미래지향적인 모험감수성을 가지고 문제를 해결해 나가는 창의성과 혁신에 보다 큰 가치를 주는 것이 자신의 일이라고 생각한다.

인간관계

협동관계를 중요시하는 경향은 경영자의 특질이다. 더욱이 업무상의 협동에 치중하고 인간적 감정을 극도로 제한하는 특성은, 합리성이나 규칙 지상주의에서 오는 관료적 특성을 보여 주고 있다. 리더는 보다 직감적이면서도 타인을 이해하는 인간적 감성이 더 강하다. 그리고 전문경영인은 어떻게 일을 성취시키는가에 관심을 가진다. 반면 리더는 무엇이 더 중요한가에 치중한다는 점에서 차이를 보인다.

자신에 대한 감정

전문경영인은 간략하게 말해서 보수성이 강하고 일종의 '타고 난(once-born)' 성품의 소유자라고 할 수 있다. 반면, 리더는 독자성이 강하고 자유를 갈망하며 소위 '거듭 난(twice-born)' 성품의 소유자로서 변혁지향성이 강한 사람이다. 이 차별론은 전문경영인이 리더가 아니라는 이론이지만, 원천적으로는 전문경영인의 특질과 기업가의 특질을 차별화하는 이론이라고도 할 수 있다. 이러한 분리론은 탈경영자 시대에서 기업의 르네상스 시대로 변천하는 새 세계의 움직임을 반영한 새로운 이론이다.

이러한 분리이론의 또 다른 접근은 맥코비(M. MacCoby)의 '게임즈맨(Gamesman)' 개념을 들 수 있는데, 여기서는 현대적 기업들에 공헌하고 있는 경영관리자들의 분석을 통하여 회사인간(company man)과 승부에 도전하는 도박사의 유형 등 4개 유형의 경영관리자론을 논하고 있다.

이러한 접근이론은 코터의 일반관리자(general manager) 이론과도 같은 명맥을 유지하고 있다. 코터는 경영관리자나 기업가 모두가 비즈니스 리더라는 기본적 공통 특성을 바탕으로 하고 부가적 특질 분리이론을 제시하는 접근이론들의 하나라고 보는 것이다.

이러한 전문경영인－리더의 분리이론에서는 현대 경영혁신이론의 핵심 중 하나를 탈 전문경영인 움직임으로 보고 있다. 이것은 20세기 초의 경영학 발전 초기의 기업가정신만으로는 우수기업을 만들 수 없다는 시대적 산물인 경영학(즉, 파욜 정신이었던 것)과 비교되는 것이다. 기업가의 개념은 전문경영인이 필요하다는 시대적 요구에 맞추어 실증적 응용학문으로 대두되었던 고전적 경영학 이론에서 이제는 전문경영인만 가지고는 우수기업을 만들 수 없다는 21세기의 신경영학으로 변천해가고 있다.

톰 피터스는 전문경영인 특성의 핵심적 가치가 다음과 같이 리더의 가치로 변신(transforming)해 나가는 기본적 변혁이 현대 경영혁신이론의 주요 요소라고 주장하고 있다.

해방경영 이론에서 주장하는 새로운 기업문화 요소인 전문경영인의 변신은 리더의 핵심적 가치가 되어야 하며, 그 변신과정을 설명하면 〈표 6-2〉와 같다(여기서도 리더는 기업가와 동의어로 사용된다고 해석된다).

이러한 비교·분석에서 알 수 있듯이 그동안 전통적 매니저인 전문경영인이 기업가를 대신하여 산업사회를 건설하는 데 공헌하였다. 뿐만 아니라 미국 산업발달사에서도 보아 왔듯이 전문경영인이 산업사회의 보이는 손(visible hand)으로서의 새로운 지도자가 되었다. 그러나 21세기의 변화는 또 다시 기업가, 즉 현대적 기업가들이 주도해야 한다. 즉, 새로이 확장된 기업가정신을 발휘하는 리더가 요구된다는 것이다.

<表 6-2> 전문경영인과 리더의 핵심적 가치

전문경영인의 핵심적 가치	리더의 핵심적 가치
1. 규정위주의 합리성 경영	1. 창의적, 현장주의 가치 위주의 리더십
2. 유능성(competence)	2. 위대성, 변화의 모험심
3. 효율성(efficiency)	3. 효과성(effectiveness), 사내기업가정신, 자율성
4. 직위 엔지니어링, 분업, 전문화, 단순화	4. 직위확대 및 다종화팀 및 과업의 다변성 전문 화와 보편화 공유, 다변성과 직종, 질적 향상, 장기지향
5. 단기지향	5. 장기지향
6. 경제적 인간상	6. 복잡한 인간상

　　기업가의 주요자질을, 앞서 연구·분석된 바와 같이 기본적 리더 특성론과 부가적인 전문 자질로 구별하여 고찰하였다. 이것은 기업가는 기본적으로 비즈니스 리더라는 특성으로서 검토되어야 한다는 점과 근래에 와서 전문가적 자질에 크게 관심을 갖게 됨으로써 부가적 자질로 포괄적인 신자질이론의 등장을 예견하고 있다.

　　그러나 이는 기업가 자질이 따로 없다는 말이 아니다. 특히 모험감수성과 창의적 비전만큼은 기업가의 중요한 특성이 된다. 그리고 한때 활발했던 '기업가 연구' 과정에서 밝혀진 기업가의 가치가 비즈니스 리더 자질의 부가적 특성이라는 점을 상기할 필요가 있다. 예를 들어 앞에서 인용한 연구문헌들이라든가, 하버드 대학교의 스티븐슨(Stevensen)과 굼퍼트(Gumpert)의 연구논문은 흥미 있는 기업가 자질의 일면을 우리에게 소개하고 있다. 여기서는 기업가의 정신 특질과 행정적 정신 특질의 차이점을 강조하고 있는데, 맥코비(McCobby)

의 '도박꾼 근성(gambler's mentality)'을 강조하는 것은 리더 자질에서 기업가 특질이 부가되어야 한다는 뜻이다.

특히 모험감수성의 성격은 기업가의 고전적인 본질적 특성이며 성취지향성이나 리더십 특성 이외에도 기업가의 본질적 특질에 부가되어야 한다.

전문경영인(매니저)과 리더는 다르다는 차별이론을 정리해 살펴보면 다음과 같다.

첫째 전문경영인이 모조리 리더가 되어야 한다는 것, 둘째 기업가정신을 발휘하는 기업문화, 즉 모두가 사내기업가나 리더가 되라는 것이다.

전문경영인─리더 분리이론가들이 주장하는 리더 개념은 사내기업가의 특질이론이라고도 할 수 있다. 그러한 분리이론의 중요한 지적 중 하나는, 19세기 기업가 주도의 산업국가 발전 초기에 전문경영인의 도움 없이는 우수기업으로 발전·성장할 수 없었다는 것이다. 이는 파욜리즘 경영관리의 기능이론의 공헌과 비교되는 새로운 혁신이론의 등장으로 새로운 경영학의 등장의 요구에 공헌했다고 볼 수 있다. 즉, 오늘날의 전문경영인만으로는 새 시대 새 세상에서의 세계적 우수기업을 만들 수 없다.

전문경영인 주도의 대기업, 재벌기업의 관료조직지향 시대는 막을 내려야 한다는 이러한 주장들은 후기 또는 탈 전문경영인 시대의 개막을 의미한다. 새로이 확장된 기업가정신을 발휘하는 리더가 요구된다. 따라서 전문경영인─리더의 분리이론에서 주장하는 것은 모든 사람이 리더가 되고 기업가정신을 발휘하는 새로운 기업문화의 창출과 조직발전의 핵심이 되어야 한다는 것이다. 또한 우수기업을 만들기 위해서는 기업가와 전문경영인은 서로를 필요로 하는 동반자적 리더가 되어야 한다.

끝으로 특성이론의 공헌을 살펴보면서 얻는 중요한 결론의 하나는 누구나 기회를 만들어 내면 리더가 될 수 있다는 것이다. 리더는 태어나는 것이 아니고 꾸준한 교육과 훈련을 통하여 양성된다. 그리고 인재양성을 위해서는 장기적인 시각과 노력이 필요하다.

일본의 오우치 교수는 전후 일본을 부흥시켜 경제대국으로 만든 근본적 비결의 하나로《Z 이론(Theory Z)》의 공헌을 들었다. Z 이론은 인본주의 경영이론으로 그 기본 개념은 생산성 향상은 사람에 달려 있다는 것이다. Z 이론에서는 시너지(synergy)효과를 얻고 효율성 있게 집단의 구성원들을 이끄는 3가지 집단 활력소를 지적했는데, 그것은 집단 속의 '인간들의 믿음과 신뢰(trust)'·'상호간의 긴밀한 커뮤니케이션과 대화의 정묘성(subtlety)'·'사람들간의 정교성(intimacy)'이다. 또한 이에 바탕을 둔 기업문화를 "Z 기업 문화"라고 한다.

이 Z 이론의 핵심은 조직을 관료조직으로 보는 전통적 개념에서 벗어나서 '조직은 인간 집단이며 협동적 조직체이다'라고 보고 있다. 따라서 집단인간(organization man)의 집단지향적 결속력에 기본이 되는 집단제일주의의 소속의식(confirmity)과 집단이익 지상주의를 추구하는 조직인간의 개발이 선행조건이 되어야 하고, 따라서 기업이나 회사에 대한 충성심(loyalty)을 갖는 '회사사람 만들기'를 통해서 기업의 성공을 가져 온다고 주장하고 있다.

176

앨프레드 슬론
- 능률경영의 공헌자

미국 기업발달사에서 찾아볼 수 있는 훌륭한 전문경영자로서 제너럴모터스의 앨프레드 슬론(Alfred Sloan) 회장을 들 수 있다. 슬론은 전문경영인들이 우수기업 창출의 실질적 리더라고 주장하는 데 근거를 제시해 온 인물들이다.

슬론 회장은 창업가인 듀랜트(William C. Durant)의 뒤를 이어 파산 직전의 제너럴모터스를 회생시켜 세계적 일류 기업으로 발전시킨 모범적인 전문경영인의 전형이라고 볼 수 있다. 그가 제너럴모터스를 소생시킨 배경과 과정을 살펴보자.

1908년의 회장이었던 듀랜트는 뷰익 자동차를 모체로 제너럴모터스를 설립하였다. 그는 1년에 100만 대의 자동차가 생산되는 자동차 시대가 올 것을 예측했던 진보적인 기업가였다.[13] 듀랜트는 1911년에 시보레 자동차를 개척해 도입하고 이미 흡수하고 있던 올즈 모빌과 캐딜락을 포함한 25개 회사를 흡수합병하면서 제너럴모터스를 발전시켰다. 그러던 중 경영관리에 실패하여 1910년에 사장직을 사임해야 했다. 5년 후에 다시 사장직에 복귀하긴 했지만,[14] 1920년 제너럴모터스를 완전히 떠나게 되었다.

사업확장에 열을 올리던 제너럴모터스는 경제적인 불경기에다 통제경영상의 실패까지 겹쳐 1920년의 17%이던 시장점유율이 1921년에는 12%로 하락하고 있었다. 당시 제너럴모터스의 사운(社運)은 다해 가고 있었다.

이러한 어려운 시기에 등장한 인물이 바로 앨프레드 슬론이었다.

슬론의 성장배경을 살펴보는 것은 슬론을 이해하는 데 상당한 도움이 될 것으로 생각된다. 슬론은 1875년 뉴욕에서 태어났다. 그는 MIT 대학교를 졸업한 후에 전기기술자로 종업원이 25명밖에 안 되는 하이야트 롤링 베어링 사에 취직하였다. 하지만 회사가 부실해지던 시기를 틈타 하이야트 롤링 베어링 사를 자동차 부품공급회사로 재창업시킴으로써 동업자로 변신하였다. 그후 슬론은 포드를 위시한 유수의 자동차 회사들에 부품을 납품하는 업체로 자신의 회사를 성장시키면서 자동차 산업에 대한 이해를 넓혀 나갔다.

듀랜트 사장이 제너럴모터스를 확장시키고자 1916년 슬론의 하이야트 롤링 베어링 사를 1,350만 달러에 매입하면서 슬론과 제너럴모터스와의 인연이 시작했다. 이를 계기로 슬론은 유나이티드 모터로 명칭이 바뀐 이 회사에서 사장직을 맡게 되었다. 이 회사가 다시 1918년 제너럴모터스의 계열회사로 통합됨으로써 슬론은 비로소 제너럴모터스의 임원(이사)이 되어 사장단 회의에 참석하게 되었다.

슬론이 임원이 되던 시기의 제너럴모터스는 그다지 좋은 상황이 아니었다. 제너럴모터스는 과욕적인 투자에 상응하는 매출을 올리지 못하고 있었으며, 이로 인해서 자금난에 시달리고 있었다. 또한 불경기와 경쟁사인 포드 자동차의 가격인하 정책까지 겹쳐 결국에는 은행관리로까지 넘어가게 되었다. 이로 인해서 듀랜트가 물러나고 듀퐁(DuPont)의 뒤를 이어 1923년에 슬론이 경영관리의 총책임을 맡게 되었다. 그리하여 마침내 제너럴모터스의 새로운 성장과 발전의 역사가 시작되었던 것이다.

슬론이 최고경영자가 될 수 있었던 것은 그가 유나이티드 모터 사를 흑자경영하고 있었으며, 조직연구방안(organization study)을 제출하고, 이에 대한 창의적인 연구를 해 왔던 점[15]이 높이 평가되었던 것이다. 슬론은 당대에는 보기 드문 경영혁신을 주도하면서 듀퐁 회장의 신임을 얻을 수 있었던 것이다.

특히 그의 조직연구방안은 우수 대기업 만들기의 모델이 된 조직 이론으로서 분권화와 중앙통제의 절충을 시도한 대기업 조직관리 이론의 전형이 되었다.

그의 성공에는 경제적 호황의 영향과 자동차 시장의 확대도 있었다. 하지만 슬론은 분명 뛰어난 경영자로서 수많은 업적을 이루어 낸 인물이었다.

슬론은 최고를 자부하던 포드 자동차를 제치고 자동차 업계의 리더로 제너럴모터스를 올려 놓았다. 그의 이런 노력에는 혁신적인 창의력과 '우수기업 창출'을 위한 연구를 통한 분석적 두뇌, 그리고 합리성을 바탕으로 한 조직개혁안과 책임경영, 고객만족, 시장개척 정책, 다품종 생산 등과 같은 전략이 바탕이 되었다. 이로 인해서 제너럴모터스는 1930년대부터 오늘까지 최우수기업의 자리를 지켜 올수 있는 기반이 마련되었다.

드러커의 말처럼, 슬론은 1966년 세상을 떠날 때까지 기업의 발달과 경영학의 발전에 지대한 공헌을 한 전문경영인의 대표적 표본이다. 슬론은 일본의 마쓰시타처럼 미국 전문경영인들의 우상이다. 드러커는 후에 슬론의 자서전을 보고 자서전이라기 보다는 '전문경영자론'이라고 개칭하는 것이 좋겠다고 했을 만큼 그의 자서전에는 전문경영인의 요건이 적절히 기술되어 있다.[16]

슬론은 그의 자서전에서, 경영관리인은 전문직이며, 고객은 소비자와 기업이다. 그리고 경영자는 사실위주의 의사결정을 해야 하며,

사람을 편애하지 말고 정에 치우치지 말라는 점과 성과를 최우선하라는 점을 강조하고 있다. 또한 리더십은 카리스마가 아니며, 연극배우도 아니고 홍보담당도 아니며, 리더십에는 성과와 불변의 행위 그리고 신용에 대한 고려가 선행되어야 한다고 했다. 경영자는 심부름꾼이며, 따라서 특권의식보다는 책임의식이 강해야 한다고 했다.

해롤드 제닝
- G 이론의 창출자

슬론을 전통적인 전문경영인이라고 한다면 ITT(International Telephone & Telegraph)의 해롤드 제닝(Harold Geneen)은 근대적 전문경영인의 표본이라고 할 수 있다. 제닝은 무엇보다도 이윤극대화를 추구하여 수익성이 있는 사업은 모두 경영하는 재벌기업의 형성으로 명성을 얻은 전문경영인이다.

1910년에 태어난 그는 1979년 ITT에서 은퇴한 후에 자서전《관리업무(Managing)》을 발간하기도 했는데 〈헤럴드 트리뷴(Herald Tribune)〉지는 전문경영인의 새로운 상을 정립한 것이라면서 그와 그의 저술을 칭송했다. 제닝의 경영이론은 제닝의 첫자를 따서 'G 이론경영(Theory G management)' 라고 불리었는데, 성과제일주의 경영·목표관리 경영(MBO)·숫자 위주의 경영·불변의 진리에 근거한 사실주의 경영·점검과 통제의 경영·보상과 압력의 혼합·회의경영 등의 사항을 기본적 경영 개념으로 삼고 있다. 이런 개념의 정리만 보아도 제닝의 경영이론이 과업성과지향의 경영을 중요하게 생각하고 있음을 알 수 있다.

제닌에게서 볼 수 있는 특징적인 점은 재벌기업 시대의 전문경영 이론을 제시한 것이다. 당시의 기업가와 기업가정신은 과거의 자수성가형의 소유경영자 개념에서 벗어나지 못하므로 현대의 모험기업과 대기업 운영과는 근본적인 차이를 가지고 있었다.

제닌과 ITT의 관계를 먼저 살펴보는 것은 제닌의 개념을 이해하는 데 도움이 될 수 있다.

ITT는 1920년에 설립된 국제통신 사업체였다. 그러나 1959년 제닌이 전문경영인으로 영입되었을 때에는 국제통신 사업이 사양기에 들어갔고, 엎친 데 덮친 격으로 투자했던 쿠바의 통신시설 국유화와 동유럽의 통신사업 몰수 등으로 인해서 막대한 손실을 입고 있었다. 제닌은 이때 12만 달러의 연봉만을 약속 받고 ITT의 새로운 활로를 개척하는 막중한 임무를 맡게 되었다.

1959년 제닌이 취임 당시, ITT의 매출액은 불과 7억 5천만 달러였다. 그러나 ITT는 1977년에 그의 15배인 118억 달러의 매출액과 93개 국의 지사와 35만 명의 종업원을 거느린 거대기업이 되었다.[17] 그리고 제닌이 퇴임하던 1979년에는 ITT를 미국의 500대 기업 중 11번째라는 괄목한 만한 위치가 되었다.

이러한 뛰어난 업적을 일구어 낸 제닌은 전문경영인 중의 전문가라는 평을 들을 정도로 뛰어난 사람이었지만 개인적인 노력 또한 만만치 않게 했다. 사환 출신의 회계전공자였던 제닌을 야간학부에서 6년 동안 공부하여 학사학위를 따기도 했다.

제닌은 자서전에서 다음과 같은 의견을 피력하고 있다.[18]

"기업가는 24시간 일하며, 전문경영인은 12시간에서 16시간을 일한다."

"합병 및 통합 행위도 기업가의 행위라고 볼 수 있으며, 적절한 모험의 감수와 부실기업의 인수를 통한 우수기업의 창출은 전문경영인의 몫이다."

"주력기업에 전념하라는 원칙론은 부당하며, 대기업은 기업가의 창업이 어려운 만큼 기업외적 환경에 적절하게 대응해야 한다."

제닌이 가지고 있던 전문경영인의 딜레마는 현 기업조직의 파괴 없이 어떻게 기업가정신을 불어넣을 것인가였다.[19] 여기에서 우리는 제닌이 현대 경영혁신이론의 시대 이전에 살았던 실제 인물이었음을 느낄 수 있다. 제닌은 기업가와 기업가정신의 변천적 개념을 이해하지 못한 전문경영인이었다.

제닌이 주장하는 전문경영인의 역할은 그의 'G 이론'에 잘 나타나 있는데 그 사항을 요약하면 다음과 같다.

첫째, 경영관리가 기본적인 직분이다. 둘째, 의사결정을 내리는 일과 의사결정된 결과를 집행하는 일, 그리고 그 과정에서 사실주의와 정보를 얻는 일이 주된 역할이다.

이것이 바로 경영의 주된 과업이며 사명이라는 것이 제닌의 주장이다.

또한 제닌은 이를 위한 방법으로서 회의가 효과적이라고 주장하였다. 이유는 회의가 사업진도의 파악, 점검, 사실들을 얻어내는 데 적합하다고 생각했기 때문이었다. 따라서 제닌은 그의 경영의 80%를 회의에 의존했었다.

제닌이 주장한 경영관리상의 8가지 행동지침은, (1) 경쟁적이고 도전적인 목표의 설정, (2) 보상에 있어서 10% 정도를 후대함으로써 우수인재를 영입, (3) 자유스럽고 정직한 의사소통, (4) 사내의 정치행동 금지, 특히 자기선전과 자만행위의 억제, (5) 진정한 리더십은 개방정책, 자신감, 협동을 통한 효익을 추구하는 것이라는 생각, (6) 강한 일 중독성, 그리고 (7) 책상에는 늘 서류가 준비되어 있어야 하며, (8) 실패를 통한 배움이었다.

즉, 이상의 8가지 지침이 전문경영인들이 지켜야 할 기본적 수칙이자 그들의 과업이라고 제닌은 말하였다.[20]

제닌은 다종목 기업, 즉 소위 백화점식 기업 전략에 포함되는 정책들을 통해 성공을 했다. 그 전략을 구체적으로 살펴보면 다음과 같다.

첫 번째는 애트나 융자회사를 3천 9백만 달러에 매수해 운영했는데, 이로써 은행에 못 가는 가난한 사람들에게 융자하는 기업으로 발전시켰다.

두 번째는 독일의 테브스 자동차부품사의 매수운영한 것이다. 7천 5백만 달러 수준의 매출액을 20억 달러의 매출액으로 성장시켰다.

세 번째는 아비스 렌트카 회사를 인수해서 경영한 것이다.

네 번째는 보험회사, 호텔경영, 직업운동팀 및 흥행장의 경영 등과 같은 사업도 계열로 받아들였다.

이로써 돈이 될 만한 장사는 모두 하는 백화점식 경영체제를 갖추었다.

이러한 제닌의 매수확장 전략에 소비된 자본은 총 60억 달러에 달했으며, 약 350여 개의 회사를 매수합병, 매각하였고 이는 연평균 20여 개 회사를 매매한 셈이다. 제닌은 주가에 상당한 관심을 기울여 1960년대에 시작된 제닌의 다품종 종합재벌기업의 구축은 연간 주가 상승률 10%를 유지하였으며, 그 결과 14년반 동안 주가를 4배로 향상시킨 바 있다.

제닌의 이러한 노력은 오늘의 성장하는 ITT의 배경을 착실하게 구축시켜 왔던 것이다.

새 시대에는 새로운 기업전문화의 시대가 도래할 것이며 따라서 다산업 재벌기업을 주장했던 제닌 같은 전문경영인도 한계에 도달할 것이다. 제닌이 1979년 69세의 나이로 퇴임하고 그 뒤를 이어 아라스코그(Araskog)가 회장직을 맡았다. 그는 1995년에는 조직을 재편성하여 ITT를 전문별 기업집단으로서 독립적 기업으로 분산된 형태를 취하게 하였다. 아라스코그 자신도 축소된 한 기업의 최고경영자로 만족한 것은 흥미로운 기업발달 과정을 보여 주는데 오늘날의 소규모 경영의 추세를 앞서서 보여 주고 있다.[21]

비평가들은 제닌의 위대성은 전문경영인으로서 탁월한 이익 창출의 능력에 있다고 인정하고 있다. 하지만 제닌이 초우량기업을 형성하는 데에는 별다른 공헌을 했다고는 할 수 없다. 이는 슬론이 우수기업의 육성과 연속적인 발전을 유도했다는 점과 대비되는 부분이기도 하다.

이러한 두 경영자들의 사례에서 우리는 창업적 기업가가 주도하던 시대에서 전문경영인이 주도하는 시대로의 변천을 살펴볼 수 있을 것이다.

각 주

1) 이는 Koontz의 분류법에 의한 학파명칭이기도 하다. 그의 6개 학파분류는 다시 수정·확장되었다. ; Herold Koontz, "Making sense of management theory", 〈Harvard Business Review〉 1962년 7-8월호, pp. 24~48.

2) 기업가 플러스 개념이란 단순한 창업의 개념에다 다른 여러 가지 요소들이 성공을 위한 요인으로 작용한다는 점을 강조하기 위해 사용한 개념이다.

3) Henry Fayol, 《General and Industrial Management》 (revised ed.), (New York, N.Y. : Free Press), 1986.

4) Henry Fayol, op. cit., 1986.

5) Chester I. Barnard, 《The Function of the Executive》, (Cambridge, M.A. : Harvard University Press), p. 82., 1938.

6) Rensis Likert, 《New Patterns of Management》, (New York, N.Y. : McGraw-Hill), 1961.

7) Chester Barnard, op. cit., 1938

8) Henry Mintzberg, "The Manager's Job : Folklore & Fact", 〈Harvard Business Review〉 1975년 7-8월호, pp.49~61.

9) Henry Mintzberg, 《The Nature of Managerial Work》, (New York, N.Y. : Harper and Row), 1973.

10) Schein의 조직문화와 경영학의 기업문화는 동의어로 사용될 수 있다.

11) 보다 자세한 내용은 문원택·이준호·김원석, 《헨리 포드에서 정주영까지》, (서울 : 한언, 1998)를 참조할 것.

12) 기업가를 리더의 개념의 하나로서 볼 수도 있다. 그러나 이들은 사내기업가정신면에서 현저한 차이를 보인다. ; A. Zaleznik, "Manager and Leaders : Are They Different?", 〈Harvard Business Review〉 1977년.

13) 1908년에는 연생산이 6만 5천 대였다.

14) 1910년 사임했다가 1916년 다시 복귀하였다.

15) 이러한 조직연구에 따른 조직개혁방안은 이미 듀랜트에 의해 보고된 바 있었으나 받아들여지지 못하였다. 슬론의 조직개혁안은 장차 모든 대기

업의 모델이 되는 조직형태가 되었다.

16) Alfred Sloan, 《My Years with General Motors》, (Garden City, N.Y. : Doubleday, 1964).

17) ITT는 1977년에는 미국 500대 기업 중 9위의 순위를 차지했다.

18) Harold Geneen, 《Managing》, (New York, N.Y. : Houghton Mifflin, 1967), p.239.

19) Harold Geneen, op cit., p.238.

20) Harold Geneen, op cit., p.127.

21) 〈Washington Post〉 1995년 6월 20일자.

현대적 기업가와 민주형 리더십

혁신적 조직변신

기업가란 창업과 발명을 게을리 하지 않는 인물이다. 그러기에 과거의 과업지향적 리더십, 소위 창업독재형 기업가도 수용되었는지 모른다. 그러나 현대에 와서 기업가의 개념은, 우수기업 지향의 기업가정신을 보다 더 중요시하고 있다. 즉, '사람보다도 기업이 먼저 살아야 한다'는 개념은 '기업도 살고 사람도 산다'는 새로운 개념의 경영철학으로 대체되어가고 있다는 것이다. 이는 바로 '기업은 사람에 달려 있다'는 인본주의 경영의 핵심적 근본 개념이기도 하다.

공업화와 산업화의 역사는 한편으로는 인권의 평등을 실현시킨 민주화의 역사로도 볼 수 있다. 기업가들의 창의와 발명은 분명 물질적 번영과 부를 통해 생활수준을 향상시켜 주었다. 뿐만 아니라 사람들의 가치 또한 향상시켰다. 따라서 기업의 민주화, 즉 인본주의 경영과 삶의 터로서의 직장과 직업의 민주화는 새 시대의 리더들이 짊어져야 할 또 다른 과제가 되고 있다.

경영학 발달사의 입장에서 민주화를 이해하기 위해서는 인본주의 경영의 토대를 일구어 준 여러 연구의 접근법들을 이해할 필요가 있다. '호손 연구', '리더십 유형 연구' '리더십 수정 이론', 'Y 이론의 새 사람 개념', '민주형 리더십 이론', '사원제일주의', '변혁적 리더십(transformational leadership)' 등이 이에 대한 대표적 연구라 할 수 있다.

이제는 과업지향적 권위주의와 창업독재형 리더십을 대처하는 새로운 리더십이 있어야 한다. 즉, 새 시대의 기업들에게는 사람이 기업을 만들고, 이노베이션이 우수기업 창출의 기본요소라는 점을 기억하고, 변화하는 환경에 적응할 수 있는 민주형 리더십이 요구된다는 것이다.

과업지향적 창업독재기업가 록펠러

일제식민지 시대 때, 아이의 울음을 그치게 하려고 어른들은 "순사가 잡으러 온다."고 말하곤 했다. 이와 비슷하게 미국 동부의 펜실바니아 주에는 "록펠러가 온다."는 말로 아이의 울음을 그치게 했다는 일화가 있다. 미국의 대표적인 기업가인 록펠러(John D. Rockefeller)는 창조적인 창업독재기업가였으며, 동업자들도 벌벌 떨게 만들었던 석유산업의 황제였다.[1]

침례교 대학인 시카고 대학교를 설립하는 데 크게 공헌하기도 한 록펠러는 침례교 주일학교의 교장을 지낸 독실한 교인이었다.

록펠러는 당대의 모든 기업가들과 마찬가지로 기업제국의 형성, 즉 기업제일주의에 사로잡혀 자기 인생 전부를 그것을 위해 바친 전형적인 과업지향적 기업가였다. 그는 무자비한 경쟁의식과 총명한 머리로, 공격적인 전략을 구사함으로써 경쟁기업의 파멸시키거나 매수해 독점 기업제국을 형성했다.

록펠러는 잡화도매상으로 시작하여 동업자와 함께 정유소를 운영했다. 그러다가 스탠다드 석유회사(Standard Oil Company)를 설립하면서 석유사업에 본격적으로 뛰어 들었다. 그리고 스탠다드를 미국 석유시장의 90%를 점유하는 독점기업으로 성장시켰다. 그는 수학에 능한 경영자였는데, 석유 가격경쟁에서 유리한 고지를 점하기도 했고, 후에는 철도회사와 연합하여 철도운임을 조정하기도 했다. 스탠다드 석유회사가 우수기업이 될 수 있었던 것은 록펠러가 기업경영 합리화와 능률화에 심혈을 기울였기 때문이다. 그리고, 그가 창안하고 실천한 이노베이션 등은 오늘날 현대 경영학에서 다루는 내용이 되었다.

과학적 경영과
인본주의 경영

최신 경영혁신이론인 해머와 챔피의 《리엔지니어링 기업혁명》은 과거의 경영방식과 생산방식 모두를 완전히 새로 바꾸어야 한다고 주장하고 있다. 이들 두 학자의 주장에는 과거의 포드 자동차가 도입하여 엄청난 성공을 거둔 바 있는 대량생산 기법의 포기까지 포함하고 있다.

포드 자동차는 이노베이션을 통한 대량생산 방식으로 '모델 T'를 선보여서 1,500만 대를 판매했다. 대량생산의 놀라운 효과는 포드 자동차의 모델 T의 생산시간 단축에서도 확인할 수 있다. 포드 자동차가 대량생산기법을 채용하기 전 모델 T의 생산시간은 대당 12시간 30분이었다. 그러나 대량생산기법을 채용한 이후 꾸준한 성과향상을 거듭하여 1925년에는 매 20초마다 한 대씩 생산해 낼 수 있었고, 이로써 미국 자동차 시장의 50% 이상을 점유할 수 있었다.[2]

포드 자동차는 테일러의 과학적 관리원칙을 바탕으로 대량생산기법을 도입해 엄청난 이윤을 얻었으며, 근로자들 또한 경쟁기업 근로자들의 2배 이상이나 되는 '일당 5달러'의 급료를 받을 수 있었다.

당시 테일러리즘(Taylorism)으로 알려진 테일러(F. W. Taylor)의 과학적 관리원칙의 기본 개념은, '첫째, 합리성과 과학적 접근방법으로 생산성을 향상시킬 수 있다. 둘째, 높은 생산성은 높은 이윤과 높은 보상, 높은 이익분배로 근로자의 만족을 가져온다. 셋째, 이를 통해서 보다 높은 생산성을 얻을 수 있으며, 이로써 최대생산이 가능하다. 넷째, 이를 통해서 고무된 근로자들은 자진해서 서로 협동하고,

스스로의 과업향상에 매진하게 된다.'는 것이다.[3]

또한 테일러의 대량생산기법은 다음과 같은 구체적인 방법을 포함하고 있다.

첫째, 일의 표준화를 통해 생산공정을 세분하여 누구든지 간단한 훈련만 받으면 일을 할 수 있다. 둘째, 같은 일을 반복함으로써 그 직무에 대한 전문적 숙련공이 된다. 셋째, 이동조립 과정의 도입으로 자리를 옮겨다니지 않고 일을 할 수 있도록 하는 전문화·표준화·분업화는 기본 원칙이다.

하지만 현대 경영혁신이론들은 이러한 능률경영의 기본인 대량생산기법에 대한 완전한 재고(再考)를 요구하고 있다. 과거의 합리성이 쓸모 없는 시대가 된 것이다. 따라서 답습해 오던 과거의 생산방식도 모두 바꾸어야 한다는 것이 현대 경영혁신이론의 기본 개념이다.[4]

테일러의 과학적 관리론의 뒤를 이어서 호손 연구(Hawthorne studies)가 행해졌다. 하버드 대학교의 메이요(G. E. Mayo)교수를 중심으로 1927년부터 1932년에 걸쳐 실시된 이 연구는 미국 경영학 발전에 지대한 공헌을 하였으며, 인본주의 경영의 문을 연 획기적인 것이었다. 호손 연구는 생산성 향상의 요인을 찾아내기 위한 목적으로 일리노이 주 호손에 있는 웨스턴 전기회사의 전화교환기 조립공장의 여직원들을 대상으로 이루어졌다.

이 연구는 1932년에 이르기까지 5년 동안 3번의 실험을 통하여 당시까지 알려지지 않았던 인간적 요인들이 생산성에 미치는 효과를 발견하였다. 호손 연구의 결과를 간략하게 정리하면, '높은 임금(상대적 임금)'·'리더십 스타일'·'소집단'·'새로운 과업'·'일에 대한 흥미'·'상사의 부하에 대한 관심' 등이 생산성에 영향을 미친다는 것이다. 여기에서 뒤의 3가지 요인들은 '호손 요인(Hawthorne factor)'라고 불리고 있다. 즉, '새로운 과업'·'일에 대한 흥미'·'상사의 부하에 대한 관심'은 1990년대 이후에 중점적으로 거론된 소규모 기업의 활력경영의 근거가 되었으며, 팀조직, 현장주의 리더십 등의 기초를 형성하는 의미 있는 요인들이다.

무엇보다도, 피실험자들이 과업지향적 리더십 스타일보다는 참여적 민주형 리더십 스타일을 선호하며, 이런 민주형 리더십은 자발적으로 열심히 일하는 데 기본이 된다는 것을 발견한 것이 호손 연구의 의의라고 할 수 있다. 즉, 생산성을 높이는 것이 분업화와 전문화에만 있는 것이 아니며, 새로운 일에 대한 흥미와 상사의 애정 또한 일의 개념으로 전환되어야 할 필요성을 호손 연구는 제기한 것이다.

또한 소집단의 응집력이 생산성에 미치는 영향을 비롯해 상의하달식의 통솔보다는 참여와 지도의 감독 스타일이 효과적이라는 것 등이 주된 분석 내용이었다. 이는 오늘날 요구되어지는 팀 중심의 조직구성과 비공식적 인간관계를 효과적으로 운영하여 조직의 활성화를 이룰 수 있다는 활력경영의 기초를 다진 것이다. 그런 의미에서 호손 연구는 리더십 수정이론의 서막을 연 것으로 평가받고 있다.

새 시대에는 고전적 기업가들의 '내 기업 내 마음대로'라는 독재적인 경영 스타일을 수용하던 시대는 이제 막을 내리게 되었다. 이러한 새로운 리더십 접근이론은 '리더십 수정이론(leadership revisionist theory)'라고 부르며 일인지배의 권위형 과업지향적 리더십에서 2차원적인 리더십 이론으로의 이행을 촉진한다. 그리고 이를 통해서 리더십에 대한 유형연구가 탄생되게 되었다.

리더십 유형 연구
- 리더십 수정이론

이 리더십 수정이론의 핵심은, 과업지향형 리더십은 변화와 수정이 필요하며, 인본주의적인 집단응집력(cohesiveness)이나 부하의 성격 등에 따라 리더십의 효과성(leadership effectiveness)을 고려해야 한다는 것이었다. 다시 말해서 과업성취는 사람에 대한 배려와 각각의 개인에 적합한 리더십 스타일을 적용할 때 리더십의 효과가 향상된다는 것이다.

집단역학의 거두인 커트 르윈(Kurt Lewin) 등이 주도한 '아이오와 대학교의 실험'과 '오하이오 주립대학교 연구팀'이 실시한 리더십 행위의 효율성 연구 그리고 미시간 대학교 사회연구소의 리커트(R. Likert) 등이 실시한 '생산성 연구'가 바로 리더십 수정이론에 속하는 대표적인 연구들이다.

이들 연구가 리더십 개념의 이해에 대해 기여한 점은 다음과 같다. 과업지향적 리더십은 그 효과성에 한계가 있으며, 인본주의 리더십 스타일은 상당히 유효하다는 것을 지적한 점이다. 따라서 과업과 인본주의를 결합한 민주지향적인 2차원적 리더십 스타일이 요구된다는 것이다. 그리고 인본주의 리더십 스타일은 부하를 보다 더 배려하며, 참여를 이끌어내는 자율성을 지녀야 한다는 것이다.

이들 연구는 사람은 일을 싫어하기 때문에 명령과 감독의 리더십이 유효하다는 전통적인 리더의 의식 전환을 요구한다. 그리고 과거의 '당근과 채찍의 전략' 같은 방법에 의해 사람을 이끄는 것 보다는 스스로 동기부여할 수 있도록 함으로써 높은 성과를 이끌어 낼 수 있다는 것을 일깨워 주었다. 결국, 이들이 주장하는 것은 민주지향적 리더십(democratic leadership)이다.

'새 사람' 이론과 민주형 리더십론

'Y 이론'은 기존의 'X 이론'에서 벗어나 사람을 인간으로서 인식하는 인본주의 경영의 필요성을 제시한 이론이다. 다시 말해서, 기업가들도 기업과 직원에 대한 공부가 필요하고, 세상을 바라보는 식견을 키워 나가야 하며, 인본주의적으로 사람을 이끌어야 한다는 것이다. 또한 이를 통해서 비로소 민주형 리더십이 탄생된다는 논리이다.

이러한 주장은 기존의 부하를 단순히 '머슴'으로 파악하던 '윗사람-아랫사람' 식의 의식에서 사람들은 '평등하고 유능한 인간'으로서 바라보는 시각의 시대적 요구를 반영하는 것이다.

Y 이론의 새사람 이론

매슬로(A. Maslow)의 인도주의 심리학의 영향을 받은 맥그레거(D. McGregor)는 매슬로의 '동기유발 5단계론'의 적용에 힘써 왔다.

X 이론	Y 이론
1. 일이란 원래 대부분의 사람에게 있어서 하기 싫은 것이다.	1. 일이란 작업조건만 잘 정비되면 놀이를 하거나 쉬는 것과 같이 극히 자연스러운 것이다.
2. 대부분의 사람들은 야망이 없고, 책임지기를 싫어하며, 지휘 받기를 좋아한다.	2. 조직목표를 달성하는 데는 자기통제가 불가결하다.
3. 대다수의 사람들은 조직문제를 해결하는 데 창의력을 발휘하지 못한다.	3. 조직문제를 해결하기 위한 창의력은 누구에게나 있다.
4. 동기부여는 생리적 욕구나 안전욕구의 계층에서만 가능하다.	4. 동기부여는 생리적 안전욕구의 계층에서는 물론 사회적 존경, 자기실현의 욕구에서도 가능하다.
5. 대다수의 사람들은 엄격히 통제되어야 하고, 조직목표를 달성하기 위해서는 강제적인 요소가 필요하다.	5. 사람은 적절하게 동기가 부여되면 자율적이고 창의적으로 일에 임한다.

▶ 자료 : P. Hersey & K. Blanchard, 《Management of Organizational Behavior》, (Englewood Cliffs, N.J. : Prentice-Hall, Inc., 1982), p.49.

이에 'X 이론—Y 이론'을 주장하게 되었는데, 이 이론은 인본주의 경영의 핵심을 이루게 되었다.

맥그레거는 인간성과 동기부여에 대한 올바른 이해를 바탕으로 리더십을 발휘하고, 관리해야 한다고 생각하였다. 그래서 그는 인간은 본질적으로 게으르거나 신뢰할 수 없는 것이 아니라는 가정을 가지고 적절한 동기부여를 하는 것이 바로 인간을 창의적이고 자유롭게 하는 것이라고 했다. 또한 맥그레거는 이것이 바로 관리자가 가지는 기본적인 역할이라고 주장하면서 개인이 잠재능력을 발휘할 수 있는 새 길을 열었다.

맥그레거의 'X 이론—Y 이론' 이 보여주는 인간에 대한 두 가지 가정의 차이는 〈표 7-1〉과 같다.

여기에서 현대의 이노베이션이나 창의는 X 이론적 가정에서는 불가능하며, 따라서 현대의 기업가들이 지녀야 할 것은 Y 이론적 가정이라는 것을 알 수 있다. 산업민주주의 사회에서의 성숙한 기업이란 서양의 능률적 경영, 즉 과학적 관리와 기계문명에 부가해서 동양의 인본주의적 활력경영의 융합을 통하여 사람들에게 직장을 '삶의 터' 라고 생각할 수 있게 하는 곳이다. 아울러 이러한 '보람의 일터' 로 변모시키는 인재 경영이 시대적 요구이다.

즉, 우수기업 창출뿐만 아니라 사람들을 성숙 · 발전시키고 변신시키는 것 역시 기업가의 중요한 책무임을 인식시키고 있는 것이다.

민주형 리더십 이론

현대의 리더십 스타일 연구에서는 과업지향 권위주의적 리더(autocratic leader) 유형은 민주형의 리더 유형으로 변신하여야 한다는 것에 초점을 맞춰 왔다. 다시 말해서, 과거의 극단적인 권위주의 유형은 지양되어야 하며, 인본주의 경영과 과업의 조화를 이루는 것이 기업가의 주요한 과제가 되었다.

이와 관련하여 탄넨바움(R. Tannenbaum)과 슈미트(W.H. Schmidt)는, 단순하게 권위형 리더십과 민주형 리더십 둘 중의 양자택일할 것이 아니라, 많은 요인들을 고려하여 다양한 리더십 유형이 선택되어질 수 있다고 했는데 이것이 바로 리더십 스타일의 연속선 이론(The Continuum Theory)이다.[5]

민주형 리더십의 5가지 기본요소

앞서 우리는 새 시대의 새 경영에서는 창업행위 못지 않게 우수기업 육성이 중요하다는 것에 대해 살펴보았다. 새 시대 우수기업 육성을 위해서는 민주형 리더십이 주된 과제가 될 것이다. 따라서 민주형 리더십의 기본적 요소들에 대한 이해가 선행되어야 할 것이다. 물론, 리더십 상황이론에서 제시하는 상황변수들이 리더십 스타일의 효과에 영향을 미친다는 것에 대한 고려가 있어야 하겠으나 분명히 다음의 5가지 기본요소에 대한 것은 유용할 것이다.

기업은 협동하는 모두의 것이다

바너드(C. I. Barnard)의 주장처럼 자발적인 협동 없이는 조직의 공통목표의 달성이 어렵다. 따라서 경영자들이 기존에 가지고 있는 '내 기업 내 마음대로' 식의 의식은 '기업도 살고, 사람도 산다' 는 인본주의를 내재한 의식으로 전환되어져야 한다. 리더는 조직적 협동이론을 경영철학으로 정립시켜야 한다. 이렇게 함으로써 비로소 우수기업의 창출이 한발 앞으로 다가서게 되는 것이다.

'사원제일주의' 경영철학

기존의 기업제일주의는 '사원제일주의' 로 수정되어야 한다. 우수기업이란 꾸준한 이노베이션과 발명, 품질관리 등에 달려 있으며, 사원들의 적극적인 참여와 공헌 없이는 그 성공이 어렵다. '사원제일주의' 의 사고전환은 분명 우수기업 창출에 효과적이라고 볼 수 있다.

'사원제일주의' 는 사람을 진정으로 존중하며 동등한 인격체로서 파악해야 한다는 Y 이론적 가정에 기초를 둔 사고방식이다. 이러한 '사원제일주의' 는 상하간의 신뢰에서 얻어질 수 있다.

자율적 책임경영

참여경영은 자율성과 책임을 동시에 부가하는 성숙한 기업의 민주화를 이루는 요소이다.

이는 목표설정 단계에서 성과평가와 대책강구에 이르기까지 일련의 과정에서 각각의 개인들이 각자의 직무에서 자율과 책임을 인정하고, 적극적으로 참여하도록 함으로써 즐겁고 보람 있는 직장이 되도록 하며, 각자가 스스로를 훈련시키고 성숙해 나가는 자기변신을 이룰 수 있다는 가정에서 기초한 것이다. 뒤에서 언급될 '1분 경영자 (One Minute Manager)' 의 개념은 이에 대한 실행지침이자 사람을 믿고 존중하는 민주형 리더십을 의미한다.

인재양성지향의 변혁적 리더십 개념

변혁적 리더십은 앞에서 이미 언급되었듯이 민주형 리더십의 기본적 요소로서 자리잡고 있다. 즉, 상호신뢰의 상호감정을 바탕으로 리더나 부하는 꾸준한 발전과 변신을 이루어낼 수 있다. '아들은 아버지보다 나아야 한다' 는 격언처럼 조직의 구성원들은 진화되어야 한다. 이는 직장에서 상사는 부하를 도와 자신들보다 나은 리더로 성장시켜 나가야 한다는 것이 변혁적 리더의 핵심개념이자 민주적 리더십의 요소이다.

유사이키안 경영 (Eupsychian management)

민주형 리더십은 인본주의 경영의 산물이다. 따라서 인재양성은 기업가나 리더의 주된 역할이 되었다. 진정한 민주적 리더십은 개인의 인간성 전반을 건전하게 변신·발전시킬 수 있도록 돕는 것이라고 해석할 수 있다.

유사이키안 경영은 포괄적으로 보면 인간존중의 경영철학이다. 이는 현장주의 리더십이나 참여형의 리더십과도 맥을 같이 하는 것으로서 민주적 리더십의 진화과정을 볼 수 있다.

한편, 브라운(T. Brown)이 제시한 현대적 민주형 리더십의 10가지 실천지침을 요약하면 다음과 같다.[6]

(1) **비전을 따르라** : 현재에 만족하지 말고 진취적 변신을 비전에 따라 수정하라.

(2) **질경영을 존중하라** : 우수한 제품을 생산하라. 대량생산과 저가경쟁의 시대는 지났다.

(3) **고객을 존중하라** : 고객우대는 고객의 의견을 경청하고 고객에게서 배우는 것이다.

(4) **직원을 존중하라** : 사원제일주의 정신과 사원의 창의와 이노베이션은 깊은 상관을 가진다.

(5) **모험을 감수하라** : 진취적인 변신을 두려워하지 말라.

(6) **이노베이션과 개선을 존중하라** : 꾸준한 변신을 추구하라.

(7) **꾸준히 학습하라** : 새로운 것을 배우는 데 게을리하지 말라.

(8) **부채부담 능력을 고려하라** : 부채를 지나치게 확대하지 말라.

(9) **이익분배를 적절하게 하라** : 공정한 이익분배가 관건이다.

(10) **이윤을 사회에 환원하라** : 건전한 사회와 기업을 유지하는 것
은 기업가의 또 다른 책임이다.

이러한 브라운의 10계명은 세 가지 특질로 다시 요약될 수 있다.

첫째, 리더십의 민주지향성. 즉, 사원제일주의와 협동정신이다.

둘째, 기업가정신이 기본이 되는 기업문화이어야 한다.

셋째, 사회적이고 도덕적인 기업의 육성이다.

변혁적 리더십
- 변신지향적 리더십

리더십 연구자이자 서던 캘리포니아 대학교의 교수인 베니스(W. Bennis)는 변혁적 리더십(transforming leadership)을 가르켜 '권력의 선용(wise use of power)' 이라 했다. 그러면서 그는 이러한 비전과 권한을 가진 리더십이 기업조직의 변신을 가져올 수 있다고 주장하였다. 즉, 새로운 비전과 권력의 적절한 사용은 기업의 성장 · 발전과 변신을 주도한다는 것이다.

이러한 주장은, 보통 사람들로부터 노력을 얻어내어 조직의 능력을 효과적으로 발휘하게 하는 리더십이 우수기업 창출의 기본조건이라는 전제를 가지고 있다.

변혁적 리더십이 실효를 거두기 위해서는 몇 가지 조건들이 선행되어야 하는데 그 내용은 다음과 같다.

첫째, 부하와 리더가 일치단결하여 도덕성과 동기유발을 협동적으로 추구해야 한다.

200

둘째, 공동의 목표를 향하여 매진해야 한다. 그리고 상호관계가 도덕적으로 동질적이어야 하며, 부하와 리더가 함께 성장할 수 있어야 한다.

마지막으로, 정신적 유대관계가 관계가 리더와 하위자 사이에서 형성되어야 한다.

이는 가치경영의 기업문화 형성을 의미하고 있기도 하며, 도덕적인 리더십을 의미하기도 한다. 따라서 현대의 리더십은 영웅적인 카리스마형의 리더십과 도덕성에 바탕을 둔 변혁적 리더십의 적절한 조화를 요구하고 있다.

이런 리더십이 바로 기업의 성장과 우수기업 창출을 유도하는 결정적 요소이며, 이를 통해서 사회, 기업 그리고 사람들 모두가 발전적인 변신을 성취할 수 있다는 것이다. 이는 번스(J. M. Burns)의 주장인데, 결국 인간성의 존중을 통해서 종업원들로 하여금 건전하고 성숙한 인간으로 발전할 수 있도록 돕는 기업문화의 형성도 기업가의 책임이라는 것이다.

번스는 리더십을 다음의 두 가지로 대별하였다.

첫째, 거래적 리더십(transactional leadership)으로서 집단적 교환이론에 집단역학적 리더십의 개념을 더한 이론과 둘째, 변혁적 리더십(transformational leadership)으로서 이는 도덕적 상위욕구의 상하관계를 다루는 리더십으로 다른 사람들의 욕구와 목표를 우선적으로 고려할 수 있는 민주형 리더십이다.

변혁적 리더십에서는 리더가 사람들에게 사명감을 주고 정신적 고무시키기 위해서, 먼저 도덕적, 윤리적 정당성이 스스로에게 확보되어 있어야 한다고 한다. 그리고 부하들에게 관심을 가지고 신뢰와 자극을 통한 고무로 기업의 성장·발전에 그들이 적극적으로 참여할 수 있도록 해야 한다. 또한 발명과 이노베이션을 추구하는 기업가 정신을 발휘할 수 있도록 해야 한다. 이는 기존의 '지체없이 이용하고 그에 대한 보상만을 제공하는' 거래적 리더십에 반하는 개념이다. 변혁적 리더십은 인재양성을 주된 초점으로 하고 있으며 따라서 보다 장기적인 관점을 가진다. 이렇게 되기 위해서 리더가 종업원들로부터 존경을 받아야 한다는 것은 당연한 일이다.

좋은 상관이 되기 위한 7가지 원칙

스탠포드 대학교에서 만난 두 젊은이는 졸업 후 취직해서 '회사원'이 되려고 했다. 하지만 회사에서 '못 된' 상관을 만나는 바람에 회사를 그만 두었다. 그리고 회사를 창업했다. 이 그 회사가 바로 빌 게이츠의 경쟁사가 된 선마이크로 시스템즈(Sunmicro systems ,1982년)이다.

컬럼비아 대학교 혼스타인 교수의 연구조사에 따르면 미국 회사에는 6명의 1명 꼴로 '못된' 상관이 있다고 한다. 이 문제는 경영학, 특히 인본주의 경영의 리더십 연구에서 중요한 주제 가운데 하나로 대두되고 있다.

과학적·합리적 경영의 발상지인 미국에서 새 시대의 우수기업을 만들기 위해서는 인본주의 경영이 바탕이 되어야 한다는 주장이 대두되면서, 리엔지니어링 기본개념으로 인본주의 경영이 정착하게 되었다. 뒤늦게나마 과학적 경영의 한계성을 인정하게 된 것이다.

다시 말해 합리적 매니저보다 열정적인 리더들로 상관 자리가 채워져야 한다는 것이다. 그리고 한 발 더 나아가 조직의 모든 상관들이 좋은 상관이 되면 우수기업의 기본조건이 달성됐다고 보는 이론이 바로 노엘 티치(Noel Tichy)의 《리더십 엔진(Leadership Engine)》[7]이다.

리엔지니어링 개혁은 사람의 창의성과 자발적 참여가 바탕이 된다. 그리고 그 바탕 에 '슈퍼 리더십'이 요구된다. 말하자면 기업마다 좋은 상관을 우대하고 못된 상관을 다루는 일이 중요한 과제가 된다는 뜻이다.

여기에서 조직행동 및 리더십 학자들이 제시하는 '좋은 상관이 되기 위한 7가지 원칙'은 다음과 같이 요약할 수 있다.

1) 부하를 기계 같이 다루지 말고, 인간으로 사랑하라

이는 인본주의 경영의 바탕이 되는 원칙이다. 사원제일주의와 부하의 능률은 상관의 책임이라는 말이기도 하며 머슴 만들기를 할 것인가, 또는 유능한 인간을 만들 것인가는 전적으로 상관의 몫이 된다는 말이다.

2) 명령은 협동의 걸림돌이다. 부하와 대화하되 듣는 것부터 먼저 하라

대화의 비결은 먼저 부하의 의견을 듣는 것이다. 일방적 명령은 머슴에게나 하는 리더십이다. 부하의 속마음까지 헤아리는 대화는 감동을 일으키고 설득할 수 있는 환경을 만든다. 이로써 부하의 자발적 참여를 끌어내고 자기발전을 돕게 되는 것이다.

3) 부하에게 믿음을 심어 줘라

상관이 할 일은 부하에게 일을 시키는 것이 아니라 부하에게 우선적으로 믿음을 심어 주는 것이다. 그 믿음의 첫째는 회사가 성공한다는 믿음이고 둘째는 회사가 잘 돼야 내가 잘 된다는 믿음이며, 셋째는 회사가 보람있는 일을 하고 있다는 믿음이다.

4) 일이 재미있도록 만들어 줘라

일이 재미있도록 해주는 길은 자신이 무슨 일을 할 것인가 그리고 어떻게, 언제까지 해낼 것인가에 대해 스스로 결정하게 하라는 것이다. 동기부여 이론 학자들은 자율경영과 성과평가가 부하들에게 일이 재미있도록 만드는 접근이론이라고 주장한다.

5) 부하의 선배나 지도자가 되라

선·후배 관계는 상호교감성과 상호상승성의 핵심적 요소다. 번즈의 '변혁 리더십 이론' 의 기본요소이기도 하다.

6) 먼저 성숙한 어른이 되어라. 그리고 부하에게 모범을 보여라

조직생활을 통해 자기발전, 특히 대인관계에서 성숙된 자세를 키워나가야 한다.

7) 돈으로 부하를 사려고 하지 마라

부하에게 보상하는 방법은 금전 말고도 1,000가지나 있다는 것을 명심하라. 돈으로 부하를 사려는 것과 부하의 돈 걱정을 덜어주는 것은 다르다. 공정한 임금의 보장은 리더의 기본적인 과제이다.

'1분 경영자' 이론
- 민주형 리더십의 실천

1982년 블랜차드(K. Blan chard)와 존슨(S. Johnson)은《1분 경영자 (The One Minute Mnanger)》[8]를 발표한 바가 있다. 이 1분 경영자는 일찍이 드러커에 의해 주창된 '목표에 의한 경영(MBO)' 의 실천모델로서 이해할 수 있는데 1분 경영자의 핵심적 개념은 다음과 같다.

첫째, 기업가는 경영에는 능하지 못하다는 과거의 관념에서 벗어나야 한다. 가업가는 경영에도 자질이 있다.

둘째, 1분 경영자는 이러한 기업가의 전문경영을 유도하는 이론이다.

셋째, 기업가 플러스 이론을 유효한 실천모형으로 한다는 것이다.

1분 경영자 이론은 기존의 사고에서 벗어나 인본주의 경영과 우수기업 창출을 향상 일보를 내딛을 수 있는 방법을 제시하는 이론이다.

그들이 제시하고 있는 1분 경영의 방법은 첫째, 1분간 목표설정. 둘째, 일분간 칭찬(사람들의 협동 유발과 인재의 훈련 및 개발). 셋째, 1분간 꾸지람(잘못을 저질렀을 경우의 과감한 꾸지람)을 들고 있다.

블랜차드와 존슨이 《1분 경영자》에서 주장한 기법의 내용을 알아보자.

1분 경영자 이론의 특징

1분 목표설정

1분간 목표설정의 기본요소는 다음과 같다.

(1) 설정된 목표를 모두가 승인하고,

(2) 어떻게 하는 것이 최선인가를 모두가 공감하며,

(3) 목표를 간략하게 기술(한 페이지를 넘지 않도록)하고,

(4) 1분이면 읽을 수 있을 정도로 목표를 정리하여 ,수시로 점검하면서 일을 추진한다.

(5) 업무수행 도중 1분 정도의 시간을 할애하여 목표를 향해 나가는가를 점검하고,

(6) 목표달성을 위한 자신의 역할이 충실히 이행되고 있는가를 확인한다.

이러한 일련의 과정들은 능동적인 참여를 요구하고 있다. 여기에서 주의할 점은 기업의 목표와 부서의 목표가 분리되어서는 안 된다는 점이다. 또한 구성원들이 이러한 목표설정을 할 수 있도록 유도하기 위해서는 신뢰와 자신감을 심어 주어야 한다.

칭 찬

사람들의 협동 유발과 인재의 훈련 및 개발을 위한 행위이다.

'칭찬'은 심리학의 강화 개념으로서 결국 일종의 긍정적 강화로 이해되어질 수 있다. 이러한 동기부여는 인재양성과 교육훈련의 핵심이며 따라서 칭찬에 인색해서는 안 된다. 구체적으로 칭찬을 할 때의 태도는 다음과 같은 것이 바람직하다.

(1) 구성원을 사랑하고 아끼는 마음가짐을 가질 것.

(2) 구성원의 성취를 자신의 일처럼 반가워할 것.

(3) 꾸준한 관심을 가질 것.

또한 칭찬하는 기본요령은 다음과 같다.

(1) 일을 잘하고 있을 때에는 솔직하고 공공연하게 칭찬한다.

(2) 칭찬은 즉각적으로 이루어지도록 한다.

(3) 칭찬을 하는 이유를 명확히 이해시킨다.

(4) 일을 잘하면 얻어지는 보상을 이해시키고 그것이 회사에 기여하는 바를 주지시킨다.

(5) 잠시 쉬면서 즐거움을 느낄 수 있도록 한다.

(6) 계속적인 격려를 한다.

(7) 칭찬을 시사하는 행동을 병행한다(예를 들면, 악수를 한다든지 머리를 쓰다듬어 준다).

꾸지람

잘못을 저질렀을 경우에는 과감한 꾸지람이 필요하다.

실제로 칭찬을 하는 것보다는 꾸짖는 것이 훨씬 어렵다. 꾸지람을 할 때의 철칙은 잘못된 행위나 일에 대해서만 꾸지람을 하며, 절대로 사람을 모욕하거나 감정을 상하게 해서는 안 된다는 점이다.《1분 경영자》에서 제시하는 꾸지람의 요령은 다음과 같다.

(1) 본인이 하고 있는 일의 성과에 대해 주지시킨다.

(2) 잘못된 일을 발견하면 즉시 꾸짖는다.

(3) 무엇을 잘못한 것인지를 명확하게 이해시킨다.

(4) 잘못된 일이 얼마나 사람을 실망시키는지를 이해시킨다.

(5) 잠시 쉬면서 스스로 깨달을 수 있도록 한다.

(6) 잘못을 인정하면 신뢰에 변함이 없다는 점을 주지시키고 악수나 기타의 신뢰를 보여주는 행동을 취한다.

(7) 잘못을 저지른 사람이 회사에서 얼마나 중요한 역할을 담당하고 있는가를 인식시켜 준다.

(8) 신뢰가 변함 없음을 재확인시킨다.

(9) 꾸지람의 여운이 남지 않도록 그 자리에서 처리한다.

꾸지람할 때 가장 중요한 것은 인간적인 모욕을 주어서는 절대로 안 된다는 점이다. 인간적인 모욕은 부정적인 효과를 증폭시키기 때문이다.

이상에서 살펴본 바대로 진정한 1분 경영자는 잘못도 스스로 교정할 수 있어야 한다. 그리고 사람들의 불신을 사기 전에 자신에게 대한 비평을 받아들이는 습성을 키워나가야 한다.

하의상달 개념은 정보의 교환이며 평가의 교환이기도 하다. 이제는 1분 경영자의 능력을 키워나감으로써 큰 문제로 번지기 전에 자신의 잘못을 늘 검토하며, 아랫사람들의 건전한 평가를 마음을 열고

받아들여야 한다. 그리고 잘못을 발견하면 스스로 교정해 나가야 하며 잘못을 사과하는 것도 잊어서는 안 된다.

상사에 대한 부하의 평가제도를 기술적으로 채택하는 것도 1분 경영자의 민주형 리더십의 한 요소가 되어야 할 것이다.

결국, 1분 경영자가 지향하는 바는 변신지향 리더십이며, 최근의 경영혁신이론들과도 맥을 같이하고 있는 것이다.

코비의 성공하는 리더가 되는 습관

스티븐 코비(Stephen Covey)의 《성공하는 사람들의 7가지 습관 (The Seven Habits of Highly Effective People)》에서는 집단지향적인 인간의 효과성(effectiveness) 이론이 개인주의 사상이 만연해 있는 미국이나 서양 사회에서 중요시 다루어져야 한다고 주장하며, 실천지침을 제시하였다. 미국에서뿐만 아니라 우리 나라에서도 대단한 호평을 받고 있는 코비의 리더십 이론은 경영학도들, 리더십이 있는 사람, 리더가 되려는 사람, 조직생활을 하는 사람들은 물론이고 산업사회의 시민이라면 누구에게나 도움이 될 만하다.

코비 박사는 행복이나 성공을 갈망하는 모든 사람들은, 자신의 개발을 성숙성지향에 맞추어야 하며, 인간다운 사람이 되려는 노력을 우선해야 한다고 하고 있다. 이와 동시에 대인관계를 효율적으로 개발하고자 하는 노력이 없이는 리더가 될 수 없음은 물론이고, 영향력을 행사할 수 없다고 소상히 설명하고 있다.

코비는 리더(성공하는 사람)가 되는 7가지 습관을, '성숙지향적 자기개발의 3가지 습관'과, '대인관계 협동 추구의 3가지 습관', 그리고 '전문능력의 개발과 인성개발의 조화를 통한 전체 인간성(holistic character) 개발을 위한 평생교육'의 3가지로 분류하고 있다. 이를 하나 하나 열거해 본다면 다음과 같다.

첫째, 성숙지향적 자기개발의 3가지 습관을 길러라

리더가 되려면 성숙한 어른 되기부터 해라. 그러기 위해서는 의타심(dependence)에서 벗어나 독립성(indenpendence)을 길러 자기 인생의 주인이 되어라.

(1) 자신이 책임지고 모든 일을 자진해서 해 나가라(주도적으로 행동하라).

(2) 중요한 것이 무엇인지 신중히 생각해 내라(목표를 확립하고 시작하라).

(3) 가장 중요한 것부터 순서를 정해서 해 나가라(소중한 것부터 먼저 하라).

둘째, 대인관계 협동 추구의 3가지 습관을 키워라

리더는 남의 협동을 얻어내야 한다. 대인관계의 효율성 및 상호의존성(interdependence)을 추구하라. 이를 다음의 3가지 습관을 통해서 개발하라.

(4) 남에게 도움이 되게 하라. 혼자서 자신의 이익만을 추구한다면 실패한다(상호이익을 추구하라).

(5) 남의 이야기를 먼저 잘 들어라. 그리고 자기를 이해시켜라(경청

한 다음에 이해시켜라).

(6) 리더는 여러 사람과 같이 일하는 데서 더 큰 일을 해낼 수 있다
는 시너지(synergy) 효과를 믿고 실천하라.(시너지를 발휘하라)

**셋째, 전체적인 인성개발과 함께 전문적 능력을 발전시켜라(심신
을 단련하라)**

(7) 이것은 지식이나 능력배양은 전인적 인성 즉, 감성과 사회 적
성숙성 개발과 조화가 있어야 하고 평생도록 계속해야 한다.
배운 사람이 리더가 되지만 인성에 있어서 어른 되지 못한 지
식인이나 기술자는 리더가 될 수 없다. 이는 지식의 IQ와 감성
의 EQ가 조화 있게 개발되어야 참된 리더가 된다는 점을 반영
하는 것이다.

코비의 주장은 인간관계를 중요시하지 않고, 자기 위주의 인간개
발만으로는 리더가 될 수 없다는 것이다.

먼저 자신의 자기 개발해 나가면서 남과의 대인관계도 따라서 해
나가야 한다는 코비의 성숙지향 개발이론은 독립성 지향과 상호의
존성 지향의 개발이 조화 있게 동시에 개발되어야 한다는 점을 지적
하고 있다. 이 점이 주목할 만하다.

마지막 7번째 능력(전문성) 개발은 심신의 건전성과 인성 즉, 감성
이나 사회적 성숙성이 조화 있게 전인적 인간개발을 꾸준히 해 나가
라는 것이다. 이런 습관은 앞에서 말한 6가지 습관의 실천과 더불어
총괄적으로 이루어져야 한다.

코비의 성숙지향 인간개발론의 특징은 현대 산업사회의 조직과 집단 속의 인간이 지향해야 하는 인간개발에 있어서 집단관계·대인관계의 효과성 개발을 동시에 해야 한다는 것을 지적한 것이다. 이는 종래 견해(조직인간의 '머슴 만들기'나 '내 회사 사람 만들기')보다 우선 사람이 되어야 한다는 것을 강조하고 있는 것으로, 인본주의 경영학자들, 예를 들어 맥그레거나 아지리스와 같은 학자들이 주장해 온 '성숙한 인간' 개념의 중요성을 잘 수용하고 있는 것이다.

아지리스는 그의 유명한 '미성숙—성숙 연속성 이론'에서 성숙성지향의 인간개발의 책임은 본인의 자기 변신·개발도 중요하지만 조직문화가 이러한 성숙지향 인성개발을 도와야 한다고 주장하고 있는데, 코비의 이론 또한 이와 명맥을 같이하고 있다. 게다가 이런 인식은 현대 경영학이 인본주의 경영의 개념을 강조하는 '삶의 신경영학'이 요구하는 핵심적 규범적 개념이기도 하다.

코비의 이론은 리더십 연구가들의 공통적 특질과도 일치되면서도[9] 리더의 자질개발 접근 이론으로 제시하고 있다는 점과 실천가능을 위한 지침도 설명하고 있다는 점에서 독자의 범위가 상당히 넓다.

코비의 성숙성지향 성장이론의 특징은 개인주의 서양문화가 이룩한 산업사회에서 요구하는 조직사회 인간상에 협동(cooperation)을 통한 시너지(synergy)의 효율성 지향(대인관계 효과성)도 부가시켰으며, 이에 따라 전인교육의 중요성도 포함하고 있다. 또한 미국에서 일어나고 있는 신경영학의 물결에서 요구하는 흐름에 호응되는 이론이기도 하다. 전통적 경영학에서 벗어나 인본주의적 리엔지니어링 시대의 변혁적 경영학에서 기본적 전제로 하는 '훌륭하고 건전한 사람이 우수기업 만든다'는 새 시대의 경영학 이론을 반영하고 있는 것이다.

리더십 연구에서 중심적 개념으로 주의를 받고 있는 두 가지 개념은 (1) 자율적 책임경영(autonomy & empowerment) 그리고 (2) 변혁적 리더십(transforming leadership) 이론이다. 이들은 신 경영학의 주도적 개념으로 등장하면서 경영혁신 리엔지니어링(reengineering) 운동의 핵심적 요소가 되고 있다.

특히 변혁적 리더십의 핵심적 요소는 새 세상의 주도적 개념이 되어야 할 것이다.

각 주

1) Daniel Yergin,《The Prize : The Epic Quest for Oil, Money, and Power》, (New York, N.Y. : Simon & Sehuster), 1991.

2) David Halberstam,《The Reckoning》, (New York, N.Y. : William Morrow & Co., 1986), pp. 79-89.

3) F. W. Taylor,《The Principles of Scientific Management》, (New York, N.Y. : Harper and Row), 1991.

4) 합리성에 대한 비판은 피터스와 워터맨의《우수기업을 찾아서》의 pp. 35-38과 pp. 102-105에서 제시된 바 있다.

5) R. Tannenbaum & W. H. Schmidt, "How to Choose a Leadership Pattern",〈Harvard Business Review〉 1973년 5-6월호, pp. 162-180.

6) Tom Brown, "Ten Commandments for Business",〈Industry Week〉 1995년 7월호, p. 27.

7) Noel Tichy,《Leadership Engine》, (New York, N.Y. : Harper Business, 1997).

8) Kenneth Blanchard & Spencer Johnson,《The One Minute Manager》, (New York, N.Y. : Berley Books, 1982).

9) 데이비스(Davis) 교수는, 리더가 되는 자질에 대해 연구하는 리더 특질 이론의 대표적인 학자들이 지적하는 리더의 공통적인 자질을 4가지로 통합 정리하고 있다. 그 내용은 (1) 사회적 성숙성과 광범한 관심, (2) 지성과 능력(전문분야), (3) 민주적 인간관계 그리고 (4) 행동지향성과 높은 성취의욕의 4가지이다.

'리엔지니어링'

새 시대의 경영혁명 이론

Chapter Eight

산업계와 학계에서 리엔지니어링(reengineering)에 주의를 기울인 것은 이 이론이 21세기를 이끌어 나가는 주도적인 역할을 할 수 있다고 믿기 때문이다. 리엔지니어링 이론의 궁극적인 주장은 한마디로 '모든 사람이 기업가가 되어야 한다'는 것이라 할 수 있다. 21세기를 향하는 경영혁신 이론인 '리엔지니어링'은 과거 100년에 걸쳐 발전해 온 지금까지의 찬란했던 경영학 이론들을 뿌리째 바꾸어야 한다는 혁명적인 이론이라는 점에서 기존의 경영개선운동과 구별된다.

리엔지니어링 시대
- 사람과 기계

찰리 채플린의 영화 "모던 타임즈"는 산업사회로 변천하는 물질적 풍요에 대한 인격체가 치루어야 할 대가에 대해 이야기한 작품이다. 이 영화에서는 인간들이 자신들이 만들어 낸 기계에 의해 개조당하고 있다고 주장하며, 인간이 기계의 노예로 전락하는 데에 대한 경각심을 불러일으켰다.

20세기를 장식한 기업발달사는 '엔지니어링'을 통해 생산성 향상을 얻어내는 효율적 경영에 의해서 새로운 기계, 새로운 동력을 활용하는 기업의 성장발전을 가져온 점은 주지의 사실이다.

지금까지의 경영은 과업의 단순화·분업화·표준화·전문화를 통해 말 잘 듣는 사람을 집중적 단기훈련을 시켜 왔다. 그리고 임금에 의해서 동기부여가 되는 단순 기능공을 양성하는 데 초점을 맞추어 왔다. 그리고, 이러한 사람 만들기는 과학적 경영, 능률경영의 핵심적 목표였다. 그러나 리엔지니어링은 이러한 주먹구구식의 직감적 운영에서 벗어나, 머리를 쓰는 전문적 경영을 추구할 것을 강조하고 있다. 즉, 기존의 머슴 만들기에서의 탈피할 것을 주장하고 있다.

지금은 새로운 경영혁신이론의 탄생이 요구되는 시대다. 리엔지니어링의 도래는 이러한 기존의 경영학 이론들이 가지는 한계성을 넘어서 새로운 발전방향을 추구하기 위함이다.

20세기를 이끌어 왔던 미국의 대기업들이 공룡증후군에 걸렸으며, 이밖에도 여러 가지 합병증을 앓고 있다는 기업진단보고서가 속속 발간되어 미국의 정치, 경제 지도자들에게 경종을 울렸다.[1] 이런 때 등장한 처방이 바로 '리엔지니어링' 이었다.

이 리엔지니어링의 돌풍은 미국에서 일어나 전세계를 휩쓸고 있으며[2], 이로 인해서 1990년대는 '리엔지니어링의 시대' 라는 말까지 나올 정도이다.

약 100여 년 전에 있었던 능률경영인 과학적 경영의 원칙이 나타난 이래로 경영학 발달과정에서 제2차 혁명이 리엔지니어링에 의해 일어나고 있다.

리엔지니어링이라는 단어의 뜻은 '다시 만든다' 라는 의미를 가지며, 이는 경영학에도 마찬가지로 적용되어 새로 시작하자는 의미를 담고 있다. 이 흐름 속에서 리엔지니어링과 유사한 의미를 지닌 많은 용어들이 사용되고 있다.

(1) 다운사이징(downsizing), (2) 리인벤팅(reinventing), (3) 조직개발(organizational development), (4) 해방경영(liberation management),

(5) TQM(total quality management)은 리엔지니어링과 같은 맥락을 지닌 용어들이다. 이 밖에도 (5) 리스트럭처링(restructuring), (6) 조직해체(necessary disorganization), (7) 조직변혁(transforming the organization) 등이 사용되고 있다.

사실, 이러한 수많은 용어들로 인한 혼란이 있는 것이 사실이다. 다양한 용어가 사용되고 있는 만큼 리엔지니어링의 개념과 접근방법에 있어서도 학자와 실무자들 간에도 상당히 다양한 의견을 보여주고 있다.

구조조정 다운사이징
- 전략적 감원

1980년 말부터 시작된 기업들의 다운사이징(downsizing)은 미국 전역을 휩쓸었다. 소위 '구조조정(restructuring)'의 경영혁신을 통해 조직 기구를 재편하면서 비대했던 관료조직(bureaucratic organization)을 파괴하고 팀조직이나 매트릭스(matrix) 형태의 조직 구조로 재편하면서 인원의 재배치 및 감원을 실시하게 된 것이었다.

감원과 기업가의 책임

국제 경쟁력을 강화해야 한다는 미명하에 다운사이징(downsizing)이 온 세계를 휩쓸었다고 해도 과언은 아니다. 우리 나라도 예외가 아니다. 우리의 기업들도 강제적 명예퇴직을 너도 나도 실시하고 있다.

그러나 해머(Hammer)가 주장한 리엔지니어링의 개념을 '감원'이라고 생각해서는 안 된다. 리엔지니어링을 빙자한 감원 열풍은 잘못된 것이고, 감원이 국제 경쟁력을 키우기 위한 근본적인 대책이 되지는 못한다.[3]

직장이란 '일하며, 사는 곳'이다. 일은 우리 인생의 가장 중요한 부분 중의 하나이며, 직장을 잃는다는 것은 생을 잃는 것과 다름없다.[4]

기업가는 새로운 상품과 새로운 시장을 만들기 위해서 새로운 생산기법, 새로운 자원을 동원하고 사람들을 이끌어 기업을 협동적인 조직으로 만든다. 이때 기업가는 모험을 하는 기업가정신을 발휘하게 된다. 훌륭한 리더라면 인재를 잘 선택해야 하는 것은 물론이고 사람들이 낙오하지 않게 도와 성장하게 해야 한다. 또한 그들의 최대의 성과를 이끌어내기 위해 정열을 불사르도록 고무시켜야 한다. 동업자의 입장에서 인생을 끝마칠 때까지 좋은 직장에서 보람 있게 일을 했다는 자부심을 갖게 해주는 데서도 리더의 성공여부를 측정할 수 있다.

망하지 않는 기업 만들기

기업가는 창업하는 경제인이다. 그리고 창업한 기업을 망하게 해서는 안 되는 책임도 같이 따라간다. 바너드(C. I. Barnard)의 '믿음 만들기 기능(faith creating function)'이라는 것을 말했는데, 이는 제일 먼저 회사의 비전과 성공에 믿음을 심어 줘야 한다는 리더의 책임론을 말하는 것이다. 다시 말해서 회사를 망치는 것만큼 무책임한 것은 없다는 말이다.

기업가의 창업이나 경영자의 우수기업 만들기는 모두가 성공적인 기업을 만드는 책임을 포함하고 있다. 여기서 책임의 개념은 두 가지로, 기업이 이익을 내고 지속적으로 성장하는 능률경영을 하는 책임과 사원들의 지속적이고 적극적인 참여를 유도할 수 있는 효율성이 있어야 하는 책임이다. 이것이 고전적 이론인 바너드의 책임론이다.[5]

　기업가나 경영자에게서 우수기업 만들기란 기업의 문을 닫는 일이 있어서는 안 되고, 사원이 이직하거나 강제로 파면시키는 일이 있게 되서는 안 된다는 것이다. 그리고 이것이 경영자의 기본적 책임이다. 따라서 감원은 수치스러운 기업가의 행위이다.

　우수기업 만들기는 이노베이션 없이는 불가능하다. 이에 부가해서 신나지 않는 경영과 직원들이 기업을 불신하고 고용에 대한 불안감을 가지고 있는 한 우수기업을 만드는 것은 거의 불가능하다. 우수기업은 사람이 만든다는 인재경영의 중요성을 강조하고 있는 것이 피터스의 '해방경영 이론'과 '우수기업 만들기의 정열' 이론이다.[6]

　피터스의 이론이나 오우치의 Z 이론(Theory Z) 등에서 주장하고 있는 것은 '믿음(trust)'이 핵심이 된 기업문화 만들기이다. 고전 이론에서 말하는 버나드의 책임기능도 자발적 협동을 믿음과 신뢰에서 얻어진다는 점에서 맥락을 같이 하고 있다. 이것은 우수한 사람을 선발하여 고용한 다음 그들이 열정을 가지고 일하고, 창의적 이노베이션을 꾸준히 해내는 사람이 되도록 인재형성을 위한 훈련 및 연수의 책임을 기업가나 경영자들이 가지고 있다는 것이다. 또한 이런 훈련을 통해서 직원들이 낙오하지 않고 평생직원이 되게 해야 함은 물론이다. 필요할 때 실컷 써먹고 필요 없을 때 헌신짝처럼 버리는 식의 감원퇴직은 망해 가는 기업에서만 일어나는 일이다. 감원이란, 기업의 생사를 걸어야 할 상황에서 일시적으로 해야 하며, 이때 회사 형편이 좋아지면 재고용을 보장해야 한다. 실제로 미국의 경우 재고용이 실시되고 있다.[7]

삶의 신경영학

현대적 기업가정신이란 즐거운 일터 만들기와 인재를 양성하는 변혁적 리더십이 본질적 요소의 하나로 포함된다. 즐거운 일터란, 직장 개념에서 상호신뢰하고 자발적으로 스스로의 모든 역량을 발휘해서 기업의 성공을 가져오기 위해 협력하는 곳이라는 뜻이다. 이는 경영자 및 기업가를 믿고 공생공영의 일터로서 인식될 때 가능한 것이다.

이런 즐거운 일터가 평생직장으로 인식하게 되는 것이 바람직하지만 사실상 많은 사람들이 이를 불가능하게 여기는 것이 현실이다. 따라서 평생직장이 될 수 있다는 믿음을 갖고 열정을 쏟아 넣을 수 있게 만드는 것이 기업가정신이고 기업가의 책임이다.

좋은 직장 만들기는 직장을 통해서 사람 하나 하나가 성숙해지고 우수한 직장인, 우수한 가정인 그리고 훌륭한 리더가 되도록 하는 인재양성 책임까지 내포한 개념이다. 일시적 소모품을 쓰듯이 부리는 거래적(transactional) 관계 이상이 되어야만 우수기업으로 성장할 수 있다.

따라서 사람을 채용할 때 일꾼을 채용하는 것이 아니라 우리 식구 그리고 협동자 그리고 동반자(partner)를 얻는다는 의식을 갖아야 한다. 이는 인본주의 경영이 바탕이 되는 인재양성의 신경영정책을 반영하고 있다.

리엔지니어링 즉, 구조조정 및 개혁은 감원을 의미하는 것이 아니다. 인원의 재배치와 강제성 없는 퇴출이 리엔지니어링의 참뜻이다.

'리엔지니어링' 이라는 용어는 해머와 챔피의 세계적인 베스트셀러인《리엔지니어링 기업혁명(Reengineering the Corporation)》에서 유래되었다고 할 수 있으며,[8] 이 용어는 이 두 학자들의 후속 서적에서도 계속적으로 활용되고 있다.[9] 그러나 이 두 학자의 이론이 리엔지니어링의 전부라고 보는 것은 잘못된 것이다. 이는 수많은 관련이론 중의 하나로서 이해되어야 할 것이다.

미국에서 리엔지니어링은 거의 모든 대기업에 의해 시도되고 있으며, 1994년 한 해에만도 리엔지니어링에 투자된 금액은 무려 70억 달러에 이르고 있다는 점은 주목할 만하다.

앞에서도 언급되었듯이 리엔지니어링 이론은 다양하고 그 접근방법 역시 다양하다. 우리는 어느 한 이론에 집착하여 나무만 보고 숲을 보지 못하는 오류를 범하지 않도록 노력해야 할 것이다.

톰 피터스의 해방경영이론

톰 피터스는 마이클 해머와 함께 리엔지니어링으로 대표되는 경영혁신이론의 주된 공헌자라고 할 수 있다. 비록 피터스의《해방경영(Liberation Management)》[10]이 해머의《리엔지니어링 기업혁명》에 비해서 큰 주목을 받지는 못하였지만, 해머보다 이론적 발전을 앞서 주장해 온 학자가 피터스라는 점을 인식하고 나면 그의 이론에 대한 이해의 필요성을 느낄 수 있을 것이다.

해머와 챔피의 저서가 출판되기 11년 전인 1982년에 이미 피터스는 명저《우수기업을 찾아서(In Search of Excellence)》를 출간하였고, 향후 지속적으로 경영혁신 이론을 주도해 온 학자이다. 뿐만 아니라 피터스는 열정적 리더십의 주도자이기도 하며,[11] 1987년《경영혁명론(Thriving on Chaos)》을 저술한 학자이기도 하다.

《해방경영》은 그의 10여 년에 걸친 실증연구를 바탕으로 기존의 주장들을 수정·종합한 혁신적 경영이론으로서, 그는 이 책에서 미국의 주요 대기업들의 문제점과 그 극복사례를 다루며 이에 관련된 새로운 혁신적 개념들을 설명하고 있다. 피터스가 '해방(liberation)'이라는 용어를 사용한 것은 앞으로의 세계에서는 모든 것을 다 버리고 새로 시작하자는 의미였다. 다시 말해서 피터스는 새 시대의 우수기업이 가져야 할 기본요소를 다루고 있는 것이다. 여기에서 그의 공헌을 찾아내고 평가해야 할 것이다.

그는 해방경영론을 뒷받침하기 위해 상당히 풍부한 사례를 들고 있다. 834쪽에 달하는 방대한 연구를 통해 우수기업이 가져야 할 다음과 같은 5가지 요소를 들고 있다. 그리고 피터스는 이를 제안형식으로 제시하고 있다.

피터스의 5가지 우수기업의 조직원리는 다음과 같다.

(1) 현존 기업조직을 모두 무시하라. 즉, 대기업제국 만들기는 우수기업 창출에 역행하는 것이다.

(2) 모두가 기업가가 되라. 즉, 중소규모 기업조직으로 변신하라는 것이다.

(3) 창의적 발상, 발상의 전환이 주도하는 두뇌경영 및 혁신주도의

조직개발을 실행하라. 사람과 일에 대한 개념을 새로이 정립하라.

(4) 새로운 기업문화를 만들어 내고, 지속적인 리엔지니어링을 하라. 새로운 기업문화란 가치경영을 핵심으로 하는 서로간에 믿음을 심어주며, 인재활용과 인재양성을 조장하는 기업문화를 말한다.

(5) 고객중심주의를 시행하라. 평생고객정신과 고객감동 개념이 질경영과 고객과의 공생을 이루어 낸다는 점을 잊지 말라.

피터스의 우수기업론은 1982년《우수기업을 찾아서》의 8개 특징론에서, 1987년에는《경영혁명》에서 리엔지니어링의 4가지 기본조건을, 뒤이어《해방경영》의 우수기업 창조에 필요한 5가지 원칙론으로 수정·보완해 왔다는 것을 참조하면 그 이해를 도울 수 있을 것이다.

조직의 해체 및 개편

톰 피터스의 현존 조직에 대한 개혁 주장은 1982년부터 계속되었다. '인본주의 경영(사람이 왕이다)', '기업가정신과 가치경영이론', '조직의 개혁-현장중시의 분권화된 소규모 조직으로의 개편', '주력산업 전략'의 방향으로 경영이 변모해야 한다고 주장하였다.

이러한 4가지 기본적 요소들은 해방경영이론의 기초를 형성하고 있는 개념이며, 리엔지니어링과도 일맥상통한다고 할 수 있다.

해방경영의 핵심적 주요 요소가 기업의 조직론을 뜯어고치는 리엔지니어링일 수도 있으며, 그 원칙으로서는 모든 것을 다 부수고 새로운 조직으로 다시 태어나야 한다는 것을 강조하고 있다. 피터스의 이론에서 보여지는 특징은 기존의 '카이젠' 역사와는 역행하는 혁명적 변신이다. 이것이 그가 표방하는 해방경영의 핵심이다.

미국에서는 '다운사이징'의 바람이 돌풍처럼 지나가고 있고, 한국에서도 비슷한 일이 벌어지고 있다. 다운사이징도 대기업 조직을 축소시킨다는 의미에서 해방경영과 동일하게 인식되어질 수 있으나 해머 등의 학자에 의하면 이 둘은 서로 다른 개념이라고 주장하고 있다.[12]

이들의 주장에 의하면 다운사이징이 바로 리엔지니어링은 아니며, 리엔지니어링과 다운사이징은 네트워크 개념에서 서로 차이를 지닌다고 보고 있다.

지금까지의 대기업화는 주로 규모의 경제성을 추구하기 위해서 이루어져 왔다. 그러나 리엔지니어링은 기업들로 하여금 대기업화의 길을 완전히 버릴 것을 요구하지는 않는다. 하지만, 계층조직인 관료조직 개념은 완전히 버릴 것을 요구하고 있다. 이것 역시 리엔지니어링의 또 다른 핵심의 하나로서 모든 리엔지니어링 노력이 가지는 공통점이다.[13]

지금까지의 우수기업들은 계층적 관료조직을 바탕으로 성장하여 왔다. 그 결과 이런 대기업들은 소위 불치의 비만에 걸려 조직의 효과성을 크게 손상하게 된 것이다. 이러한 관료주의의 타파를 위해 리엔지니어링이 필요하다는 것이 학자들의 주장이다.

결국, 지금까지의 우량기업 창출에 공헌했던 계층적 관료조직이 가지고 있던 권위주의, 무사안일주의, 규정제일주의 등의 약점을 제거하는 방안이 바로 리엔지니어링이라는 것이 학자들의 공통된 주장이다.

최근 미국의 한 여론조사에 의하면 가젤형 기업이 속출하고 있으며, 1989년부터 1993년까지의 새로 생겨난 일자리의 거의 전부가 가젤형 기업에 의한 것임을 지적하고 있다.[14]

결국, 계층적 관료조직을 무너뜨린다는 것은 단순한 규모의 축소가 아닌 아름답고 활기찬 가젤 영양과도 같이 민첩한 조직으로 변모시켜야 한다는 것을 의미하고 있다. 이러한 '가젤 혁명' 은 모두가 기업가가 되고, 인본주의를 실현하며, 믿음을 바탕으로 하는 조직문화의 형성을 요구하고 있다.

여기에서 우리는 네트워크 개념의 중요성을 유의할 필요가 있다.

자율책임의 경영을 표방하면서도 협동체제를 유지하는 네트워크 형태는 조직의 비만증을 치료할 수 있는 훌륭한 방안으로 다운사이징의 핵심 개념이기도 하다.

가젤 혁명의 실천사례 중 듀퐁의 사례를 살펴보면 다음과 같다.

듀퐁(Dupont)은 다운사이징을 통해 1991년 이후 3만 7천 명의 종업원을 감축하였고(현재 10만 7천 명), 이러한 감축노력은 중간관리층과 본사요원들을 중심으로 이루어졌다. 이를 통해서 듀퐁은 37억 달러 가량의 비용을 절감하였다.

또한 듀퐁은 기업가정신을 가진 21개의 전략적 사업단위를 설치하고 책임경영제를 실시했으며, 외국 고용인력을 늘려 현지판매를 39%에서 47%로 향상시켰다. 이는 현지 생산과 질경영의 채택에 의한 것이었다.[15]

듀퐁은 관료주의를 과감하게 버림으로써 리엔지니어링을 성공적으로 수행할 수 있었던 것이다.

모두가 기업가가 되라

해방경영론은 가젤 혁명의 하나로서 모든 사람으로 하여금 주인의식을 가지는 기업가가 될 것을 요구하고 있다. 이는 모든 사람들이 주인의식을 가지고 책임경영, 자율경영을 추구하는 현장지향 기업가가 되어야 한다는 주장이다.

사업 중심의 팀조직이란 계층적 관료조직과 달리 스스로 모험하고 새로운 아이디어와 실천계획을 세워 자기 사업을 일으키고 이를 추진하는 사업가다운 행위를 권장하고 권한을 주는 조직을 말한다. 드러커의 MBO 개념은 우수기업 창출을 위한 성장이론이며, 이는 기업가정신의 발휘가 없이는 불가능하다고 할 수 있다. 중간사장제, 특별사업팀 조직 등은 기업가 개념을 필요로 하는 새로운 조직 개념이며, 새 시대의 우수기업 창출을 위한 리엔지니어링을 향한 요소의 하나다. 이러한 팀의 구성은 보수적인 비대한 관료조직에서는 불가능하다고 보고, 가젤 혁명을 구현해야 한다는 것이 리엔지니어링이라는 점에서 단순한 다운사이징과는 구별되는 것이다.

그리고 사내기업가의 중요성이 증가하는 시기에, 사내기업가가 되라는 것이 의미하는 바는 다음과 같다.

첫째, 사업을 소신껏 시작하라는 말이며, 창업기업가가 되라는 말이다. 권한과 지원을 받기 위해 신중한 노력을 기울여야 함을 물론이다.

둘째, 모험감수를 주저하지 말라는 것이다. 책임회피나 무사안일주의와 같은 보수성을 피하고, 자신감을 가지고 용기 있게 행동하는 맹렬 사원이 되어야 한다는 것이다.

셋째, 발명과 혁신을 추구하고, 새로운 변화와 발전을 모든 면에서 추구하여야 한다.

이러한 세 가지는 전통적인 기업가의 본질이다. 사내기업가는 위의 세 가지를 꾸준히 수행해 나가야 한다. 기업가정신은 기업문화의 핵심이 되어야 한다는 것은 누차 강조한 바 있다. 기업문화가 중요시되는 이유는 시행착오의 처리문제나 실패에 대한 대응 등이 리엔지니어링에서 중요성을 가지기 때문이다.

해방경영이론에서 제시하고 있는 신조직이론의 핵심요소가 합리성의 한계를 넘어서 모두가 사내기업가정신을 발휘할 수 있도록 하는 조직 개념이라는 것은 앞에서 설명하였으며, 피터스가 말하는 50가지 기업가정신 육성전략[16]은 다음의 4가지 주요 특질로 나뉘어질 수 있다.

첫째, 시행착오를 두려워하지 않는 행동과 새로운 아이디어(11가지).

둘째, 믿고 위임한 후에 열정과 감동을 느껴라(15가지).

셋째, 정보통신의 자유와 공개성(2가지).

넷째, 항상 새로운 변화를 추구하라(22가지).

이러한 전략이 사내기업가를 창출하기 위한 기업문화 육성전략이라고 피터스는 주장하고 있다. 이들 각각의 주요 특질에 대해 설명하면 다음과 같다.

행동지향성과 새로운 아이디어 전략

(1) 행동으로 옮겨라(Bias for action).

(2) 시도해 보아라.

(3) 준비, 사격, 조준(준비, 조준, 조준, 조준... 대신)!

(4) 만약 해 볼 만한 일이면 잘 안 되는 한이 있더라도 해 볼 가치가 있다(시행착오를 겁내지 말 것).

(5) 자신이 없어 보이면 새로운 아이디어를 찾아 보아라.

(6) 엉뚱한 곳을 찾아라. 신속성은 CNN에서 배워라.

(7) 엉뚱한 친구를 사귀라.

(8) 엉뚱한 사람을 채용하라. 신나지 않은 사람에게는 신나지 않는 아이디어가 나온다.

(9) 엉뚱한 취미생활도 해 보아라.

(10) 엉뚱한 동료와 일을 같이하라.

(11) 어리석은 질문을 하라.

이러한 지침들은 꿈을 가지고 엉뚱한 생각을 할 수 있는 앞서가는 사람이 되기 위한 전략적 지침으로서 전통적인 기업문화는 이러한 기업가들을 양성하지 못하였다.

믿고 위임한 후에 열정과 감동을 느껴라

(1) 맡겨 봐라. 자기책임이 늘어나면 열심히 일하게 된다.

(2) 계속 훈련하라. 직접적 훈련과 상관없는 공부까지도 지원하라.

(3) 열정을 잊지 말라. 열정과 집념 없이는 발명이 없다.

(4) 실패를 감수하라. 실패는 성공의 첫걸음이다.

(5) 멋진 아이디어를 빼앗기는 일이 없도록 발명하고, 창의를 두려워하지 말라.

(6) 지속적으로 조직발전과 개편을 하라. 이것저것 다 시도해 보라.

(7) 모든 사람들로부터 배우라.

(8) 아무나 다 믿지 말라. 자신의 심증과 직감을 믿으라.

'리엔지니어링'

(9) 파면이나 실직을 두려워말라. 그리고 열중하라.

(10) 직감성을 키우라.

(11) 별볼일 없는 사람과 어울리지 말라.

(12) 분권화된 운영을 할 수 있는 만큼 하라(일을 많이 맡겨라).

(13) 그리고 더욱 더 분권운영하라(자율적 책임경영을 철저히 하라).

(14) 모든 기능적 방해물을 제거하라(기능간의 협동을 철저히 하라).

(15) 계층적 조직을 파괴하라.

신뢰와 책임경영은 Z 이론이란 우수기업론에서 강조하는 인재양성의 원리이며 해방경영 역시 이를 강조하고 있다.

정보통신의 자유와 공개성

(1) 모든 정보를 공개하라. 재무정보는 모든 기업가적 직원들이 볼
   수 있도록 하라.

(2) 정확한 정보를 충분히 제공하라.

리엔지니어링은 모든 사람들이 자유롭게 의사소통을 하여야 함은 물론 마음의 문까지 열어주는 데서 감정의 교환, 행동의 협동성과 보다 많은 대화협조가 상호연관적 관계의 개선으로 이루어지게 된다. 정확하고 자유로운 의사소통은 모든 사람들의 적극적인 참여를 촉진하고 자율적 책임경영을 활성화시킨다.

새로운 변화를 항상 추구하라

(1) 유급 연수휴직을 주라.

(2) 매 10년마다 자신에 관한 분석보고를 하게 하라.

(3) 자기 시간의 50%는 기업 밖의 사람들과 만나서 시간을 보내라.

(4) 외부인의 50%는 엉뚱한 사람과 만나도록 하라.

(5) 생활의 리듬을 바꾸어 보라. 1년은 농장에서, 6개월은 공장 등과 같이.

(6) 혼란도 있어야 하고 사람들을 초조하게도 만들어 보라.

(7) 조직개편과 해체도 시도해 보라. 관료성이 저절로 없어진다. 이는 최고경영자가 시도해야 한다.

(8) 균형성도 잃게 하라. 불안정, 심지어는 파국도 조성해 보라.

(9) 호기심을 갖게 하라. 젊음을 발산시키라.

(10) 기업내의 배신자 집합소도 만들어 보라. 나를 비판하는 사람이 내게 약이 된다.

(11) '기업문화 파괴상'을 주라. 기존의 기업문화를 정면으로 비판해 오는 사람이 최선의 파트너이다.

(12) 생활양식을 바꾸라. 식사도 바꿔보고 출근길을 바꿔보기도 해라.

(13) 코트를 벗어라(정장말고 편한 옷을 입으라).

(14) 넥타이도 없애고,

(15) 소매를 걷어올리고,

(16) 신발도 벗어 버려라.

(17) 사무실에서 밖으로 나와라. 솔직히 말해서 큰 방, 큰 책상에 앉아서 신나고 뛰어난 생각이 떠올라 본 적이 있는가를 자문해 보라.

(18) 사무실도 없애버려라.

(19) 일주일 중에 하루는 집에서 보내라.

(20) 넓은 비전을 생각하도록 하라.

(21) 도와주지 말라. 자신이 애써서 배우며 살아가게 하라.

(22) 적당주의를 버려라. 할만한 일이라면 정도 이상으로 노력해 보라.

전통적인 관료조직에서는 시도조차도 불가능해 보이는 이런 사항들은 기업가정신의 육성전략들이다. 이런 전략은 새 조직변화와 새 기업문화를 가능하게 할 것이다. 두뇌 및 지식경영이나 '이노베이션'이 주역이 되는 새로운 기업문화는 조직구성원들의 행동규범이나 조직의 분위기가 관료적이고 획일적인 특징, 즉, '회사인간(organization man)'이 되어서는 안 되며 괴상하고 엉뚱한 행위도 허용되고 모두가 이노베이션을 추구하는 발명가가 되도록 기업문화가 변신되어야 한다는 주장이다.

위에서 제시한 네 가지는 기업가 육성의 조직문화를 갖추기 위한 조직원리이며, 조직은 인재중심의 조직, 활력경영 및 가치경영을 추구하는 조직이 되기 위해서 이들을 요구한다는 것이다. 이는 분명히 전통적인 관리조직에서 벗어난 새로운 조직원리이다.

두뇌경영 및 조직개발

산업혁명이 가져다 준 기계문명은 산업사회를 만들어 내고 경영의 전문화를 일으킨 장본인이었다. 제2차 경영혁신(리엔지니어링)은 첨단기술을 통하여 정보통신의 혁명을 일으키고 정보통신을 활용하여 새 시대의 경영에 정보기술을 활용하고 발전시키고자 하는 새로운 경영이다.

따라서 새 시대의 '일'이란 기존의 개념들과는 달리 창조성이 우수기업 창출의 성패를 좌우하는 중요한 요소이며, 누가 더 발상의 전환에 능한가 역시 또 다른 중요한 요소가 되어가고 있다.

새 시대는 포터가 말하는 이노베이션이 주도하는 치열한 국제경쟁[17]의 시대로서 기존의 프로세스를 재구성하고 이들을 서로 연결하는 데 있어서 정보기술의 활용이 절대적으로 요구되는 시대이다.

네트워크의 개념이 중시되는 새 시대는 융통성 있는 조직으로서 신속한 조직변신을 보장할 수 있는 기업이 성장하는 시대이다. 결국, 새 시대는 발상의 전환을 통한 첨단기술 경영이 그 중요한 특성이며 새로운 상품과 서비스를 창출하는 보다 나은 프로세스를 발견하는 데 중점을 두는 시대다. 따라서 리엔지니어링은 첨단기술과 경영의 접목이라고 해석될 수도 있다.[18]

모두가 리더가 되고 전 사원이 기업가정신을 발휘하는 것이 결국 질경영으로 나아가는 방안의 하나이다.

새 기업문화의 창조 및 리엔지니어링

리엔지니어링은 일시적 처방이 아닌 새로운 기업변신을 꾸준히 지속해야 하는 것이며, 리엔지니어링의 지속적 추진이란 기업문화의 육성발전을 꾸준히 한다는 것이다. 즉, 전 조직에서 모두가 참여하고 또 공헌하는 리엔지니어링의 기업문화를 창출하고 계속 발전시켜야 나가야 한다.

일류 기업에 이르기 위해서는 이노베이션을 일시적인 이벤트로 여겨서는 안 된다. 지속적이고 계속적으로 추진되어야 한다는 것이다. 일시적인 이노베이션만으로 일류 기업에 이를 수 있다는 과신과 오만은 금물이다.

모든 조직원이 기업변신 노력에 매진한다는 것은 조직원 모두가 이러한 이노베이션의 중요성을 믿고 자발적으로 자기 나름대로 참여하고 공헌하는 것이며, 이는 가치경영과 신바람나는 인본주의 경영에 의해서 상당한 영향을 받는 것이다. 따라서 이에 리더십이 결정적인 역할을 수행한다.

피터스의 《우수기업을 찾아서(Passion for Excellence)》는 이에 대해 논의한 책이다. 그리고 챔피도 '리엔지니어링'이란 일에만 지나치게 치중하는 것이 아니라 경영을 리엔지니어링 해야 한다는 것을 의미한다고 했다.[19]

기업문화의 새로운 탄생과 발전의 지속성만큼 조직변신의 융통성과 가변성이 요구된다는 것이 피터스의 주장이다. 리엔지니어링이 기존의 경영개선과 다른 점은 바로 이런 것이다. 즉, 새로운 경영혁신이론에서 표방하는 조직개혁은 일회성이 아니고 계속적으로 이루어져야 하며, 보다 파격적으로 기존의 경영방식을 바꾸는 것이다. 또한 기동성과 융통성이 조직의 원칙이며 사업지향 팀조직의 계속적인 변신노력이 수반되어야 한다는 것을 의미한다.

이러한 목표를 달성하기 위해서 기업들은 매트릭스 형태의 조직도 수용할 수 있어야 하며, 정보통신의 급속한 발전에 따른 업무개선 방안의 다양성 역시 수용하여야 한다. 계속적인 기업의 발전과 변신을 위해서는 산학협동 노력도 요구되어진다. 인재양성을 위한 학계와 재계의 장기적인 협동노력이 리엔지니어링의 장기전략이라는 점을 잊어서는 안 될 것이다.

리엔지니어링을 추구하는 데 있어서도 당연히 국제화에 따른 현지의 특성을 존중하는 노력이 경주되어야 할 것이다. 사람들간의 차이, 문화의 차이에서 오는 조직의 창조성과 유기성의 차이는 기업이 신뢰를 얻고 또 기업문화를 형성하는 데 결정적인 영향을 미치기 때문이다.

시장개척의 혁신

1980년대의 경영혁신운동은 TQM(Total Quality Management)이었다. 피터스의 1982년 저서인 《우수기업을 찾아서》는 고객제일주의(the close to the customer)를 첫째로 강조했으며, 고객우대주의는 기업의 품질관리를 철저하게 함으로써 얻어질 수 있다고 하였다.

이후, 피터스는 1992년 《해방경영》에서 새 시대의 우수기업의 원리로서 고객제일주의를 역시 강조하고 있기는 하지만 신조직 이론에 비해 제2선으로 밀려난 것이 사실이다. 그러나, 새 시대에서 요구되는 우수기업 요소에서 고객제일주의가 중요하지 않다는 것은 아니며 조직혁신이 없이는 고객우대경영도 있을 수 없다는 총체적 기업문화를 취급한 것이었다. 피터스는 이를 위한 방안으로 고객감동과 평생고객주의를 제시한 바 있다.

또한 피터스는 새로운 고객우대 개념을 다음과 같은 4가지로 설명하면서 이들을 강조하고 있다.

첫째, 시장규모를 재인식하라. 이는 작은 시장을 존중하고 고객으로부터 지속적으로 배우라는 것이다.

둘째, 시장개척을 꾸준히 하라. 새로운 시장을 찾아내고 내 것으로 만들라.

셋째, 엉뚱한 사람이 되어 정열을 가지고 공략하고, 성취하라. 파국에서의 생산성이란 새롭고 이상할 때 고객을 창출하곤 한다.

넷째, 경직을 풀고 새로운 기업을 향해서 보다 자유롭게 행동하라. 실패를 두려워하지 말라.

이상의 사항들은 평생고객 개념과 고객과의 공생관계 정립으로서 이해될 수 있다. 오늘날의 시장은 민주화가 이루어지고 있으며 유행, 시장의 분산, 다양성 등의 특성을 지니고 있으므로 이노베이션도 고객감동주의가 주도하는 새 시대에 맞추어 이루어져야 한다.

아울러 우리는 규모에 대한 정의를 새롭게 해야 한다. 즉 크기가 아닌 정보의 개념인 신속성, 발상성이 규모를 좌우하는 새 시대의 특질임을 인식하고 고객만족주의로의 변신을 향해 정진해야 한다. 이런 개념이 바로 해방경영의 원리로서 조직원리의 '아코디아 개념'이라고도 불리운다.[20]

이러한 시장주도의 두뇌경영조직으로의 개혁은 분권적 경영이나 정보통신조직 개념과도 중복되지만, 이노베이션이 지속적으로 일어날 수 있는 조직개혁을 말하며, 고객만족, 고객감동, 그리고 시장파악을 위해서는 효율적인 다운사이징이 고려되어야 한다.

따라서, 변종변량(變種變量)의 상품 시대에서 고객주도경영이 리엔지니어링의 기본적 요소의 하나이며, 질경영이론이나 고객제일주의 경영이론은 모두가 리엔지니어링의 한 요소이다. 그리고 상품개발은 신속하면서도 최고의 제품을 출시하는 '알찬 경영'도 리엔지니어링에서 다루어져야 할 연구과제라고 할 수 있다.

1988년부터 1992년까지 재직한 심슨 사장의 조직개발 계획의 실천추진과 효과를 살펴보면서 타이트 플렉스의 경우를 사례로 들어 검토하기로 하자.

가스 호스 시스템 제작회사인 타이트 플렉스는 종전에 9주에서 11주 걸리던 제품 제작의 소요시간을 해방경영혁신을 통하여 2일에서 5일로 단축시켰다. 이를 가능하게 했던 것은 조직의 혁명적 개혁과 노동조합을 설득해 개혁에 동참시킨 것이었다. 이러한 전사적인 노력이 타이트 플렉스가 국제적 우수기업으로 살아남을 수 있는 원동력이었으며, 21세기를 향한 대표적 기업모델이 될 수 있었다는 것이 피터스의 주장이다. 타이트 플렉스의 개혁의 내용을 살펴보면 다음과 같다.

첫째, 관료조직에 대수술을 감행해 병폐적 요인을 제거했다. 계층적 조직 개념을 뿌리째 뽑아 버리고 업무과정 절차도 백지화함으로써 완전히 새로운 조직으로 새로 태어나게 되었고 구식 컴퓨터(MRPI)마저 없애 버리고 새로운 정보통신망을 구축하였다. 기존의 조직과 업무과정과 새로운 조직과 업무과정을 도식화하면 〈그림 8-1〉과 〈그림 8-2〉와 같다.

둘째, 계획 팀 조직(Genesis팀 : 5명의 소조직)의 구성이다. 즉, 대표자라 할 수 있는 계약체결자(contract administrator)와 응용기술자(application engineer), 품질기술자(quality engineer), 설계사(draftsman), 행정지원직(clerical support person)의 5명으로 구성되는 팀조직이 기본이 되고 기능적 전문조직이 한 팀으로 축소 통합하는 식의 조직으로 구성하였다.

셋째, 업무과정의 비공식화와 의존적 긴밀성을 장점으로 하는 팀조직은 수시로 협동하여 단기간에 일을 성취시킬 수 있게 하였다. 공

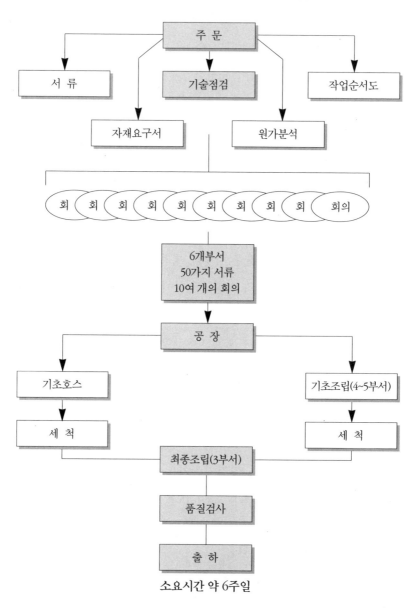

〈그림 8-1〉 기존의 타이트 플렉스의 시스템

주 문

서 류

기술점검

작업순서도

자재요구서

원가분석

회 회 회 회 회 회 회 회 회 회의

6개부서
50가지 서류
10여 개의 회의

공 장

기초호스

기초조립(4~5부서)

세 척

세 척

최종조립(3부서)

품질검사

출 하

소요시간 약 6주일

238

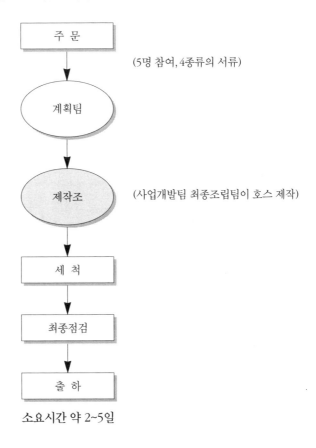

〈그림 8-2〉 새로운 타이트 플렉스의 시스템

```
          ┌─────────────┐
          │   주  문    │
          └──────┬──────┘      (5명 참여, 4종류의 서류)
                 ↓
            ╭─────────╮
            │  계획팀  │
            ╰────┬────╯
                 ↓
            ╭─────────╮
            │  제작조  │        (사업개발팀 최종조립팀이 호스 제작)
            ╰────┬────╯
                 ↓
          ┌─────────────┐
          │   세  척    │
          └──────┬──────┘
                 ↓
          ┌─────────────┐
          │   최종점검   │
          └──────┬──────┘
                 ↓
          ┌─────────────┐
          │   출  하    │
          └─────────────┘
```

소요시간 약 2~5일

식문서와 통신을 없애고 수시로 대화하고, 협조를 통해 업무의 시작에서 끝까지 완성시키는 과업절차를 한 팀 내에서 모두 해낼 수 있도록 했다.

넷째, 제작산업조직을 소규모로 구성했다. 즉, 사업개발팀(business development team)은 6~10명으로 구성하여 제작기간을 2~5일로 단축하였다.

다섯째, 소규모의 팀이나 단위는 모두가 자율적인 운영을 기본으로 하였다. 그리고 총괄적 생산계획 및 통제운영도 없앴으며, 가격산출부서도 제거하였다. 품질관리 운영부서도 없애고, 회계업무도 팀에서 통합관리하는 등 자동화 과정에서 올 수 있는 복잡한 문제를 포함한 여러 문제들을 감소시켰다. 그리고 계층적 조직도 없앴으며 관료적 비만증에서 오는 병폐도 모두 제거하는 데 성공한 것이다.

여섯째, 이러한 새로운 조직과 운영개념은 '프로젝트'를 중심으로 되었다. 또한 그렇게 조직된 팀은 자율적으로 운영되었다.

일곱째, 타이트 플렉스는 노동조합의 적극적 동참을 얻어내 개혁을 성공으로 이끌었다. 타이트 플렉스는 꾸준한 관심과 노력으로 노동자들과 1:1의 대화를 유지하고 있다. 규칙적으로 현장을 방문하여 각 개인들의 이름까지도 기억하는 현장주의 리더십을 발휘하는 기업문화를 육성하고 있다. 그리고 경리 및 재무상황을 늘 공개적으로 공개하였고, 고객·하청 공급업자들과도 동업자적 관계를 유지하는 데 노력했다.

이러한 기업문화는 조직개혁을 바탕으로 장기간을 투자해야 얻을 수 있는 것이다.

240

리엔지니어링
경영혁신이론

앞서 살펴본 대로《리엔지니어링 기업혁명》은 미국에서뿐만 아니라 전 세계적으로 돌풍적 열기를 일으켰다.[21] 이 책은 피터스의《해방경영》과 함께 최근의 경영혁신을 주도하고 있는 이론서로서 실증적 사례 뿐만 아니라 이론면에서도 설득력 있게 역사적 발전단계를 정리하고 있어서 호평을 받고 있다. 또한 독자들에게 리엔지니어링의 핵심적 요소들을 훌륭하고 간결하게 제시하고 있다.

리엔지니어링이란 것은 프로세스의 개편에 의해 얻어지며 이로 인해서 조직의 단기적 및 장기적 변신을 가져올 수 있다는 점을 지적하고 있어서 피터스의 이론들 보다 설득력이 높다고 할 수 있다. 또한 새로운 정보기술의 발달이 경영과정과 혁신에 미치는 역할과 위력을 나타내고 있는 점도 실증성과 설득력을 가진다.

21세기는 또 다른 테크놀러지 혁명시대가 될 것이며, 컴퓨터를 이용한 경영혁신은 가히 혁명적인 변화를 가져올 수 있다는 것이 이 이론의 핵심이다. 결국 신기술의 활용을 통한 조직의 효율성 제고를 목표로 하고 있다.

이 책에 대한 후속 서적으로 해머는 1995년에《리엔지니어링 혁명(the Reengineering Revolution)》[22]이라는 저서를 내놓았다. 이는 기존의 생각들을 보완하고 정리한 것으로 이에 대하여 챔피 또한《리엔지니어링 경영(The Reengineering Management)》[23]을 출간함으로써 경영혁신의 관리론을 보완하여 제시한 바 있다.

우리 나라에서도 상당한 반향을 불러일으킨 바 있는 이 이론은 지금까지의 개선노력과는 달리 강도 높은 변신을 요구하고 있다.

이들이 주장하는 리엔지니어링은 지금까지의 경제적 발전을 주도해 온 대량생산방법은 새 시대에서는 사라져야 할 방법이라고 설득력 있게 설명하고 있다. 즉, 새로운 시대에서는 '일'의 개념 자체가 변화되어 수용되어야 한다는 것이다.

즉, 전통적 경영에서는 일을 단순노동, 전문화 분업 및 직업훈련 등으로 이해하고 권장하던 시대에서, 오늘날에는 다양한 복합적 과업, 팀 협동과 인재교육(훈련만이 아닌)으로 바뀌어져야 하며 자율적으로 신바람이 나서 일을 하게 하는 프로세스 조직으로 리엔지니어링이 되어야 한다는 것이다.

포드 혁명과 과학적 능률경영에 대한 비판

전통적 우수기업의 상징적 사례로 흔히 등장하는 포드 자동차는 대량생산의 위력을 보여주는 사례로도 많이 등장한다. 그리고 포드 자동차의 창업 기업가 헨리 포드는 고전적 기업가 상징이다. 따라서 그의 업적과 기업가적 자질에 대한 연구도 많다. 그는 '기업가의 나라' 미국이 낳은 기업가 중의 최고 기업가로 꼽히는 전설적인 인물이기도 하다. 20세기 초반에 열풍이 불기 시작한 미국의 산업화 발전은 '포드 혁명'이라는 말로 표현되기도 했다. 그것은 포드가 기업가로서 선풍적인 우량상품을 만들어 냈다는 기업가적 공헌과 그러한 우량상품을 많은 사람들에게 보급하는 경영 및 생산의 이노베이션을 성취하였다는 것을 말한다. 헨리 포드는 한때 가장 존경받는 사회적 지도자였다. 그리고 포드 자동차는 모범적인 세계적 우수기업으로 많은 기업들이 포드의 경영방식을 배우려고 디어본 공장을 찾게 만든 획기적인 인물이었다.

따라서 포드 자동차공장에서의 뛰어난 생산성은 과학적 경영론에 의해 얻어진 것이라고 해도 과언이 아니다. 하지만 리엔지니어링은 바로 이런 이론들에 대한 대수술을 요구하고 있다. 즉, 자유시장경제 이론과 포드식 경영은 수정되어야 하며, 우수기업을 위해서는 리엔지니어링이라는 기법을 통해서만 생존과 번영을 누릴 수 있다는 것이 이들의 주장이다. 그러기에 21세기를 향하는 진취적 우수기업이 되기 위해서는 과감한 변신과 개혁이 요구된다.

그레이너 기업의 발전단계

그레이너(Grainer) 교수의 조직발전단계에서 보듯이, 기업의 발전단계는 진화적인 개념으로 이해될 수 있다. 소단위 기업가 중심의 조직이 세계적 일류 기업으로 성장해 가는 1단계는 창의 주도의 성장단계 (creation)이다. 2단계는 통제 주도의 성장단계(direction), 3단계는 위임 주도의 성장단계(delegation), 4단계는 협조 주도의 성장단계 (coordination)이다. 마지막 5단계는 협동 주도의 성장단계 (collaboration)로 구분될 수 있으며 경영자들의 초점이 되는 문제가 각 단계별로 다르며 그 지배적 특성도 다르다. 즉, 1단계에서는 리더십의 과제가 주어지고, 2단계에서는 자율적 경영의 과제, 3단계에서는 통제 경영의 과제, 4단계에서는 관료조직 병폐의 과제 등으로 이어진다는 것이다. 여기에서 재미 있는 점은 '5단계'의 과제에 대해서는 의문을 남기고 있다는 것이다. 이는 아마도 새 시대 새 경영의 과제를 뜻한다고 볼 수 있을 것이다. 어쩌면 이는 창의와 대응성(responsiveness)의 문제라고 볼 수도 있을 것이다.

창의와 탄력적 변화대응성의 문제라는 것은 이노베이션을 통한 기업의 국제적 도전과 경쟁에서의 승리와 기업환경의 변화에 탄력적이고 신속하게 대응할 수 있어야 한다는 것으로 이는 일류 기업을 향한 과제라고 볼 수 있다.

이노베이션 지향 질경영과 새조직

합리적인 과학적 경영과 규모의 경제 개념은 미국의 현대화와 번영을 이루어 온 산업 발전의 원동력이었음은 이미 언급한 바 있다. 생산성 향상을 위한 대량생산공정의 기본 개념은 '합리적인 과학적 경영원칙', '작업의 분업화를 통한 단순노동제', '계층적 조직의 철저한 통제와 감독' 이다.

리엔지니어링은 전근대적 우수기업들이 고전적 관료조직의 원리와 과학적 경영의 합리주의 생산성 향상기법을 바탕으로 하는 전통적 경영학 원리에 의하여 눈부신 발전을 해 왔다는 사실을 인정한다. 하지만, 그러한 전통적 경영학 이론을 바꾸어야 한다고 주장하고 있다.

따라서 리엔지니어링 이론은 비만증에 걸린 대기업의 관료적 조직에 대해 과감한 '군살빼기'의 방법을 제시하고 있다. 이는 경영과정을 혁신하는 조직개발을 해야 한다는 것이다. 즉, 근본적 (fundamental)이고, 과감한(radical), 그리고 극적인(dramatic) 기업 변신만이 초일류 기업으로 성장시킬 수 있다는 주장이다.

이에 관한 그들의 설득력 있는 주장을 살펴보면 첫째, 합리적이고 과학적인 경영원리를 주축으로 발전해 온 지금까지의 모든 방법을 다시 생각하는 것이다. 즉 규모의 경제 개념에 입각한 대기업화 전략과 그에 따라 비대해지는 관료조직 및 통제의 병폐를 깨끗이 정리해 버리는 것이다.

둘째, 인본주의적 인재경영이 주축이 되고 기업가 우대의 기업문화를 창출해 나가는 기업변신을 철저히, 그리고 과감하고 극적으로 이루어 내야 한다는 것이다.

이와 같은 주장은 피터스의 해방경영과도 명맥을 같이하고 있는 것이다.

새 시대, 새 경영, 새 사람

새 시대, 새 사람이 요구하는 새 경영은 기업환경의 변화와 내적 변화를 동시에 수용하여 변신해야 한다는 과제를 안고 있다. 새로운 변화의 시대에는 새로운 혁신적 새 경영 이론이 요구되므로 19세기에 채택되었던 당대의 우수기업 이론들은 마땅히 21세기에 맞는 새로운 경영이론으로 바뀌어 실천되어야 한다. 더구나 새 시대의 새 사람을 위해서 자아실현을 가능하게 하는 인재경영이 주축이 되는 경영이론이 요구되고 있다.

리엔지니어링에서 말하는 기업환경, 즉 기업 조직의 외적변화가 요구하는 세 가지 변화, 즉 '3C'는 다음과 같다.

첫째, 시장경제 속에서 기업의 생존과 발전이 기업의 상품에 의한 것이 아니라, 고객의 만족도와 기호에 따라 달라지는 '고객주의'의 시장이라는 것이다.

둘째, 개방적 국제화가 가져온 선진국 독점의 시대가 아닌 세계 어느 곳에서나 시장을 휩쓸 수 있는 상품이 나오고, 이에 따라 기업의 보호장벽이 쉽게 무너져 버릴 수 있는 치열한 국제적, 국내적 경쟁이 강화되어가고 있다는 것이다.

셋째, 위와 같은 이유들로 인해서 하나의 발명과 새 상품에 안주해 왔던 과거의 시장안정성이 무너지고 꾸준한 발명과 혁신 없이는 마음을 놓을 수 없는 기업 현실이 된 것이다. 따라서 우수기업이 되기 위해서는 정보기술을 활용하여 기업의 외적 환경변화와 기업의 내적 변화를 통해 관료적 계층조직을 송두리째 무너뜨리지 않으면 안 된다. 또한 조직원들의 가치기준을 좌우하는 기업문화가 새로이 규정되어야 한다.

비즈니스 시스템 다이아몬드 모델

경영혁신은 경영 프로세스의 혁신이 기본이 되어야 하며 그러기 위해서는 종전의 모든 진리 중 대부분이 새로운 변화와 도약이 필요하다. 즉, 최근에 요구되어지는 것은 국제화되는 기업환경에서 국제 경영력을 제고하는 질의 경영으로 나아가는 것이다.

해머와 챔피는 리엔지니어링의 기초적 혁신 모형으로 '비지니스 시스템 다이아몬드 모델(Business System Diamond Model)' 을 창안하였다.

기업 시스템의 '다이아몬드' 접근이론이란 경영에서의 과정적 혁신, 즉 능률화를 시작하고 가능한 새로운 경영을 통해 사람들의 일과 집단조직을 변화시켜 팀조직 업무의 질적향상을 도모하는 창조적인 혁신이어야 하며, 이러한 변화로 인해 기업의 공유가치와 신념을 형성하고 가치경영 및 정신경영이 지배하는 기업문화 조직으로 나아

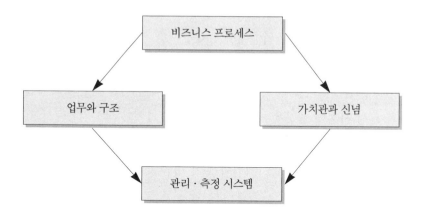

갈 것을 요구하고 있다. 〈그림 8-3〉에서 보여지듯이 이러한 과정은 순환되는 것을 이해되고 있다.

비즈니스 시스템 다이아몬드 모델(BSD)의 개념에 의거하여 기업들의 변모가 요구되는 부분을 요약하면 다음과 같다.

(1) 과업단위는 팀조직으로, 그리고 기능적 부서보다는 수직적 개념에서 다기능적으로 통합되는 팀이 되어야 한다.

(2) 과업은 복합적으로 분업적 단순과업을 버리고 여러 가지 기술과 능력이 요구되는 과업을 순환시키는 직무충실화의 형식을 가져야 한다.

(3) 사람들의 역할변화는 통제감시의 인력관리에서 자율적 위임의 협동관리로 변모해야 한다.

(4) 과업수행 준비의 혁신은 현장준비가 아닌 기본적 소양교육, 즉 기초적 단기교육이 되어야 한다.

(5) 과업수행평가제도는 성과위주로 바뀌어 과업주의에서 성과까지를 포함한 총체적 개념의 성과에 대해 평가되어야 한다.

(6) 승진제도는 성과위주에서 능력중시로 전환되고 협동능력 및 리더십 능력이 척도가 되어야 한다.

(7) 또한, 가치변화는 기업이익 위주나 상사를 위한 기업의 가치에서 사회에 생산을 제공하며 공헌하는 가치와 상사지향에서 고객위주의 가치창조로의 변화가 요구된다.

(8) 감독기능에서 지도, 지원의 코치 개념으로 상사의 역할이 변모해야 한다.

(9) 기업의 조직을 수직적 관료조직에서 수평적 평면조직, 즉 팀조직의 개념을 재편성되어야 한다.

(10) 상사의 기능을 점수를 주는 관리자의 역할에서 창조적 기업가정신과 인재경영을 구사하는 정신경영 리더로 변모해야 할 것을 요구하고 있다.

즉, 사람 · 과업 · 관리자와 가치이념이 다함께 한데 뭉치는 개념이 비즈니스 시스템 다이아몬드 모델이다.

포드 자동차의 사례를 통해 리엔지니어링이 가지는 엄청난 효과와 함께 정보기술의 중요성을 살펴보자.

1980년대 초반 포드 자동차는 경영비용의 절감을 통해 국제경쟁력을 제고하려고 했었다. 따라서 이들은 북미 지역의 포드 사업부들의 경리부서에만 500여 명의 인원이 근무하고 있다는 사실을 알아내고 이들 중 20% 정도의 인력을 감원하려는 절감대책을 강구하고 있었다. 그러던 중 이들이 합자회사인 마쯔다를 방문하였을 때 불과 5

명의 인원으로 경리 일을 해내고 있다는 놀라운 사실을 발견하게 되었다. 규모나 업무에 있어서 다소간 차이는 있어도 이것은 엄청난 것이었다. 따라서 포드 자동차는 즉각 개선작업을 시작했다.

포드 자동차는 업무자동화를 통한 업무절차와 처리과정을 완전히 개혁하는 방법을 택하여 경리부서의 500여 명의 인원을 125명으로 줄이는 데에 성공하였다. 포드 자동차는 먼저 자동화를 도입해 인력의 20%를 우선적으로 절감했다. 그리고 복잡하고 여러 단계를 거쳐야 되는 구매금 지불 프로세스를 시정해야 한다는 결론에 도달하였다. 그래서 공급자재와 청구서에 지장이 없으면 수령 즉시 자동 지불하는 전산 데이터 사용하여 지불하는 방법을 강구했다. 즉, 데이터 전산기에 입력되어 있는 구매요구서의 내용이 차이가 없을 때 즉각 지불되게 하고 청구서 없이 전산결재를 통해서 처리하는 새로운 방법이었다. 따라서 지불계 직원의 업무를 절감할 수 있었다. 그리고, 이에 오류가 발생했을 때는 협력업체에 다시 공급받고 전산결재를 하지 않았다. 따라서 협력업체도 대금지불을 받기 위해서 오류를 바로 시정을 하게 되는 개선책이 된 것이다.

이 사례는 업무의 개선과 리엔지니어링 사이의 엄청난 차이를 보여주고 있다. 포드 자동차는 창조적인 정신과 함께 정보기술을 활용함으로써 기존의 업무처리절차 자체를 완전히 바꿀 수 있었다.

해방경영이나 리엔지니어링과 같은 새로운 경영학 이론들은 공통적으로 전통적인 조직원리를 부정하고 있다. 대신 팀 단위의 조직, 수평적 조직, 네트워크 조직, 지식경영조직 등으로의 이행과 아울러

일의 본질적 개념에 대한 검토와 양뿐이 아닌 질적인 문제까지의 고려를 요구하고 있다. 이 이론들이 요구하고 있는 것은 바로 가치경영이자 인본주의적 인재경영이다.

한편, 기업가정신이 충만하여 새로운 것을 끊임없이 추구하고, 창업하고 육성하는 것도 중요하지만 인재를 양성할 수 있는 기업문화의 형성 역시 간과해서는 안 될 중요한 문제라는 것을 우리에게 상기시키고 있다. 실패의 용인과 시행착오를 경험으로 존중해 줄 수 있는 새로운 경영전략이 요구되는 것은 물론이다.

결국, 새로운 이론들은 우수기업의 기본요소를 '규모의 경제'가 아닌 창의성과 시장성으로 보고 있으며, 따라서 대규모 조직도 소규모 조직처럼 운영해야 한다고 주장하고 있다. 이러한 기업가정신은 바로 기업가의 르네상스 이론이라고 부를 수 있을 정도로 인상적이다.

새로운 시대에는 관리자보다는 리더가 중시되어야 한다. 이렇게 하기 위해서 최고경영자부터 말단 종업원까지의 총체적인 의식개혁이 요구되어짐은 물론이다.

이러한 것들이 바로 '기업가 플러스' 이론이며 기업가와 전문경영인이 함께 성장하는 새 경영을 의미하는 것이다. 이를 위해서는 지도자인 리더의 변신과 기업의 변신, 그리고 과업의 변신이 뒤따라야 할 것이다.

한국 기업의 돌파구, 재창업 정신

재창업을 위한 대대적인 경영혁신은 기업성장 과정에서 언젠가는 닥쳐오는 필연적 단계다. 그리고 이를 어떻게 극복해내느냐 하는 것을 기업의 창업만큼 어렵고 중요하다.

미국 기업 발달사 연구학자인 그레이너 박사도 그의 기업진화론에서 초일류 기업에는 전설적인 창업자뿐만 아니라 재창업과 경영혁신을 성공시킨 2세 경영인이나 전문경영인의 신화가 있다고 밝히고 있다.

1908년 창업한 제너럴모터스의 사례에서 보듯, 창업가 듀랜트를 기억하는 사람도 많지만 대부분의 사람들이 그의 뒤를 이어 경영을 맡은 전문경영인 앨프레드 슬론을 제너럴모터스의 영웅으로 친다.

20년대에 불어닥친 미국의 극심한 경제불황은 대기업인 제너럴모터스를 벼랑으로 내몰았다. 이때 슬론의 등장은 구세주와 같았다. 그는 회사 되살리기에 성공했고 그의 리더십으로 오늘날 제너럴모터스가 일류 기업으로 우뚝 설 수 있었다.

슬론의 대개혁은 4가지 이노베이션이 주축을 이뤘다. 우선 '슬론 조직 (Sloan Structure)'을 창안해서 조직구조 개혁해 모조리 바꾸다시피 했다. 또 '목표관리(management by objective)'를 내세워 스스로 책임을 지는 자율경영제도를 실시하는가 하면 고객 제일주의로 고객친화적 상품개발과 서비스 운동을 펼쳤다. 전략과 조직의 유연성을 통해 지속적 상품개발과 다양화를 함께 추진한 것이다.

슬론은 재창업 사내기업가로 볼 수 있는데, 그는 회사 살리기를 새로 회사를 창업하는 것처럼 '모든 것을 바꿔야 된다'는 신념으로 철저한 개혁을 실천했다. 또한 이를 경영학 이론으로 정착시킨 창의적 전문경영인이기도 하다.

미국 자동차 빅3는 모두 거의가 100년이라는 깊은 역사를 가진 명문 기업들이다. 이들 기업은 창업가의 앞을 내다보는 비전이 있었고, '모조리 바꾸자'는 식의 대대적인 개혁이 있었다는 공통점을 가지고 있다.

이처럼 세계적인 명문기업이 되기 위해서는 적어도 한번쯤 리엔지니어링을 통해 거듭 태어나야 한다. 파산위기가 닥치면 이를 겁내지 말고 당당히 맞서 헤쳐 나가는 용기도 필요하다.

그레이너 박사의 실증적 사례 연구를 통한 기업진화론의 결론은, 창업가의 위대성은 재창업 기업가의 경영 천재성으로 이어져야 기업이 망하지 않고 명문 기업으로 성장·발전한다는 것을 말해 준다.

우리 나라 두산그룹의 경영혁신 사례 역시 그레이너의 기업진화론을 실증적으로 보여 주는 하나의 실례라 할 수 있다. 두산의 구조조정 3계명은 "겁내지 말고 과감하게 해내라", "사실진단을 정확히 하라", "모조리 바꾸라"이다. 이 역시 앞을 내다보는 기업들은 시대와 환경변화에 맞춰 함께 변해야 적자생존의 경쟁에서 승자로 살아남을 수 있다는 것을 보여 준다.

IMF 위기 이후의 한국도 사상 최대의 위기에서 벗어나기 위한 대변혁이 불가피해졌다. 기업으로 따지면 일류 국가로 살아남기 위해 대개혁이 필요한 시점이다.

즉, 기업가들은 정경유착이라는 중독증을 하루 빨리 치유하고 리엔지니어링을 통해 주력사업으로 전문화를 꾀해야 한다. 또 자율적 책임경영체제를 확립하고 사원 위에 군림하는 권위주의적 리더십을 청산하여야 한다.

한국의 경제 살리기는 세계적 기업들이 해 왔던 재창업 정신을 바탕으로 어떻게 기업들이 거듭나기에 성공하느냐에 달려 있다고 해도 과언이 아니다. 과거 '한강의 기적'을 일구어 낸 우리 기업들이 21세기 정보화 시대, 국제화 시대를 맞아 다시 한번 한강의 명성을 빛내는 전화위복의 계기로 삼아 새로운 역사를 재창출하기를 기대한다.

각 주

1) MIT Communication on Industrial Productivity, 〈Made in America : Regaining the Productive Edge〉, (Cambridge, M. A. : The MIT Press, 1989) ; Robert Hayes & William Abernathy, "Managing Our way to Economic Decline", 〈Harvard Business Review〉 1980년 7-8월호, p. 74.

2) Peters의 《In Search of Excellence》와 Hammer & Champy의 《Reengineering the Corporation》은 전 세계적으로 수백만 권이나 팔렸다는 점에서도 그 열기를 짐작할 수 있다.

3) Michael Hammer, 《Beyond Reengineering》, (New York, NY : Harper Business, 1996).

4) Rohnlich, 《Work & Love》, (New York, N.Y. : Summit Books, 1980). ; Michael MacCoby, 《Why Work : Leading the New Generation》, (New York, N.Y. : Simon & Scuhuster, 1988).

5) Chester I. Barnard, 《The Function of the Executives》, (Cambridge, M. A. : Harvard University Press, 1938).

6) Thomas Peters, 《The Liberation Management》, (New York, N.Y. : Knopf, 1992) ; William Ouchi, 《Theory Z》, (Readings, M.A. : Addison-Wesley Publishing, 1981).

7) Uchitelle, Louis & Kleinfeld, "The Downsizing of America : National Headache", 〈New York Times〉 1996년 3월, pp. 3-9. ; 〈New York Times〉 1996년 12월 9일의 "호경기에도 불구하고 직장에서 불안을 느끼고 있다." 라는 기사에서 복직 현상을 조사하였고 감원의 심각성을 인간적 측면에서 집중 조사하고 있다.

8) Hammer는 "리엔지니어링"이라는 단어에 대해서 특허권을 가지고 있기도 하다.

9) Hammer & Stanton, 《The Reengineering Revolution : A Handbook》, (New York, N.Y. : Harper Business, 1995) ; Champy, 《Reengineering Management : The Mandate & for New Leadership》, (New York, N.Y. :

Harper Business, 1995).

10) Tom Peters, 《Liberation Management : Necessary Disorganization for the Nanosecond Nineties》, (New York, N.Y. : Alfred A. Knopf, 1992).

11) Tom Peters & Nancy Austin, 《A Passion for Excellence》, (New York, N.Y. : Random House, 1985).

12) Hammer & Stanton, 《The Reengineering Revolution : A Handbook》, (New York, N.Y. : Harper Business, 1995).

13) Tom Peters, 《Liberation Management : Necessary Disorganization for the Nanosecond Nineties》, (New York, N.Y. Alfred A. Knopf, 1992), pp. 281-282.

14) 조직의 규모를 비대중에서 슬림형으로 전환시키는 노력을 통틀어 '가젤 혁명' 이라고 부른다.

15) 〈Business Week〉지, 1995년 4월 25일자, pp. 128-130.

16) Tom Peters, 《Liberation Management : Necessary Disorganization for the Nanosecond Nineties》, (New York, Alfred A. Knopf, 1992), pp. 612-614.

17) Michael Porter, 《The Competitive Advantage of Nations》, (New York, NY : The Free Press, 1990).

18) 정형민, "정보통신과 신경영", 〈한국일보―워싱턴〉 1995년 7월 25일자, p. 9.

19) James Champy, 《Reengineering Management : The Mandate for New Leadership》, (New York, N.Y. ; Harper Business, 1995).

20) Tom. Peters, op cit., pp. 281-282.

21) Hammer & Champy, 《Reengineering the Corporation》, (New York, N.Y. : Harper Business, 1993).

22) Hammer & Stanton, 《The Reengineering Revolution : Roads to Reengineering Successes》, (New York, N.Y. : Harper Business, 1995).

23) James Champy, 《The Reengineering Management : Managing Change in the New Corporation》, (New York, N.Y. : Harper Business, 1995).

여성 기업가와 기업가정신

양상적 리더십

Chapter Nine

여성 기업가의 본질적 개념과 실태

직장 여성과 양성적 리더십

21세기를 맞는 후기현대 시대(post-modern era)는 모든 면에서 새로운 시대가 될 것이다. 특히, 비즈니스 세계에서는 더욱 더 과감한 변혁을 요구하고 있다. 또한 새로운 시대는 '직장 여성의 시대'로 여성 권리의 신장과 사회적 진출 등으로 여성이 가정 밖에서도 남성과 당당히 겨루어 충분히 인정받는 시대라고 할 수 있다. 따라서 여성들의 역할과 공헌이 사회 각 분야에서 더욱더 큰 비중을 차지하게 될 것이다.

또한 '탈 성차별'에서 한 발짝 더 나아가 여성들이 각계 각층에서 리더로서 각광을 받게 될 것이다. 특히 경제계에서도 '여성 경영자 시대'를 맞이하여 여성 리더의 양성과 여성의 효과적 리더십이 요구될 것이며, 여성들이 사업을 창업하고 육성해 나가는 '여성 기업가(female entrepreneur)'의 등장이 기대되는 시대이기도 하다.

따라서 이제는 여성의 재능과 생산 능력을 적극적으로 활용해야 한다. 여성의 역할을 '안사람(housewife)'의 개념으로 한정해서는 안 된다는 것이다. 기혼의 여성들의 사회 진출이 여성의 평등한 위치 정립을 위한 사회적 변화로 받아들여져야 하며, 성차별의 반민주적 후진성에서 탈피해야 한다. 이것이 여성인력을 효율적으로 활용하여 사회 및 경제 발전에 기여하게 하는 원동력이 된다.

그러한 의미에서 여성 기업가의 본질적 개념과 실태 그리고 직장 여성이 갖는 성차별 문제를 통해 새 시대가 요구하는 새로운 경영 패러다임인 여성의 활용에 대해 살펴보고자 한다.

어느 모험적 여성 사업가의 성공

금융가인 뉴욕의 월스트리트(Wall Street), 자동차의 도시 디트로이트 그리고 어디에서나 흔히 볼 수 있는 패스트푸드점 맥도날드(McDonald)는 미국의 상징과 같다. 그런데 최근 미국을 상징하는 것이 하나 더 늘었다. 그것은 바로 길가에 줄지어 늘어서 있는 이동매점들이다. 길거리 상점(vendor)인 이동매점 중에서도 이동 커피판매점(coffee cart)은 그 숫자가 부쩍 늘어났다.

〈워싱턴 포스트(Washington Post)〉지는 자영사업체인 한 이동 커피판매점에 대해 크게 보도한 적이 있는데, 그 이유는 이러한 이동매점을 성공적으로 이끌어 낸 것이 여성 사업가였기 때문이다. 기사의 내용은 다음과 같다.

"젠 세그나(Jan Segna)라는 여성은 커피를 즉석에서 만들어 파는 커피 이동판매점을 연 10만 달러의 매상을 올리는 커다란 사업체로 성장시켰다. 그녀는 하루에 250잔의 커피를 커피애호가들에게 판매하고 있는데, 손님 중 약 80%가 단골로 그녀가 안정적인 매출을 올리는 데 상당한 기여를 하고 있다.

그녀는 커피의 메뉴를 늘리고, 오후 3시 이후에는 절반 가격으로 판매하는 특별 판매시간(Happy Hour)제를 활용했다. 그리고 때로는 무료로 커피를 제공하는 등의 다양한 판매전략을 구사하면서 자영사업가로 성공한 대표적인 모델이 되었다. 그녀는 이동 커피판매점을 다른 사람에게 넘기고 서부에서 새로운 사업을 시작하겠다는 포부를 가지고 있다."

▶ 자료 : Tracey Grant, "A Taste of Sucess", 〈Washington Post〉지 1998년 2월 21일자, p.3.

여성 기업가의
본질적 개념과 실태

미국에서는 자기 사업을 하는 여성들을 여성 사업가(business woman)라고 부르며, 여성 기업가(female entrepreneur)와 동일어로 사용하고 있다. 그러나 남성의 경우에는 이 둘을 구별하고 있고, 엄밀한 관점에서 자영 사업가가 모두 기업가가 될 수는 없기 때문에 양자간의 개념 차이를 분명히 규명할 수 있다.

하지만 여성 기업가의 개념과 남성 기업가의 개념에는 성의 차이 외에는 없다고 보는 것이 일반적이다. 따라서 여성 기업가의 본질 개념을 다음과 같이 요약할 수 있다.

첫째, 창업의 특징, 즉 새로운 사업을 기획하고 출범시키는 행위가 있어야 한다.

둘째, 모험성 감수(risk-bearing), 즉 진취적인 모험심을 가지고 미지의 세계에 도전할 수 있어야 한다. 또한 과감한 결단력과 적극성이 있어야 한다.

셋째, 여러 분야에서 꾸준히 이노베이션(innovation)을 바탕으로 한 창의적 노력을 실천해야 하고, 기업을 성장시키지 못한다면, 적자 생존의 험한 비즈니스 세계에서 살아남을 수 없다는 사실을 이해해야 한다.

또한, 소유와 경영을 다 같이 수행하는 중소규모 업체의 고전적 기업가 '운터네머(unternehmer)'와 같이, 오늘날 여성 기업가의 대부분이 이러한 중소기업형의 사업체를 소유하고 경영을 겸하는 특징을 갖고 있다. 따라서 여성 기업가의 개념에는 '운터네머' 개념이 핵심이 되어 있다는 사실을 인지하고, 대기업으로 성장·발전하는 현대적 기업가의 개념까지 폭을 넓혀 가며 이해하는 것이 옳을 것이다.

여성 기업가의 개념은 여권신장운동과 같이 남성보다 한 발짝 늦게 뒤따라가고 있는 실정이다. 이러한 점에서 여성 기업가의 본질적 개념은 페미니즘(feminism)의 개념과 그의 역사적 발전 배경을 통해 이해해야 한다. 또한, 여성 기업가는 직장 여성의 한 종류라고 보는 것이 타당하다. 따라서 '직장 여성(working woman)'에 관한 과제도 여성 기업가론에 당연히 포함되어야 할 것이다.

페미니즘은 '여성도 인간이다. 따라서 남녀가 동등하다' 는 사상을 이해시키고자 하는 것이다. 페미니즘은 산업혁명이 가져다 준 사회적, 경제적 발전의 측면에서, 여성의 가정문제는 물론이고 남성우위의 기업에서 여성의 인권 및 역할을 특별히 다룬다. 이런 점에서 페미니즘이 큰 의의와 중요성이 있다 하겠다.

여성 기업가

기업가는 한 사회의 경제 발전을 이룩하는 데 주도적 역할을 해온 경제적 사회적 지도자들이다. 여성들의 사회활동이 활발해지고 있기 때문에 여성들도 지도자격인 여성 기업가(Female Entrepreneur)가 될 수 있다.

최근 미국에는 여성 기업가 및 사업가의 수가 상당히 증가하고 있다. 여성 기업가가 운영하는 사업 및 기업의 고용 인구는 미국 500대 기업(〈포춘〉지가 해마다 선정하는 500대 기업으로 'Fortune 500' 이라 한다)

과 비슷한 수준까지 올라가고 있고 지속적인 증가 현상을 보이고 있다. 이를 보아 곧 500대 기업의 수준을 추월할 것이라고 예상된다.

수적인 통계를 보아도 여성 기업들이 활발하게 증가되고 있으며, 그들의 규모가 커지고 있다는 것을 알 수 있다. 1994년 3월에 열린 '미국 여성 기업가 연차 대회'에 약 3,000명의 미국여성경제개발공사(AWEDC)의 회원이 참가하여, 그들의 상호 친목, 협조 그리고 결속을 다짐했다. 그리고 1992년에 보고된 여성 기업가에 관한 통계에서도 직장 여성이나 여성 사업가가 운영하는 사업체가 꾸준히 증가하고 있다는 사실을 알 수가 있다.

여성 기업가에 대한 한 보고서의 내용을 간략히 소개하면 다음과 같다.

첫째 여성 사업가가 소유하는 사업체가 650만 업체로서 매년 증가하는 추세이고, 둘째 여성 사업가가 소유하는 사업체에서 고용한 인원이 500대 기업(Fortune 500)이 고용하고 있는 인원수보다 더 많으며, 셋째 여성 사업가가 소유하는 사업체의 40% 이상이 창업 후 12년 이상 안정되게 성장하고 있는 튼튼한 기업들이고, 넷째 어떤 특정한 산업에 국한되는 것이 아니라 산업 전 분야에 걸쳐 사업을 하고 있다.

이 보고서에서는 또한 여성 사업가가 운영하는 업체와 여성 최고 경영자가 운영하는 업체는 미국 총 업체의 28%가 된다고 보고하고 있고, 21세기에는 약 40%로 증가할 것으로 내다보고 있다.

이는 직장으로 진출하는 여성이 현저하게 증가한 것뿐만 아니라 저임금, 차별 대우의 장벽이 개선되고 있다는 것을 보여주고 있다. 또한, 여성들이 뛰어난 능력을 가지고 비즈니스에 참여하고 있다는 것을 증명하고 있는 것이다. 따라서 여성인력의 활용과 그들의 공헌을 긍정적으로 받아들여야 한다.

그런가 하면 한 실태 보고서에서는 여성의 직장 진출은 '경제의 불경기도 타지 않는다' 는 결론을 내리고 있을 정도이다. 이 보고서의 내용을 요약하면 다음과 같다.

첫째, 1991년에 창업한 여성 기업가의 사업체 수는 남성기업가의 창업 사업체 수의 약 1.5배가 된다.

둘째, 여성이 창업한 기업체가 실패하여 파산하는 비율은 남성이 창업한 기업체에 비해 낮다. 그리고 여성이 창업한 기업체는 남성이 창업한 기업체보다 성장 속도는 느리지만, 더 견실하다(stable and slow growth).

셋째, 주로 캘리포니아, 뉴욕, 텍사스, 일리노이, 플로리다, 펜실베니아, 미시간, 오하이오, 뉴저지 그리고 워싱턴이 여성 사업가들의 활약이 활발한 지역으로 상위에 속하는 여성 기업가들 대부분이 이곳에서 활동한다.

이 보고서에서도 알 수 있듯이, 여성 사업가가 운영하는 사업체의 특징은, 중소기업이 대부분이며, 파산하는 업체가 드문 건실한 중소기업이고, 성장 속도가 느린 보수성이 강한 업체들이다.

그렇다면 모든 여성 사업가를 '기업가' 라고 할 수 있는가? 여성의 경우에 있어서는 사업가와 기업가와 동일어인가? 이에 대해서 결론적으로 말하면 동일어로 취급할 수 있으면서도 필요에 따라 구별이 가능하다.

여성 사업가를 기업가와 구별하여야 한다는 의견을 제시하고 있는 한 연구에서는 이를 엄밀하게 구분하고 있다. 그 근거는, 성장 및 이노베이션이 본질적 요소가 되는 창업을 하고 기업을 발전시키는 사람을 기업가라고 정의하고 있기 때문이다. 따라서 여성 기업가와 여성 사업가와는 구별될 수 있다는 것이다.

하지만, 직장 여성과 여성 기업가를 동일시하여 고전적 기업가 개념인 소유와 경영을 다하는 사람이라는 점에서 여성 기업가를 이해한다면 큰 문제는 없을 것이다.

시대의 변천에 따라 여성 기업가의 정의를 세분화하고 개정하는 것도 틀린 것은 아니다. 다만, 적어도 2년 이상의 성장 유지를 성취한 사람들을 소위 기업가라고 하는 입장에서 여성 기업가의 의미를 이해하는 것이 타당하다고 본다.

가정과 직장에서의 균형

미국에서는 부부 기업가를 '코프레너(Copreneur)'라고 한다. 이것은 부부가 공동으로 기업 활동을 하는 것을 말한다. 그리고, 이 말에는 기업(起業)하고 창업 초기의 난관을 극복하고, 창의적 사업 육성에서 오는 위험성 또한 감수하고 이겨나가는 기업가 정의의 개념을 포함하고 있다.

새로운 종류의 기업가로 부상하고 있는 부부 기업가 역시 이제 새로운 연구의 대상이 되어야 한다.

부부 기업이란, 작은 규모의 사업체를 부부가 함께 소유하고 운영하는 것으로, '구멍가게(mom & pop)' 상점의 운영이나 가족 사업(family business)과는 다르다. 앞서 말한 바와 같이 기업가의 본질을 다 갖춘 창의적 창업 및 육성을 하는 모험가적, 창의적 기업가라는 관점에서 부부 기업가를 이해해야 한다.

부부 기업가가 운영하는 기업의 또 하나의 특징은 부부가 함께 참여하여 기업을 키우고 이렇게 성장한 기업을 공개함으로써, 재무구조의 개선을 통해 중견기업 내지 대기업으로 발전시켜 나간다는 것이다. 이런 의미에서 진정한 민주적 평등성이 기업문화로 정착하는 데 이바지하는 것이 바로 부부 기업이고 가족 기업이라고 말할 수 있다.

그런데 부부 기업가와 부부 사업가, 직장 여성을 불문하고 한 가지 공통적인 문제점을 안고 있다. 이는 현대 사회에서 직장 여성의 증가로 인해 발생되는 문제, 즉 부부가 가정과 직장의 균형을 어떻게 모색하느냐 하는 것이다. 이 문제는 일반 직장 여성들(부부 사업가, 맞벌이 부부를 다 포함해서)이라면 모두가 해결해야 할 기본적 과제이다. 따라서 이 문제는 연구 분석의 대상이 되어야 한다. 또한, 가족 기업의 과제와 문제에 대해서도 좀더 심도 있는 연구가 필요하다. 이와 더불어 맞벌이 부부기업에 대한 특성연구도 활발하게 진행해야 한다.[1]

예를 들어 가족, 사업, 개인 등 3자가 조화 있게 성장 · 발전할 수 있는 하나의 통합 이론 등을 시도해 볼 필요가 있는 것이다.

가정과 직장

직장 여성을 포함한 여성 기업가나 부부 기업가에게 가정(family)과 직장(work)에서의 일을 어떻게 균형 있게 조화시키느냐는 이들에게 중대한 과제이며, 꼭 해결해 나가야 할 문제이다.

여성이 사회 활동에 있어서 남성에 비해 이런 문제에 유난히 심각하게 직면하게 되는 데는 이유가 있다. 우선, 아이를 낳고 키우는 양육의 책임이 전통적으로 여성에게 있다고 본 문화적 관습 때문이다. 그리고 남성들은 사회생활이나 비즈니스 활동, 직장은 전통적으로 자신들의 자리이며 세계라고 여긴다. 따라서 남성 위주의 사업이나 직장에서 여성들의 '자리'는 새로운 것이어서 이는 남성에게 위협과 도전이 될 수 있다고 생각한다. 이러한 의식은 남성들의 성차별 의식과 구조화된 성차별 장벽에서 그 원인을 찾을 수 있다.

지금까지의 인류역사는 남녀를 평등한 관계로 보지 않고 남녀를 차별해 왔으며 역할 분담에만 치중해 왔다. 그러나 현대사회에서는 남성과 여성은 평등한 관계라는 것을 전제로 나타나는 차이를 부수적으로 인정하여야 한다. 새로운 인권주의(human right) 및 여성운동가(feminist)의 견해를 새롭게 받아들이기 시작함에 따라 새로운 세상에서는 남성과 여성이 평등하게 받아들여져야 하는 시대이다. 따라서 새로운 세상에서 가정과 직장의 기본 과제는 여성만의 문제가 아니고 남녀가 다같이 해결해야 할 과제이다.

직장 여성에 관한 한 연구결과 보고서에서는 여성이 직장에서 성공하기 위해서는 '첫째, 결혼하지 말아야 한다. 둘째, 결혼을 하더라도 아이는 낳지 말아야 한다'는 주장을 하고 있다. 이런 주장은 현실성을 토대로 하기 때문에 상당한 호응을 받고 있다. 사실, 직장 일과 가정 살림을 둘 다 해내는 여성을 우리는 '슈퍼우먼'이라고까지 부르고 있다.

대표적인 직장 여성 연구학자 슈워츠(F. N. Schwartz)의 전통적 택일 이론(직장에서의 성공을 포기하고 결혼을 하거나, 결혼을 포기하고 직장에서의 성공을 보장받으라는)에서는 여성들이 직장과 가정에서 모든 일을 잘 해내며 동시에 자기 성취와 만족을 이루어 낸다는 것은 현실적으로 어렵다고 했다. 이는 여성에게 냉혹한 현실이 아닐 수 없다. 게다가 아이를 가진 주부 여성은 '전문직 여성의 길(the ambitious-career-woman)' 보다는 '어머니의 길(the mommy track)'을 택하는 것이 옳다고 주장하고 있다.[2] 이런 택일론이 수긍을 얻고 있는 것은 아직도 남녀평등이 충분히 수용되지 않고 있기 때문이라고 볼 수 있다.

다시 말해서 택일론자들에 의하면 새 세상이라고 하지만 현실을 깊이 살펴보면, 아직도 세상은 성차별이 심하니 참고 더 기다려 보자는 주장을 하는 것이다. 그러나 선진 사회가 보여주듯 세상이 개혁되어 가는 과정에 함께 동참하는 일부터가 새 세상을 창조해야 하는 직장 여성들의 몫이다. 즉, 새 세상은 여성들의 의식과 가치가 직장이 가정만큼 중요하다고 생각하는 새로운 사회이며, 어려서부터 가정 교육이나 사회 환경에서 남녀가 성차별 없이 인간으로서 동등하다고 가르치는 민주사회라는 것이다.

이러한 사회적 변화 속에서도 그 변화의 속도가 때로는 다를 수도 있다. 즉, 농촌에서는 아직도 전통적 남존여비 사상이 남아 있는가 하면, 또 한편에서는 미국의 젊은 층에서 유행되는 문화적 규범인 '여피(Yuppie)'[3] 집단도 있을 수 있다. 새 세상은 복잡한 사회로서, 여러 종류의 문화 집단이 존재한다. 따라서 한 문화 집단이 여러 문화의 대표적 집단이 될 수 없다. 이러한 점에 비추어 직장을 위해서 결혼을 늦추거나 독신의 상태를 서슴지 않고 택하는 현대적 여성들이 일본을 비롯한 선진국에서 상당히 증가하고 있다는 것도 주목할 만하다.

변화하는 사회적 현실 속에서 '어머니 길'을 택하는 것이 현명한
선택이라고 주장하는 택일론자들의 이론은 소극적 전통적 접근이라
고 볼 수 밖에 없다. 시각을 바꾸어 어려운 현실적 난관을 점진적으
로 타파하면서 새로운 길을 모색하는 적극적 개혁 지향의 관점에서
본다면, 가정과 직장의 균형은 남녀가 함께 찾아가는 것이 옳으며 이
는 분명 가능한 일이다.

미국에서는 여성의 약 80%가 직장을 갖게 된다고 추정한다. 또 기
혼여성의 절반은 직장생활을 겸하고 있으며, 이들은 가정과 직장에
서의 일을 성공적으로 수용하고 실천하고 있다.

민주적 가정으로의 변신

가정과 직장의 균형은 우선 민주적, 동반자적 부부 관계에 의해서
시작된다. 그리고 이러한 부부관계를 이끌어내기 위해서는 사회제도
적 변화와 병행하여 부부를 포함한 가족의 의식과 가치관도 민주화
되어야 한다. 그러나 한국의 문화적 현실은 여성들에게 직장과 가정
의 균형을 이루어 나아가는 데 어려움을 주고 있는 것이 일반적이다.
따라서 우리 나라의 직장 여성의 어려운 현실을 해소하기 위해서는
여성 스스로 남편과 동반자적 민주 가정을 만들겠다는 신념이 있어
야 한다. 그리고 이와 더불어 직장과 가정의 균형은 여성만의 문제가
아니고 부부 공동의 문제라는 것을 남편에게 인식시키는 노력이 필
요하다. 남성 또한 직장에 최고의 가치를 두고 가정을 등한시해 온
전통적 의식을 던져 버리고 앞으로는 가정과 직장이 모두 중요하다
는 인식의 전환을 이루어야 할 것이다. 또한 일부 직장 여성들이 가
지고 있는 가정보다 직장이 더 우선이라는 생각 역시 긍정적인 가족

관 정립을 위해서 시정되어야 할 부분이다.

동등한 부부 관계는 부부간의 역할분담(role sharing)에서 시작된다. 역할분담은 원천적으로 가치공유(value sharing)에서 온다. 이런 점에서 인권(human right)을 존중하는 민주적 동등가치(equalitarian value)를 부부가 함께 수용하고 이를 바탕으로 서로의 역할분담에 대해서 논의한다면 해결의 실마리가 풀리게 될 것이다.

새 시대의 핵가족 및 민주화된 부부를 긍정적으로 수용하고 육성·발전시키는 것은 현대 기업들이 완수해야 할 또 하나의 사회적 책임이다. 즉, 기업에게 부가된 인재의 양성과 성숙한 인간 양성이라는 건전한 사회적 책임에 더하여 가정의 민주화를 위해 직장 여성을 직접·간접으로 돕는 것도 기업의 새로운 사회적 책임의 하나가 된다는 것이다.[4]

양성적 기업문화와 여성 인재활용

새 시대는 직장 여성이 남성만큼 수적으로 많아지는 시대로서 직장 여성의 전성기를 맞이하는 시대이다. 따라서 기업의 성공 여부는 유능한 여성인재를 채용하고 승진시켜 활용하는 새로운 경영전략에 달려 있다고 할 수 있다. 인재활용 전략은 동서고금을 막론하고 기업 성공의 기본적 요소이다. 따라서 새 시대는 남성위주의 인재활용으로부터 탈피하여 성차별 없는, 특히 여성의 인재활용으로 확대되어야 한다. 그러기 위해서 기업은 새로운 기업문화 육성을 시도해야만 한다.

기업은 최고경영자에서부터 말단직원들에 이르기까지 여성을 동등하게 받아들이고 성차별 없이 상호 협동하는 기업문화를 만들어야 한다. 경영자와 근로자의 협동이 중요한 것처럼 경영에서 수평적인 남녀 협동도 중요하다.

이러한 새로운 기업문화를 가리켜 여성 경영학자인 사전트(A. G. Sargent)는 '양성적 기업문화(androgynous culture)' 라고 말한다. 사전트는 남녀 모두가 기업에서 능력을 발휘할 수 있는 기업문화가 정착되어야 한다고 오래 전부터 주장해 오고 있다.[5]

사전트는 기업문화의 효과는 과업성취 기능과 조직활성화 기능의 균형에서 나온다고 주장한다. 전통적 과업지향의 남성적 문화(macho culture)에서 탈피하여 인간지향(people-oriented)의 여성적 문화와의 절충이 가장 효과적인 기업문화라는 것이다.

이러한 것을 가리켜 '머리와 가슴으로 접근(head & heart approach)' 하는 양성적 기업문화라고 말한다. 이는 조직 변화의 기본적 개념으로 정착되어 온 것이다. 새 시대에는 기업문화의 양성화를 위한 기업 변신이 이루어져야 하며, 이러한 변신에는 소위 가족 조직(Nanny Organization)의 요소가 가미되어야 한다. 그리고 기업 변신은 최근 기업의 리엔지니어링에서 추진해야 할 기본 과제의 하나이기도 하다.

우리 나라도 이제 직장 여성의 시대가 도래하고 있다. 따라서 유능한 여성 인재를 활용하는 기업만이 새 시대에 성공한다는 것을 엄연한 사실로 받아들여야 한다.[6]

새 기업문화는 인재 활용 및 육성 전략에서 성차별 없는 기본요소가 주축이 되어야 하고, 특히 여성인재 활용정책은 창의적이고 양성적인 것이어야 한다. 다시 말해서 새로운 현대적 기업문화에서는 임신휴가, 출산휴가, 근무시간의 융통성, 재택근무(telecommuting) 그리고 여성 진급 장벽(glass ceiling)의 제거 등이 활용되고, 정착되어야 하고 이를 위해서는 기업 나름대로 현실에 맞는 독특한 행동 계획이 추진 되어야 할 것이다.

새 시대는 여성 사업가, 부부 사업가 그리고 여성 기업가가 중요한 경제 발전의 기본 역할을 담당하는 시대이다. 이러한 시대에 여성에 게 슈퍼우먼(superwoman)이 되길 요구하기 전에 가정과 직장의 균 형을 가져오는 가정의 민주화, 그리고 기업변신 및 사회의 변화를 먼 저 이루어내야 할 것이다. 그럼으로써 여성 기업가들에게서 가정과 기업 그리고 사회를 위한 더 많은 공헌을 이끌어 낼 수 있다는 것을 명심해야 할 것이다.

캔들 인터내셔널의 부부 기업가

부부 기업가(copreneur)의 모범형으로 캔들 인터내셔널(Kendle International)을 꼽을 수 있다. 켄들 인터내셔널은 캔들(Kendle) 부부 가 창업한 회사로 최고의 성장률을 기록하고 있는 회사이다.

캔들 인터내셔널은 창업하기 전, 부인 브라이언(Brain Kendle)은 약제 처장으로, 남편 버겐(Bergen Kendle)은 사무국장으로 필라델피아에 있는 아동병원에서 함께 근무하고 있었다. 이들은 거대한 제약회사들 의 신약개발을 도우면서, 연구개발을 하청받은 여러 연구소들을 관리 하고 운영하는 연구소 통제회사를 창업했는데, 이것이 바로 캔들 인터 내셔널이다. 이렇게 캔들 부부가 30대 초반에 용감하게 창업한 캔들 인 터내셔널은, 하이테크 첨단 기술회사로 미국에서 과거 3년간 가장 높은 성장률을 보인 우량 중소기업으로 선정되는 영예를 누리기도 했다.

미국의 최우수 100개 중소기업 중에서도 제1순위에 드는 캔들 인터내셔널의 업적은 찬란하다.

연대출은 과거 3년간 연 168.9%의 증가율을 보였고, 1997년에는 4,420만 달러의 수입을 올렸으며('98년 5,800만 달러의 매출, 460만 달러의 순 이익), 연수익이 또한 1997년 370만 달러를 올리면서 연 158.7%의 증가율을 보였고, 투자액 회수율은 59.3%에 이른다.

이 회사는 방대한 하청 연구기관들의 연구진행 및 감독을 전담하여 전문적 자문을 해주며 전문지식을 무기로 신속하고 정확한 정보를 제공하고 진행과정을 감독 관리하는 신기술 사업을 만들어냈다.

남편 버겐은 펜실베이나 대학교 와튼 경영대학원(MBA) 출신으로 캔들 인터내셔널의 사장직을 맡고 경영관리를 하고 있으며, 아내 브라이언은 회사전략의 책임을 맡아 회사를 운영하고 있다. 브라이언이야말로 맹렬 여성 기업가의 모범형이라고 할 수 있으며 남편의 협동을 구하여 부부 기업가정신을 발휘한 신여성의 대표적 사례라고 할 수 있다.

▶ 자료 : "Mom & Pop Go High Tech : Special Report" , 〈Business Week〉지, 1994년 11월 21일자, pp. 82-90. ; "Hot Growth companise : Special Report". 〈Business Week〉 지, 1998년 6월 1일자, pp. 70-98

직장 여성과
양성적 리더십

여성들의 직장 진출에 필연적으로 수반되는 또 하나의 도전은 여성 인력의 수적 팽창이 기업 발전에 얼마나 공헌하느냐이다. 따라서 직장 여성들도 책임과 권한을 기꺼이 받아들이고 남성 동료들과 동등하게 경쟁하여 리더의 자리를 맡아야 한다. 그러기 위해서는 직장 여성들도 리더십을 잘 이해하고 실천해 나가야 할 것이다.

그리고 그에 앞서 선행되어야 할 조건은, '남성이 되라' 하는 신화(myths)를 깨는 것이다. 동서를 막론하고 남성우위사회의 기업문화에는 몇 가지의 신화가 있는데, 그 중에 하나는 여성은 약한 리더라는 것과 성에 관계없이 부하들 모두가 여성 상관을 싫어한다는 것이다. 이러한 신화 때문에 여성이 진급장벽을 깨지 못하는 경우가 많다. 그래서 '남성같은 여성' 리더상(像)을 이상형으로 보는 시각이 생겨난 것이다.

'철의 여인'이라고 불렸던 영국의 수상 마가렛 대처(Margret Thatcher)를 미국의 레이건(D. Reagan) 전 대통령은 '남성처럼 행동하고 남성처럼 취급되기를 바라는 여성'이라고 했다고 한다. 한국에서도 유명한 여성 국회의원이 남장을 하고 다니는 것도 남장이 편한 복장이라서기보다는 여성 리더는 남성다워야 한다는 시각 때문이 아니었을까 생각한다.

그러나 남자같이 보이고 남자같이 행동해야만 리더가 될 수 있다는 생각은 잘못된 것이다.

새 시대는 여성도 얼마든지 훌륭한 리더가 될 수 있고 남성 못지 않게 생산적인 경제 활동을 잘 할 수 있다는 사실을 증명하고 시험해 볼 수 있는 시기이다. 그러기에 여성 스스로가 이러한 편견적 신화를 깨뜨리고 새 시대를 맞는 데 선봉적 역할을 해야 한다.

서구의 리더십 전문연구가들의 공통된 결론은 리더는 태어날 때부터 결정되는 것이 아니고 후천적으로 개발될 수 있다는 것이다.

현대적 리더십 이론의 핵심은 상황적 요소에서 리더십 효과성이 결정 평가된다는 '리더십 상황 이론'이다. 따라서 이러한 이론적 근거를 바탕으로 볼 때도 리더가 남성이 아니라는 것이 하등의 문제가 되지 않으며, 누구나 성공적인 리더가 될 수 있다는 점이다.

그리고 더 중요한 것은 현대 사회에 필요한 리더십은 임무지향의 권위주의적 리더십과 인간지향의 민주적 리더십이 조화된 새로운 리더십 스타일이라는 것이다. 이 새로운 스타일의 리더십이란 권위주의적 리더십을 남성형 리더십, 민주적 리더십을 여성형 리더십의 모형으로 보았을 때 이 두 가지가 접합된 양성적 리더십을 말하는 것이다.

직원들의 업무 성과를 높이기 위해서는 업무능력 훈련이나 보상금 등의 경영적 요인도 중요하다. 하지만 무엇보다도 중요한 것은 사람들의 마음을 움직이게 하는 리더십이다. 이런 점에서 2차원적 리더십 이론(two-dimension leadership)이라고도 하는, '양성적 리더십 이론'이 중요한 역할을 해낼 것이다.

이러한 새 이론들이 주는 교훈은, 리더십의 효과성이 리더들의 성적 차이에 의해서 결정되는 것이 아니라 리더의 '사람됨'에 달려 있는 것이다.

따라서 여성 리더는 남성적 행위(과업 지향성)를 모방하되 여성의 기본적인 요소인 '인간 중심의 사상'을 잃지 말아야 할 것이다. 남성 리더 또한 여성적 요소를 받아들여 사랑을 베푼다면, 훌륭한 리더가 될 수 있을 것이다. 다시 말해서, 여성 리더의 목표는 남성다운 여성 리더가 아니라, 인간다운 여성 리더가 되어야 한다는 것이다.

직장 여성은 남성들과 팀 동료사원으로서 동등한 위치에 서야 한다. 동료들과 팀조직을 만들고 참여하여 명실공히 동등한 대우를 받아야 한다는 말이다. 이는 직장 및 사적인 생활에서 여성들 스스로 장벽을 허물고, 공식 혹은 비공식 모임에 적극 참여하는 데서부터 시작할 수 있다. 물론 동료들의 긍정적인 호응이 도움이 되긴 하겠지만 궁극적으로는 스스로 적극적으로 동료들과 밀착될 수 있도록 노력해야 한다.

소집단 연구학자인 블라우(Blau)는 집단에게 동료의식을 주는 기본조건으로 매력성(attractiveness)을 꼽았다. 이를 위해서는 집단에 도움이 되는 긍정적 요인을 많이 가지고 있어야 하는데, 예를 들면 실력 같은 장점을 들 수 있다. 또 우월의식이나 경쟁의식을 노골화하지 않는 태도와 겸손함이나 배우겠다는 자세, 성실한 태도 등도 매력성의 요소라고 할 수 있다. 이러한 장점의 활용은 처음에는 미미해 보이지만 시간이 지날수록 크게 부각되어 집단에서 없어서는 안 될 존재로 인식이 되게 한다.

한편, 여성은 이성적 매력의 발산이나 성적 희롱(sexual harrassment), 사내 연애(intramural love) 등의 문제 등을 야기해 조직에 부정적인 요인이 될 수 있다. 하지만 여성 스스로가 이러한 약점을 긍정적으로 승화·발전시키는 노력도 해볼 가치가 있으며, 사실 이러한 것들이 조직에 플러스 요인이 될 수도 있다. 여성의 팀조직 생활에서 다루어져야 할 신뢰 구축 문제, 충성심 문제 등은 남성의 경우와 또 다른 측면으로, 창의적인 노력을 해야 할 것이다.

따라서 직장 여성들은 인간적인 면에서 남성에게 매력을 느끼게 하면서, 한쪽으로는 경쟁할 수 있는 지능과 자질을 갖추어야 할 것이다.

민주화와 문명의 선진화가 이루어진 사회란, 남녀가 성차별 없이 동반자 관계에 있는 평등 사회이다. 직장 여성들이 경제활동 인구의 절반이 되는 사회에서 기업인들에게 필요한 것은 바로 이러한 성차별을 타파한 평등의식이다. 직장 여성의 공헌이 기업이 살아남는 데 절대적 역할을 하고 있는 지금 기업들은 평등의식을 가지고 직장의 인간화 민주화까지 꾀하는 폭넓은 리엔지니어링을 시도해야 할 것이다. 또한 직장 여성 및 여성 기업가들도 자신들이 경제 발전의 주역임을 인식하고 가정과 직장의 균형을 유지하면서 양자를 성공적으로 해내는 새로운 시대의 리더가 되도록 노력해야 한다.

각 주

1) David Bork, Dennis T. Jaffe & Sam H. Lane, Leslie Dashew, Quentin G. Heisler, 《Working with Family Business : A Guide for Professionals》, (San Francisco, C.A. : Jossey-Bass Publishers, 1996).

2) F. N. Schwartz, "Management Women and New Facts of Life", 〈Harvard Business Review〉 1989년 1-2월호, pp. 65-76.

3) 여피란 제2차 세계대전 이후 1940년대 말과 1950년대 초에 태어난 미국의 젊은 엘리트 계층을 일컫는 말이다.

4) Abraham Maslow, 《Eupsychian Management》, (Homewood, I11 : Richard D. Irwin, 1965).

5) Alice G. Sargent, 《The Androgynous Manager : Blending Male & Female Management Styles for Today's Organization》, (New York, N.Y. : American Management Association, 1993).

6) B. M. Boyle, "Equal Opportunity for Women is Smart Business", 〈Harvard Business Review〉 1973년 6-7월호, pp. 85-95.

창업경영론

창업과 기업가정신

Chapter Ten

앞에서 우리는 소유경영자의 개념이 기업가에 대한 전통적 개념의 하나라고 밝힌 바 있다. 현대적 개념에서 소규모 기업은 이러한 전통적 개념의 재검토를 요구하고 있다. 고전적 소기업 개념에서 변천적, 유동적 개념의 현대적 소기업 개념으로 변화를 요구하고 있는 것이다.

창업기업과 기업가정신

소규모 사업체는 전세계적으로 다종 다양하다. 특히 미국의 경우는 '기업가 나라'라는 별칭을 가질 정도로 다양하고 많은 기업가와 비즈니스맨들이 있다. 그러나 소규모 사업가나 생계유지를 위한 자영사업가들과 기업가는 구별이 된다. 일반적으로 생계유지형의 소기업과 창업성장지향의 소기업은 구분하지 않고 동일 개념으로 이해하는 경우가 있다. 특히 창업시의 모든 기업들은 규모가 작다는 것만으로 이들을 구분하지 않고 중소기업으로 취급하는 데 이는 잘못된 것이다.[1] 한편, 모든 기업가는 소규모 기업에서부터 시작한다는 점에서, 소규모 기업들이 가지는 중요성은 재고할 여지가 있다.

비록 처음에는 소규모 기업의 형태를 보이지만, 기업가정신이 주도하는 기업은 점차 성장지향성의 기업(fast growing company)으로 발전하며, 꾸준한 이노베이션의 특징을 갖는다. 그리고 이점이 바로 단순한 자영업이나 소규모 기업과 다른 점이다.

기업가정신의 잠재적 공헌은 다음과 같다.

첫째, 일자리의 창출이다. 여성 인재의 활용은 물론이고 소수민족의 활용도 가져온다.

둘째, 혁신과 개선을 통한 부의 창출이다. 즉 이를 통해 사회의 풍요함을 가져온다.

셋째, 인재의 훈련과 양성이다. 즉, 유사이키안 경영을 통한 인간의 건전성 발전시킨다.

넷째, 자유경제시장제도를 보전하며, 인권을 존중하고 인간의 자유를 보장하는 민주사회를 건설한다.

다섯째, 협동과 문화적 발전을 통해 인류의 평화에 이바지한다.

앞에서도 언급했듯이 기업의 규모가 기업가정신의 체득유무를 결정짓는 것은 아니다. 기업가정신이 살아 있는 조직의 창업과정은 〈그림10-1〉과 같다.

〈그림 10-1〉 조직의 창업과정

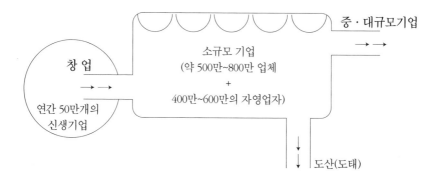

미국에서는 〈그림10-1〉과 같은 과정을 통해 기업가정신을 바탕으로 매년 약 50만 개의 새로운 기업이 창업된다. 그리고 약 5백만 개에서 8백만 개의 소기업이 존재한다. 또 400만 명에서 600만 명 정도의 자영업자가 존재하고 있다. 하지만 이들 자영업자의 경우 자신의 기업을 기업화하는 데 의미를 두기보다는 자신의 기업을 수단으로 생각하고 있다. 때문에 이들 자영업자들은 가족소유경영이나 소규모 기업의 형태를 유지한다. 따라서 모든 기업이 기업가정신을 바탕으로 창업되는 것은 아니라는 것이다.

그러나 기업가정신을 바탕으로 창업한 기업들은 분명 규모 면에서는 중소기업에 속한다고 볼 수 있다. 하지만 계속적인 발전과정에 있는 과도기적 기업이라는 점에서 일반적인 소기업과 구분할 수 있으며 반드시 구분하여야 한다. 한편, 창업되는 많은 기업들이 모두 중·대 규모의 형태로 성장·발전하는 것도 아니다. 상당수의 창업기업들이 중간에 도산하거나 도태되고 있다.

창업기업가의 공헌

기업가정신의 기업가를 국가적 보물로 생각해야 하고 그렇게 대우해야 한다는 것은 이론적인 요구가 아니다. 이들의 기업가정신은 실질적으로 경제발전에 공헌하고 있으며, 이들의 행한 인재양성은 사회에 물질적, 정신적 건전성을 가져오고 있다. 따라서 이들을 충분하게 대우해 주어야 하는 것을 당연한 것이다.

하지만, 대부분의 국가에서 사업가에 대한 부정적인 불신은 보편적으로 강하게 뿌리 박혀 있다. 이는 기업가와 기타 사업가를 구별하지 못하는 사람들의 시각과 자신들에 대한 본질적 특질에 대한 올바른 이해와 실천이 대부분의 기업가들에게 결핍되어 있기 때문이다.

따라서 이에 기업가의 공헌에 대한 분석이 필요한 것이다. 이런 분석을 통해 기업가에 대한 긍정적인 평가를 내릴 수 있을 것이다.

창업하는 기업가의 기본적인 주요 공헌으로는 (1) 일자리의 창출, (2) 혁신, (3) 생산성 및 경제능률 향상, (4) 수출 신장, (5) 경제력의 분산, (6) 자아실현과 인류의 행복 등을 들 수 있다.

기업가정신으로 새로운 기업을 창업한다는 것은 끊임없는 혁신과 발전과 성장을 지속하는 것을 말한다. 따라서 성장을 목적으로 하지 않는 자영사업의 시작이나, 생계유지를 위한 최소한의 규모의 경제성에 치중하는 중소기업들과는 다르다. 이들 기업들은 기존 기업에 도전하는 공격적 경쟁을 벌이지도 않으며, 대기업으로 성장하려는 목적을 가지고 있지 않다. 반면에, 기업가정신 주도의 창업기업의 시작은 작은 규모라고 하더라도 (1) 꾸준한 혁신과 위험감수를 통하여 고용과 시장을 확대하기 위해 지속적으로 노력하며, (2) 자원과 시장의 기회를 동원하여 연구개발을 지속하는 등, (3) 기존의 기업에게 경쟁적 도전을 기본행위로 한다. 이런 점에서 중소기업 소유경영자와 기업가(비록 중소기업이라하더라도)가 구별될 수 있다.

기계문명의 발달, 산업혁명, 최근의 디지털 혁명 같은 시대적 환경에서 경제발전을 이끌었던 주요 인물들은 신고전적 기업가정신의 대표적 인물인 창업기업가들이다. 이들은 성과위주의 발명과 혁신으로 실력을 인정받았으며, 일을 사랑하고 일에 열중하며, 맨손으로 시작았음에도 불구하고 끈질긴 투지로 성공해 막대한 부를 얻은 행동 지향성을 특징으로 가지고 있다.

기업가란 창업가이고, 우수기업의 창출자이며, 경제계의 지도자이다. 그리고 나아가 존경받는 지도자로 변신하고 발전하는 사람이다. 창업 없는 기업가는 있을 수도 없다는 점에서 창업주가 기업가의 핵심이고 기본적인 본질이다. 또한, 이것이 바로 전통적 고전적인 기업가의 본질이기도 하다.

그리고 창업주는 기업가정신이 가장 투철한 사람이다. 이들은 새 기업의 기업문화를 탄생시켰으며, 신화와 혼으로서 기업에 영원히 남는다. 따라서 창업적 기업가, 즉 창업주의 본질적 특징을 별도로 분석하고 연구하는 것은 기업가의 본질과 기업가정신을 올바르게 이해하는 첫걸음이 될 것이다.

하지만, 그들의 공헌을 과대포장하는 것은 위험천만한 일이다. 앞서도 설명했듯이 창업기업가들은 기업의 성장과정에서 필요한 혁신적 변혁을 이루기 힘들다. 또한 그들이 특징인 일인독재나, 과업제일주의, 황제 경영 등의 병폐는 역사적으로도 증명된 것들이다.

앞으로의 시대에는 혼자서의 투지나 비전만으로는 성공과 막대한 부를 거두기가 힘들어졌다. 다른 사람들과의 협동과 공생이 없이는 자신의 비전을 이루는 것은 물론이고, 기업의 성장도 이룰 수 없다.

기업가정신과 창업전략

2000년대의 경제적 특징 중의 하나는 과거에 비해 '정보'를 바탕으로 한 지식 산업이 급성장하고 있다는 것이다. 젊은 두뇌들이 창업한 소프트웨어 전문 벤처회사가 1,000억 원이 넘는 매출액을 기록하고 있고, 조사연구나 컨설팅 전문의 벤처기업들도 늘어나고 있다.

최근까지 중소기업진흥공단에서 창업지원을 받은 563개 중소기업체 창업자 중 270명이 36세~45세로 전체의 48%를 차지하고 있는 것으로 나타났다. 그리고 벤처기업의 평균연령은 이에 비해 훨씬 더 낮은 것으로 나타났다. 이는 우리 나라에서도 아이디어를 바탕으로 한 새로운 비즈니스로 진출하는 젊은 기업가들이 늘어나고 있다는 것이다. 그러나 우리 나라의 경우 창업 후 2년 이내에 28%가 도산하고, 5년 이내에 78%가 도산하고 있는 것으로 나타났다. 이는 창업 후 5년 이상 생존하는 기업이 20%밖에 안 된다는 얘기다. 이러한 상황은 선진국의 경우도 비슷한데, 그만큼 경쟁이 치열하고, 환경의 변화가 심해 적응하기 어렵다는 것이다.

그럼에도 불구하고, 자신의 아이디어나 기술을 바탕으로 새로운 비즈니스를 추구(창업정신)하는 젊은 기업가들이 계속해서 더욱 더 많이 생겨나야 한다. 왜냐하면 새로운 기업이 출현은 고용 및 취업의 기회를 확대시키는 것은 물론이고, 기술혁신과 생산성 향상 및 작업 능률의 증진을 가져오기 때문이다.

창업진출전략

그 동안 우리의 기업들은 선진국들의 제품을 모방하는 기술만으로도 충분히 생존할 수 있었다. 하지만 우리 나라가 성장·발전하기 위해서는 새로운 기술의 창출과 혁신 그리고 새로운 기업의 창출이 필요하다. 즉, 더욱 더 많은 기업가들(기업가정신을 가진)이 필요하다는 것이다. 그렇다면 앞으로 이익이 많이 날 것으로 기대되는 새로운 사업의 기회를 어디에서 얻을 수 있을까? 미래의 창업가 내지는 기업가들을 위해 새로운 사업 기회의 원천(source)을 몇 가지 소개하게 하겠다.

과거의 경험

과거 직장경험을 바탕으로 신사업을 시작하여 성공한 사례들을 얼마든지 발견할 수 있다. 하지만 이 경우에는 기업의 고유한 기술이나 아이디어, 신제품 등의 귀속여부를 확인해야 한다. 즉, 윤리적, 도덕적, 법적인 문제를 고려하여야 한다는 것이다.

한편 대부분의 조직은 그 특성상 기업가정신을 소유한 사람들이 아이디어와 기술을 100% 발휘할 수 있는 장을 만들어 주기가 어렵다. 진취적인 젊은이들이 자신의 아이디어를 제안해도 실제로 사업화되기란 거의 어렵다는 것이다. 보수적인 상위계층을 설득하는 것도 쉬운 일이 아니고, 속도 또한 사업의 중요한 경쟁력으로 먼저 아이디어를 실현하는 경쟁자의 출현은 막을 수 없기 때문이다. 따라서 기동력을 가지고 자신의 아이디어를 실현할 수 있는 방법은 자신의 직장경험을 바탕으로 창업하는 것이다.

취 미

취미를 사업기회로 활용하면 훌륭한 비즈니스가 될 수 있다. 자신이 즐기는 일을 할 때 성과는 배가 된다. 또한 과정도 지루하지 않고 즐거울 것이다.

맥킨토시로 대표되는 애플 컴퓨터(Apple computer)의 스티븐 잡스(Steven Jobs)는 어릴 때부터 무엇을 만들고 제작하는 것을 좋아했다. 21살이 되었을 때 그는 자기 집의 창고에서 8비트 퍼스널 컴퓨터를 만들어 팔기 시작했다. 그것이 시작으로 지금 그는 애플 컴퓨터의 회장이 되었다.

컴퓨터 사업 분야에 뛰어든 젊은이들 대부분이 처음에는 취미로 컴퓨터 공부를 시작하였다는 사실에 주목하라. 우리 나라의 이상협은 자신이 만든 소프트웨어 '칵테일'이 영상세대인 젊은이들을 중심으로 호평을 받기 시작하자, 19세에 화이트 미디어(White Media)를 창업하였다. 그는 사무실에서 숙식을 해결하며 연구개발에 몰두하고 있다. 그의 탁월한 소프트웨어 제작능력을 인정한 한국과학기술대학교에서는 전국에서 2명에게만 허용하는 특별입학을 그에게 제안하기도 했는데, 이상협은 이를 거절했다. 그때 그는 "현재 가장 열심히 하고 싶을 때 이 일을 해야 계속 성공할 수 있지, 대학을 졸업했다고 해서 더 좋은 프로그램을 개발할 수 있다고 누가 보장하겠는가?"라고 말했다.

그러나, 취미를 사업화할 경우, 자신이 좋아하는 것이 반드시 사업성이 있는 것이 아니라는 점을 명심해야 한다. 또한 자신의 취미가 평생동안 전력을 다해 정열을 불사를 수 있는 것인가를 심사숙고하여야 할 것이다.

전문지식과 특허의 매입

예컨대 다른 사람의 권리나 특허를 사들일 수 있는 기회를 얻는 다던가, 일상적인 업무를 관찰하다 뜻밖의 아이디어를 얻을 수도 있다.

제록스(Zerox)를 창업한 체스터 칼슨(Chester Calson)은 복사기 시장에서 어마어마한 성공을 하기 전 까지 무명의 물리학자였다. 그는 당시의 사진기술을 이용하여 복사기를 만드는 데 성공하였다. 그는 사진업체인 코닥에 가서 자신이 개발한 기술을 사줄 것을 요청했으나 보기 좋게 거절당했다. 다른 업체에서도 비슷한 반응을 보이자 스스로 창업을 하기로 결심하고 제록스를 설립하였다.

수많은 발명가들은 자신의 아이디어를 개발하여 특허권을 따 놓고 사업화할 수 있는 동업자를 기다리고 있다. 따라서 다른 사람의 전문지식을 활용하거나 특허권을 매입하여 사업화할 수 있다.

그러나 이때 주의할 것은 특허권을 가진 발명가들에게 동업을 제의할 때 현명한 대처가 필요하다는 것이다. 대개 발명가들은 자신의 아이디어를 과대평가 하거나 발명에만 몰두한 나머지 시장성을 충분히 파악하지 못하고 터무니없는 요구를 하거나 사업 자체에는 관심이 없고 또 다른 발명에 관심을 보이는 경향이 있기 때문이다.

행운과 기회

때로는 사소한 아이디어가 큰돈을 벌게 해주고, 사업가의 길을 걷게 해주는 경우도 있다.

L 박사는 미국에서 경영학을 공부하고 돌아왔다. 그는 서울에서 여러 대학에서 강의를 하면서 대학교수의 자리를 기다리고 있었다. 그러던 중 한번은 부산에 여행을 갔다가 일본에서 유행하던 가라오

케가 우리 나라 사람들에게도 인기를 얻고 있다는 것을 알게 되었다. 그는 서울에 돌아와 청계천에 들러 게임기를 만드는 기술자를 찾았다. L 박사는 기술자에게 계약금을 주고 오늘날의 노래방 기계를 만들었다. 시험적으로 고려대학교 앞에 노래방 기계를 설치했는데, 뜻밖의 성공을 거두었다. 그는 고무되어 노래방 기계를 대량생산하였고, 초기에 큰돈을 거머쥘 수 있었다.

그때 벌어들인 돈으로 그는 전자산업에 진출하여 새로운 비즈니스를 벌이는 사업가로 변신하였다. 누구나 일본에서 노래방이 성업 중이라는 사실을 알고 있었다. 하지만 그는 우리 나라에서 노래방 사업의 타이밍을 정확하게 예측하고 실행했다.

사업 아이템과 창업 과정

창업의 과정

많은 사람들이 사업이란 자본만 있으면 시작할 수 있는 것으로 생각한다. 창업과정에서 자본(자금)이 중요한 역할을 하는 것은 사실이다. 하지만 자본만 있다고 해서 창업할 수 있는 것은 아니다.

기업의 발전사를 살펴보면, 기업체제는 3단계로 발전되어 왔다. 먼저 전근대 기업은 봉건성과 더불어 친화성을 바탕으로 하는 가업(家業)이나 생업(生業)적인 성격을 가진다. 여기에 자본주의적 합리성이 도입되어 근대화 과정을 밟고 근대 기업으로 성장한다. 그리고, 근대 기업은 초기근대 기업과 후기근대 기업으로 구분되는데, 초기근대 기업은 인적 사기업의 소유경영자가 기업가정신을 발휘하여 기업을 성장·발전시킨다. 그리고, 후기근대 기업은 기업의 규모가 확대되어 자본수요가 증대되자 인적 유대가 없는 다수의 자본가에게 의존하게 된다. 이 후기근대 기업은 합리적인 경영관리가 도입되어 현대화 과정을 밟아 경영자 주체의 성격을 가진 현대 기업으로 성장하게 된 것이다.

즉, 협동적 생산체제의 성격을 가지는 기업은 초기에는 생업이나 가업의 형태로 설립되어 점차 그것이 가계와 분리되면서 기업으로 성립된다는 것이다. 그러나 오늘날은 기업이 이러한 제반 과정을 거치지 않고 곧바로 창업·운영되고 있다.[2] 다음은 창업과 관련해 고려해야 할 사항들이다.

기업을 창업하려면 먼저 여러 가지 창업요건을 고려하고, 최종적으로 그 사업의 타당성(feasibility)을 입증하여야 한다. 이때, 사업의 타당성을 분석하기 위해서는 여러 가지 요인들을 신중히 검토해야 한다. 또한, 사업 아이템을 선택하는 것은 창업은 물론이고, 사업의 성공 여부를 결정한다. 따라서 사업 아이템 선정의 문제는 신중을 기하지 않으면 안 된다. 사업 아이템 선정시 해당 업종의 성장가능성, 창업자의 경험이나 특징을 활용할 수 있는지의 여부와 허가나 인가를 받아야 하는 업종인지의 여부, 또한 실패의 위험도 등을 사전에 점검하여 두는 것도 중요하다.

사업자금의 조달 또한 창업시 중요하게 고려해야 할 사항이다. 사업을 위한 자금 조달 방법을 크게 나누면 (1) 퇴직금, 저축 등 창업자에 의한 자기자본, (2) 부동산 또는 신용을 활용한 금융기관 차입금, (3) 주변 인물들을 통한 조달, (4) 주식회사 제도를 적극 활용한 직접금융의 방식으로 대별해 볼 수 있다. 부채형식으로 많은 자금을 조달

할 수 있는 사람을 능력 있는 창업자라고 할 수도 있다. 하지만, 창업 초기에 너무 많은 부채로 사업을 시작하면 사업이 본 궤도에 오르기도 전에 과다한 금융비용으로 손익분기점에 달하는 매출액 달성이 어려워지는 경우도 많기 때문에 창업 초기에는 오히려 자기자본비율을 최소한 50%이상 유지하는 것이 바람직하다고 볼 수 있다.

그리고 사업규모는 창업의 성공여부와 직결되기 때문에 충분한 정보를 바탕으로 결정하여야 한다. 창업자가 창업 단계에서 사업규모를 결정할 때 중요한 역할을 하는 요소는 크게 나누어 기업적 요소와 경영자적 요소로 나누어 볼 수 있다.

기업적 요소라 하면 기업 자체의 성격, 특성 때문에 사업규모 결정상 상당한 제약이 수반되는 요소, 다시 말하면 경쟁사와의 경쟁력 제고 측면에서 기본적으로 갖추어야 할 제반 기본시설 요건에 부응하기 위해 일정 규모 이상의 투자를 요구받게 되는 경우를 말한다. 이와 같은 기업적 요소에는 (1) 영위하고자 하는 업종 및 제품, (2) 사업 수행에 필요한 기본 인력, (3) 업계 평균 시설규모 등이 있으며, 이들 요소에 의해 사업규모가 일반적으로 결정된다.

반면 경영자적 요소라 하면 기업적 요소에 비해 다소 사업규모 결정상 신축성이 부여되는 창업자의 능력요소로서 (1) 조직 운영능력 및 자질, (2) 자금 조달 능력, (3) 기업 환경 적용도 등의 요소를 말한다. 사업규모 결정 과정에서 간과해서는 안 될 점은 실제 창업 단계에서 사업규모를 결정하는 과정과 방법을 어떻게 하느냐 하는 점과 제 과정별로 고려해야 할 사항에는 어떤 점이 있는지를 알아보는 일이다.

그리고 기업형태도 고려해야 할 사항이다. 이에 관한 법률상의 규

<표 10-1> 개인기업과 주식회사의 비교

구 분	개인기업	주식회사
적정 규모	소 · 중 규모	중 · 대 규모
법적근거	업종별 관계법(인 · 허가)	상법 및 업종별 관계법
성격	개인	법인
사원(대표자)책임	무한 책임	유한 책임(출자지분 범위 내)
발기인 수	대표자	발기인 7인 이상
출자금액	금액 제한 없음	5천만원 이상
기관	대표자 개인	의결기관 : 주주총회 대표기관 : 대표이사 업무집행 : 이사회
법적 성립요건	· 해당 업종 관계법에 의한 인 · 허가 · 사업자 등록	· 정관인증 및 창립총회 · 법인 설립 등기 · 법인 설립 신고 및 사업자 등록
조직변경	주식회사, 유한회사 등으로 법인 전환가능	유한 회사로 변경가능
장점	· 이윤의 독점성 · 창업용이 및 창업비 저렴 · 경영활동의 자유와 신속성 · 기밀의 유지성 · 신용상태의 밀접성 · 의사결정의 신속성 · 조직의 간편성 · 회사 경영의 신축성 · 시장변화에 적절히 대응	· 기업의 법적 공시성 · 자본중심의 경영 · 조직위주의 경영 · 기업경영의 분권화(2인 이상 사원의 법정 요건화) · 정관 등에 의한 체계적 기업경영 · 책임의 한계(유한 · 무한) · 절세효과(담세율 18~32%)

단점	· 무한책임성
	· 비영속성
	· 자금 조달 능력의 한정성
	· 1인에 의한 경영능력의 한계성
	· 납세의 불이익 (담세율 5~45%)
		· 법적 요식행위의 의무
		  - 등기의무
		  - 복식부기 기장 의무
		· 의사결정의 복잡성 및 지연 가능성
		· 기업경영상 동업자와의 마찰 소지 존재
		· 창업절차 복잡 및 창업비 과다
		· 해산절차 등이 복잡

정은 기업의 자본모집과 기술·경영력의 보완, 그리고 거래의 활성화에 도움이 되는 체계를 만드는 데 목적이 있기 때문에 창업에 있어서는 하나의 형식 요건이 되는 것이다. 창업자는 여러 가지 기업환경과 기업능력, 그리고 개인기업과 법인기업의 장·단점을 비교 평가하여 자기 실정에 맞는 기업형태를 선택할 필요가 있는 것이다(표 10-1 참고).

'인사가 만사'라고 한다. 따라서 창업 멤버와 조직의 구성 또한 중요한 요소가 된다. 따라서 적합한 인재를 선발해 적재적소에 배치해야 한다. 이것으로써 경영의 효율을 높이는 것이 경영전략의 기초단계라 본다. 창업 멤버와 조직을 구성할 때는 (1) 창업 멤버와 회사조직은 간단하게, (2) 경력직원의 스카우트는 신중하게(능력은 물론이고, 원만한 성격과 충성심, 그리고 협동심도 중요하다), (3) 가급적이면 동업은 피하되 동업이 꼭 필요한 경우 서로의 상호조건은 정확하게, (4) 일반적인 조직으로 구성하되 해당 업종에 맞는 특색을 유지해서 구성해야 한다.

창업의 성공요인과 실패요인

'기업가정신의 르네상스 시대(the renaissance of entrepreneurship)'라고 하는 새 시대에는 모두가 기업가정신을 발휘해야 한다고 말한다. 특히 혁신경영이론에서는 모두가 기업가가 되어 기업가정신을 발휘하는 것이 기업성공의 비결이라고 말하고 있다.

창업의 성공요인

기업가들은 경제발전의 주역으로서 사람들에게 자유와 번영을 가져다주는 애국적인 공헌을 한다. 때문에 자본주의 국가에서는 보배와 같은 존재이다. 그러나 모든 기업가가 사업을 펼치는 과정에서 성공을 거두는 것은 아니다. 따라서 새로운 기업을 창업하는 기업가정신의 성공요인과 실패 또는 장애요인에 대해 충분한 이해가 선행되어야 한다.[3]

워싱턴 대학교의 창업경영학 교수인 베스퍼(K. H. Vesper)는 성공을 위한 4가지 주요 요건으로 (1) 새로운 사업 기회의 포착과 집행, (2) 기업가의 자질적 특징과 환경(pushes), (3) 동기부여 요인들(pulls), (4) 추진 및 성취능력(competence) 즉 전문성 및 특수기술 등을 꼽으며, 이과 같은 4가지 주요 요인들의 기본조건이 구비되었을 때 창업의 성공률이 높다고 말하고 있다.

이상의 4가지 기본요건 외에도 기타요인으로, 이익마진 · 창업자원 · 기업가의 개인적 접촉 · 시장성 · 시기(timing) 등을 말하고 있는데 이런 요인들이 부가됨으로써 성공의 확률을 더욱 높일 수 있다고 주장하고 있다.

따라서 이러한 창업성공의 요인들은 하나의 '창업가를 위한 지침'으로 생각하고 유의하는 것이 좋을 것이다.

창업의 실패요인

베스퍼 교수는 창업의 성공에 장애가 될 수 있는 주요 요인으로서 다음과 같이 12가지 요인을 열거하고 있다.[4]

(1) 배양과 증식개념의 결여, (2) 시장에 대한 지식의 부족, (3) 특별전문기술 부족, (4) 기본 사업자금 부족, (5) 사업경영능력 부족, (6) 지나친 자신감과 용기 부족, (7) 사회적 불신감, (8) 새로운 일에 대한 열정의 결핍, (9) 시간에 대한 압박감, (10) 법률이나 규정 등에 의한 제약성, (11) 독점과 보호주의, (12) 특허에 의한 제약성 등은 창업하려는 기업가들이 사전에 연구 검토하여 제거시키거나 장애요인이 되지 않게 조치해야 된다.

어려움과 예측을 불허하는 장래에 대한 불확실성에 도전하는 용기와 위험감수성향이 기업가의 본질적 특질이다. 하지만 창업을 하려는 시기에 조치할 수 있는 장애요인들은 가능한 한 그리고 최대한 제거해 나가는 것 역시 중요한 일이라고 생각한다.

중소기업의 성장 5단계 이론

기업가정신의 연구 대상은 창업에서 기업성장을 거쳐 우수기업 만들기의 과정이다. 그리고 이것이 기업가정신의 본질이다.

창업에서 대기업으로의 이론으로 5단계 중소기업 성장이론[5]을 구체화시킨 쉐퍼(D. Schaefer)의 이론은 기업가에게 필요한 성장적 변신을 구체화하여 설명한 것이다.

즉, 중소기업 성장의 5단계 발전이론은 창업에서 성공한 기업가들이 유의해야 할 기업경영의 전략적 고려 사항을 설명하고 있는 것이다. 그래서 '기업가 변신 5단계 이론' 이라고도 할 수 있다.

여기에서는 기업가의 창업은 제1단계의 도전적 과업이고, 생사가 결정되는 단계라고 한다. 그리고 이것은 창업기업가에게 주어지는 도전의 시작일뿐이라고 한다.

따라서 첫 시련을 극복해냈다는 성취의식은 자칫 잘못하면 발전적 변신(수성)을 해내지 못하게 하며 이로 인해 좌절과 위기가 찾아온다는 것이다. 중소기업 성장단계 이론을 창업기업가는 이해하고 명심해야 할 것이다.

필연적 기업가 변신을 설명하는 중소기업 5단계 사업체 성장이론을 간략하고 쉽게 분석한 기업가정신 이론을 쉐퍼는 다음과 같이 설명한다.

제1단계 : 부엌 요리대에서 기업가로

창업 기간에 판단을 독자적으로 하고, 추진은 적은 인원으로 다 해내는 단계이다. 미국에서 이러한 단계를 흔히 '차고(garage)에서' 라고도 비유한다.

제2단계 : 창업에서 전문경영자로

회사나 사업체가 커져 가면서 새로운 사람을 채용하고 유능한 사람들을 영입해서 더 크게 성장하려 할 때를 말한다. 이 단계에서 기업가는 관리통제라는 새로운 도전을 받게 된다. 따라서 기업가가 창업가에서 중소기업의 경영관리 전문가가 되어야 하는 시기이다. 또한, 전문경영인과의 협동이 필요로 하며, 이들과 동반적 협력관계를 이루어야 한다.

제3단계 : 기업가정신이 '조직의 사람'이 되는 단계

중소기업이 이제는 조직개념에서 다뤄져야 하고 조직의 원리를 활용하면서 모두가 한마음으로 협동하는 분업과 자율적 협동체로 조직의 활성화를 도모하는 단계이다. 협조(coordination)와 통제관리(control)로 초점이 옮겨가는 단계이다.

제4단계 : 자율책임경영에서 리더십

조직의 대규모화 성장이 이루어지면서 관료조직(bureaucratic organization)이 되지 않도록 해야 한다. 따라서 조직의 소규모화 단위로 자율책임경영(empowering)을 채택해야 하며, 상하조직의 밀접화를 추진해 상부조직의 책임이 점차 리더십 위주로 진행되어야 한다. 즉 비전, 방향제시, 장기계획면에 초점을 두는 개념적(conceptual) 리더십을 발휘해야 할 단계가 된다.

상호의존성과 상호자극성(mutual inspiration)으로 유대를 증진시키고 변혁적 리더십과 기업가정신, 그리고 사내기업가정신(intrapreneuring)이 주축이 되는 단계를 말한다.

제5단계 : 시스템에서 팀(team)으로

조직의 힘에서 오는 조직시스템의 위력을 사업별 팀조직으로 바꿔 나가면서 단독 업무를 독립적으로 수행할 수 있는 분야를 나누는 단계이다. 이때 각 분야에서 선발된 요원으로, 단기적 목표달성을 위한 특별 팀조직으로 부서를 만들며 대규모의 모체 조직에서 분리된 조직을 탄생·운영한다는 것이다. 사내기업가정신으로 탄생되는 팀은 시한부 목표달성을 위한 정예 인원으로 구성된다. 즉, 목표달성의 조직효능을 극대화하자는 도전적 성장단계를 말한다.

5단계 사업체 성장이론은 창업에서 우수기업으로 가는 발전적 단계를 설명하면서, 기업의 성장에 필요한 전략적 과업이 단계마다 달라진다는 이론으로 기업가정신에 대한 재정의를 요구하고 있다. 성장하는 창업기업은 창업도 잘하고 대규모 기업으로 성장시키는 일까지 잘 해야 한다는 사실과 혼자서는 못해도 남과 같이 조직발전을 도모하는 데서 성패가 결정된다는 것이다. 또한, 전문적 경영인의 도움 내지 동업관계가 성립되어야 하고 거대기업으로 가는 비결은 조직의 팀조직화 즉, 모두가 전문분야에서 사내기업가정신을 발휘하는 사내창업 팀조직이 필수요건이다.

기업성장단계 이론이나 쉐퍼의 중소기업 5단계 사업체 성장이론은 기업가의 본질에, 창업은 물론이고 우수기업 만들기도 잘 해야 한다는 본질을 첨가하고 있다. 따라서 기업가정신의 변천적 개념으로 이해해야 한다. 즉 기업가정신은 시대에 따라 변질될 수 있는 개념이다.

그 예로서 실리콘밸리(Silicon Valley)의 미국적 새 기업가정신은 21세기를 향한 정보통신기술혁명 시대에 적합하게 탈 성차별, 탈 인종차별, 산학협동 그리고 지속적 창업위주의 새 개념이 추가하고 있다.

각 주

1) Karl H. Vesper,《New Venture Strategies》, (Englwood Cliffs, N.J. : Prentice Hall, 1980).

2) 황복주 · 김원석,《경영학원론》, (서울 : 두남출판사, 1997).

3) Karl H. Vesper, op. cit.

4) Karl H. Vesper, op. cit.

5) David Schaefer, "The Five Phases of Business Growth", Update, (Quarterly, 1998) Vol. 2, Issue 3, pp. 4-5.

21세기의 새로운
비즈니스 리더십 모델

Epilogue

6가지 원칙의 리더십 바퀴 모델

3E 비즈니스 리더십 모델

하버드 경영대학원 코터(J. P. Kotter) 교수의 《새로운 규칙(New Rules)》에서는 21세기 '직업성공의 길 8가지'를 소개하고 있는데, 그 중 가장 중요한 것이 '창업기업가가 되는 것'이라고 한다. 그리고, 하버드 경영대학원의 새로운 교육 프로그램은 전문경영인 양성에서 자수성가형 기업가 양성으로 그 초점이 점차 바뀌고 있다. 이는 새 시대의 도전적 과제인 '기업가정신'을 강조하는 변화라고 할 수 있다.

하버드 경영대학원은 실리콘밸리에 캘리포니아 연구소(California Research Center)를 설치 운영하고 있다. 이곳에서는 실리콘밸리의 새 창업 기업을 견학하고 연구하는 '서부기행(West Trek)'이라는 과정을 포함하고 있으며, 매년 200명 내지 300명의 학생들이 참여하고 있다. 수강생 인원으로도 이 과정의 중요성을 짐작할 수 있을 것이다. 이 과정의 목적은 새로운 기업을 창업하여 크게 발전시키는 방법을 가르치는 것으로, 학생들은 산 교육을 통해 자신들의 비전을 이루어낼 수 있는 많은 경험을 하고 있다. 또한, 훗날 이 학생들이 창업 기업가가 되었을 때 이 '서부기행'에서 얻은 경험과 성공사례, 그리고 조직 네트워크의 혜택을 입는 것은 당연하다.

그래서 이 과정을 마친 학생들이 졸업식에서 받게 되는 것은 졸업장만이 아니다. 훗날(그들이 창업기업가가 되었을 때) 유용하게 써먹을 수 있는, 그래서 돈으로 그 가치를 헤아릴 수도 없는 귀중한 실리콘밸리의 조직 네트워크를 그들은 졸업장과 더불어 받게 되는 것이다. 따라서 이를 '100만 달러의 졸업장'이라고 하기도 한다.[1]

21세기는 기업가정신이 국제적으로 확산되는 새로운 경쟁시대로 변해 가고 있다. 특히 실리콘밸리 정보통신산업이 주도하는 시대에서 기업가정신이 주역이 될 것은 분명하다. 따라서 세계적 명문 경영대학원의 교육 프로그램도 시대에 맞추어 교육과정을 쇄신하고 있는 것이다.

이에 우리는 21세기 신현대적 기업가정신을 연구하고 배워서 실천해야만 한다. 특히, 산학협동 시대의 중요성을 인식하고, 창업전문 기업가의 순간적 회사(instant company) 만들기, 탈 성차별과 탈 인종차별은 기업가정신 본질이라는 것을 명심해야 한다.

지구촌 시대의 국경 없는 시장에서의 기업가정신을 이해하는 것은 경제대국 만들기와 같은 물질의 풍요뿐만 아니라 정신적인 풍요까지 보장되는 건전하고 살기 좋은 사회를 만드는 데 기본적인 요소가 된다. 따라서 기업가정신을 가지고 유사이키안(eupsychian) 경영을 과감히 실천하는 '꿀벌' 들이 많은 사회가 되어야 한다는 것이다.

6가지 원칙의 리더십 바퀴 모델

최근 네프(T. J. Neff)와 시트린(J. M. Ctrin)의 비즈니스 리더, 즉, 최고경영자들의 리더십 연구에서는 '6가지 원칙의 리더십 바퀴 모델' 이란 것을 발표하고 있다. 이는 일명 '옳은 일들을 올바르게 하는(Doing the Right thing Right) 리더십 이론' 으로 주목을 받고 있는 이론이다. 이들이 소개한 6가지 원칙의 리더십 바퀴 모델은, 우수기업 만들기에 성공한 세계적인 최고경영자들에게서 얻어낸 리더십의 특성을 선별해 기본원칙론으로 요약한 것이다.

즉, 이 조사 연구는 25개 국의 세계적인 우수기업(재무제표 상으로 실증된 성장기업)의 최고경영자(CEO)들의 특질 분석내용을 토대로 하고 있으며, 이때 그들의 기업가정신 및 개척자정신을 포함해 자질분석, 사회공헌도 등을 조사를 한 다음, 마지막으로 심도 있는 면담을 통해 결과를 얻어낸 것이다. 그리고 이 특성들을 바퀴 모양으로 도식화하여 상호연관성을 가지고 있다는 것을 보여주고 있다(그림 11-1 참

〈그림 11-1〉 6가지 원칙의 리더십 바퀴 모델

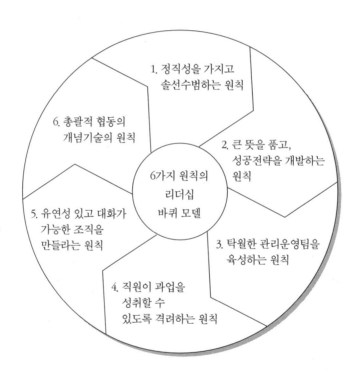

▶ Thomas J. Neff & James M. Citrin, 《Lessons from the Top : The Search America's Best Business Leaders》, (New York : Currency / Doubleday, 2000), p. 362.

고). 이들이 주장하는 것은 한결같이 옳은 일들을 올바르게 해내는 것이 리더십의 기본요소가 된다는 것이다.

6가지 기본적 원칙의 리더십 바퀴 모델에 대한 설명은 다음과 같다.

1. 정직성(성실성)을 가지고 솔선수범하는 원칙
(Live with integrity and lead by example)

이 원칙은 리더란 자신의 성숙성지향 자기개발로 남에게 모범이 되어야 한다는 것이다. 즉, 리더 자신이 먼저 성숙한 어른이 되기 위해 꾸준히 자기개발을 하라는 것이다. 네프와 시트린은 성실성(정직성)과 솔선수범이야말로 리더가 갖추어야 할 가장 중요한 원칙이라고 보았다.

2. 큰 뜻을 품고, 성공전략을 개발하는 원칙
(Develop a winning strategy or 'big idea')

큰 뜻(big idea)을 가지고 자신의 미래를 개척할 수 있는 성공전략을 개발하라는 것이다. 진정한 리더란 큰 뜻이나 남다른 이노베이션을 창출하고 뛰어난 전략으로 앞서가야 한다. 또한, 이길 수 있는 길을 개발하고 연구하는 것은 기업성장의 근본이며 리더의 과업이다.

3. 탁월한 관리운영팀을 육성하는 원칙
(Build a great management team)

이는 자발적이고 우수한 운영팀을 만들어서 경영능력의 최고수준을 유지하라는 것이다. 우수기업의 리더가 수행해야 할 중요한 과업

중의 하나는 후계자를 양성하는 프로그램을 개발하는 것이다. 이를
위해서는 직접 관리운영팀의 일원으로 참여하는 것이 가장 좋은 방
법이다. 또한 지식의 창출과 관리 및 활용은 두뇌경영(능률경영)을 향
상한다.

4. 직원이 과업을 성취할 수 있도록 격려하는 원칙
(Inspire employees to achieve greatness)

믿음의 가치경영이란, 모두가 공동목표에 가지고 신나고 자발적으
로 협동심을 가지고 일할 때 큰 일을 해낸다는 것이다. 우수기업으로
성장하기 위해서는 공생공영의 믿음과 인간존중이 필요하다. 또한
권한분담(empowerment) 역시 중요하다.

5.유연성 있고 대화가 가능한 조직을 만들라는 원칙
(Create a flexible, responsive organization).

관료적 조직을 없애고 수평적인 소규모 팀조직으로의 개혁이 필
요하다는 것이다. 이는 다시 말해서 과거의 통제와 통솔의 조직을 창
의성 창출의 협동조직으로 변화시키는 조직개혁을 말한다.

6.총괄적 협동의 개념기술(conceptual skill)의 원칙

이 모든 원칙을 일관성 있게 수행하며, 상호의존적 관계를 활성화
시켜야 한다는 것이다. 아울러 보상제도와 경영을 강화시켜 모든 것
을 연계시키는 것(Tie it all together with reinforcing management
and compensation systems)을 말한다.

기업가들도 전문경영인과 마찬가지로 우수기업의 창출을 위해서 변신해야 하는데 그 방법은 민주지향적이어야 한다. 새 시대, 새 경영, 그리고 새로운 기업가정신은 고전적인 신화에서 벗어나서 창의적으로 변신해 나갈 것을 기업가들에게 요구하고 있다.

3E 비즈니스 리더십 모델

그동안 우리는 기존의 이론을 중심으로 기업가정신과 리더십 이론을 살펴보았다. 21세기의 새로운 정보화 시대는 우리에게 새로운 리더십 이론을 요구한다. 따라서 21세기 새로운 시대가 요구하는 '기업가적 리더십 이론' 의 틀을 제시하고자 한다.

이미 앞에서 살펴보았듯이 굴뚝 산업 최고경영자들의 '6가지 원칙의 리더십 바퀴 모델' 과 인터넷 시대의 새로운 신현대적 기업가정신 주도의 벤처기업가들을 위해 필자들이 제시하는 '3E 리더십 모델' [2]은 근본적으로 다름이 없다. 즉, 굴뚝 산업시대의 리더십 특질이 결국은 21세기 정보통신 시대의 새 비즈니스 리더십 특질로 이어지면서 인재경영 중심의 리더십으로 일단 정착된다고 할 수 있다는 것이다.

앞으로의 새로운 시대의 경영과 리더십의 새 조류는 기업가정신 주도의 리더십이 되어야 한다. 따라서 새 시대 리더십의 특질은 굴뚝 산업시대 리더십의 진화적 산물이라고 분석하는 것이 옳을 것이다.

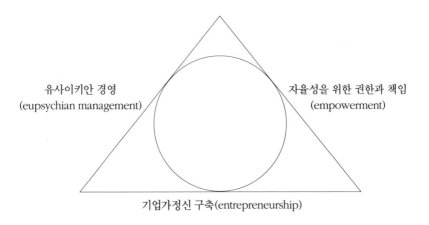

〈그림 11-2〉 3E 리더십 모델

유사이키안 경영
(eupsychian management)

자율성을 위한 권한과 책임
(empowerment)

기업가정신 구축(entrepreneurship)

새 시대의 리더십은 기업가정신을 바탕으로 창의성과 혁신을 지속적으로 추구하는 리더가 중심이 되어야 한다. 따라서 21세기 지식경제 시대를 이끌어갈 리더들의 리더십은 '3E 리더십 모델'을 바탕으로 이루어져야 할 것이다.

이 3E 리더십 모델은 '기업가정신 구축(entrepreneurship)'·'자율성을 위한 권한과 책임(empowerment)'·'유사이키안 경영(Eupsychian Management)'에 대해 주장한 이론으로, 21세기 새로운 시대가 필요로 하는 리더십의 내용을 담고 있다(그림 11-2 참고).

기업가정신 구축

이노베이션이 주도하는 지식경제시대는 과학 선도의 기술개발이 주축이 되는 경영이 새 경영으로 자리를 잡아야 한다. 그렇게 함으로써 새 리더십 이론은 기업가정신의 본질, 즉 비전(vision), 이노베이션(innovation), 그리고 능동적(proactive) 추진력과 모험감수성, 강인성이 기본이 되는 새로운 상품과 생산기술, 그리고 새로운 시장을 개척하는 변화와 변신을 추구해야 한다는 것이다. 이것은 다시 말해서 경영관리 주도에서 벗어나 기업가정신이 주축이 되는 리더십을 토대로 하는 경영이다. 즉, 새 시대의 경영은 기업가정신 주축의 경영(entrepreneurial management)이어야 한다는 것이다.

자율성을 위한 권한과 책임

새로운 시대의 기업가적 리더십 이론에서는 직원 모두가 동업자(partner)이며 주인이라는 자부심을 갖게 만들어야 한다. 즉, 자율성·책임성이 지배하게 해야 한다는 것이다. 고객만족이란 직원들의 만족감에서 자연스럽게 우러나와야 효과를 극대화 할 수 있다.

이에 직원이 자신의 직무가 중요하다고 생각하게 만들어야 한다. 직무확대, 직무충실화(job enrichment) 이론에서도 주장되었던 것처럼, 사람은 자기의 직책에서 신바람 나게 일할 수 있을 때 열정적으로 최대성과를 이룰 수 있다. 특히 직무평가제 등을 통하여 자신이 중요한 업무를 하고 있다는 의식을 갖게 해야 한다. 또한, 보상(reward)으로도 이런 직무에 대한 평가가 가능하다. 정기급여를 비롯해 성과급제나 주식옵션제도(stock option) 등을 평균치보다 더 높게 대우해 줌으로써 능력과 성과를 인정받고 있음을 직원들이 알게 하는 것이다. 그리고, 지식경제시대의 능력 있는 고급 기술인력들에게는 내재적 보상(intrinsic reward)도 중요하다는 점을 고려해야 한다. 하지만 이런 물질적 보상에 앞서 신뢰와 믿음 만들기가 리더십 효과성의 관건이라는 것을 이해하는 것이 더욱 중요하다.

유사이키안 경영

매슬로(A. Maslow)의 유사이키안 경영의 본질은, 직장이라는 곳은 성숙지향적 인재개발의 장소가 되어야 한다는 것이다. 직장은 사람들의 일터이며 놀이터이고 교육장이다. 인간을 기업 성장을 위한 기계처럼 다루는 산업혁명시대의 비인간적 대우나 직원을 '머슴'으로 만드는 데만 급급했던 반인본주의적인 조직문화를 고쳐야 한다는 것이다. 즉, 인재경영을 하라는 것이 바로 유사이키안 경영의 궁극적인 주장이다.

인간은 원래 일을 좋아한다는 Y 이론적 가정을 바탕으로 부하들을 이끌어가야 한다. 직원들에게 믿음을 가지고 좋아하는 일을 맡기며, 심신의 건전성을 향한 자기개발을 하자는 것이다. 해리스(T. Harris)의 '나도 좋고 너도 좋다(I'm OK, You're OK)'는 의식[3]은 인생좌표(life position)에서 시작해야 사랑과 존경을 가지고 인간 관계를 개발해 나갈 수 있다는 것을 주장하고 있다.

훌륭한 사람, 능력 있는 사람이 우수기업을 만든다. 그리고 이들이 훌륭한 인생을 살아가는 데 직장(기업)은 큰 몫을 담당해야 한다는 것이다. 사람은 그 무엇보다도 귀한 재산이다. 그래서 귀한 인재를 들여와 키우고 스스로 개발하게 하면서, 그들의 경력과 실력을 배양시키는 인재양성이야말로 성공적인 기업으로 발전하는 최선의 방법이다.

결론적으로 말해서 21세기의 리더는 "사람을 인간존중의 개념으로 귀하게 대접하고, 권한을 부여해 줌으로써 그들이 모험정신과 개척정신으로 사업을 집행하도록 해줘야 한다"는 것이다.

각 주

1) James Atlas, "The Million-Dollar Diploma : Harvard Business School Struggles to Maintain its Values", 〈The New Yorker〉 1999년 7월19일자, pp. 42-51.
2) 3E 리더십 모델은 필자들이 창안한 모델로서, 본 연구의 결론에 해당한다고 볼 수 있다. 우리는 이 리더십 모델이 기존의 리더십 모델과 비교하여 충분한 설득력이 있음을 보여 주고자 한다.
3) Thomas Harris, 《I'm O.K. You're O.K. : A Practical Guide to Transactional Analysis》, (New York, N.Y. : Harper and Row, 1969).

그림 및 표 찾아보기

인명 및 회사명 찾아보기

● 용어 찾아보기

저자 소개

문 원 택

미국 아메리칸 대학교에서 경영학 석사학위를, 조지워싱턴 대학교에서 경영학 박사학위를 취득하였다. 미국 비교사회문화연구소 선임연구위원이자, 서강대학교 경영대학원 초빙교수를 역임하였다. 현재 미국 워싱턴 주 시애틀 소재의 Research Center for Entrepreneurship 소장으로 활동하고 있다. 제10회 전경련 '자유경제출판문화상'을 수상하였으며, 대표적인 저서로는 《헨리 포드에서 정주영까지》,《성공하려면 미국으로 가라》등이 있다.

E-mail : wontmoon@aol.com

김 원 석

서강대학교에서 경영학 박사학위를 취득하였으며, 현대경제연구원의 연구위원, Covey Leadership Center의 컨설턴트를 역임하였다. 현재 협성대학교 경영대학 부교수로 재직 중이며, 미국 Ohio University의 방문연구교수이다. 대표적인 저서로는 《기업문화의 개발》,《뉴프론티어 여성기업가들의 성공전략》등이 있다.

E-mail : wskim@mail.hyupsung.ac.kr

한언의 사명선언문

─. 우리는 새로운 지식을 창출, 전파하여 전 인류가 이를
  공유케 함으로써 인류문화의 발전과 평화에 이바지한다.

─. 우리는 끊임없이 학습하는 조직으로서 자신과 조직의
  발전을 위해 쉼없이 노력하며, 궁극적으로는 세계 최고의
  출판사를 지향한다.

─. 우리는 정신적, 물질적으로 세계 초일류 출판사에 걸맞는
  최고 수준의 복지를 실현하기 위해 노력하며, 명실공히
  초일류 사원들의 집합체로서 부끄럼없이 행동한다.

저희 한언인들은 위와 같은 사명을 항상
가슴 속에 간직하고 양질의 책을 만들기 위해 최선을 다하고 있습니다.
독자 여러분의 아낌없는 충고와 격려를 부탁드립니다.

- 한언가족 -

디지털 시대의
기업가와 기업가정신

2001년 11월 5일 1판 1쇄 박음 / 2001년 11월 10일 1판 1쇄 펴냄

지은이   문원택 · 김원석

펴낸이   김 철 종

펴낸곳   (주)한 언

등록번호 제1-128호 / 등록일자 1983. 9. 30

서울시 종로구 공평동 34-504 (우 110-160)

TEL : (대)723-3114, FAX : 723-3123

E-Mail : haneon@kornet.net

ISBN 89-88798-92-9   03320

책임편집 박선영 / 디자인 김미영